# GALVANI

**Chemie 12 · Ausgabe B**

für die 12. Jahrgangsstufe

erarbeitet von
Isabell Hefner,
Georg Herrmann,
Werner Kraus,
Christine Kreß,
Frank Orlik,
Roland Spichtinger

**Bayerischer Schulbuch Verlag**

Unter Verwendung von Beiträgen von Birger Pistohl.

Redaktion: Dr. Kerstin Amelunxen
Illustration: Detlef Seidensticker, München
Umschlaggestaltung: Lutz Siebert-Wendt, München
Layout: Jakob Buxeder, München
Technische Umsetzung: CMS – Cross Media Solutions GmbH, Würzburg

**www.cornelsen.de**

Achtung! Unsere Experimente sind sorgfältig ausgewählt und getestet, sodass hiervon bei ordnungsgemäßer Durchführung keine Gefahren ausgehen. Die Vorsichtsmaßregeln und Gebrauchsanweisung sind zu beachten! Durchführung nur unter Aufsicht und ggfs. mit Hilfestellung von Erwachsenen! Bitte beachten Sie auch die für ggfs. verwendete Materialien geltenden Sicherheitsanforderungen. Eine Haftung für Schäden durch eine unsachgemäße Verwendung oder Durchführung wird ausgeschlossen.

2. Auflage, 2. Druck 2021

Alle Drucke dieser Auflage sind inhaltlich unverändert
und können im Unterricht nebeneinander verwendet werden.

© 2010 Bayerischer Schulbuch Verlag GmbH, München
© 2018 Cornelsen Verlag GmbH, Berlin

Druck: Mohn Media Mohndruck, Gütersloh

ISBN 978-3-7627-0174-3

PEFC zertifiziert
Dieses Produkt stammt aus nachhaltig bewirtschafteten Wäldern und kontrollierten Quellen.
PEFC
PEFC/04-31-1033
www.pefc.de

# Inhalt

Basiskonzepte . . . . . . . . . . . . . . . . . . . . . . 6

Übersicht über Bindungen und zwischenmolekulare Kräfte . 8

Donator-Akzeptor-Reaktionen . . . . . . . . . . . . . . 9

Die Geschwindigkeit chemischer Reaktionen . . . . . . . 10

Wichtige Reaktionsmechanismen . . . . . . . . . . . 11

Stoffklassen organischer Verbindungen . . . . . . . . 12

Wichtige Biomolekühle . . . . . . . . . . . . . . . . 13

**Grundwissen**

1.1 Reaktionen sind umkehrbar . . . . . . . . . . . . . . 16

1.2 Das dynamische Gleichgewicht . . . . . . . . . . . 17

M 1 Modellversuch zum chemischen Gleichgewicht . . . . . . 19

1.3 Das Massenwirkungsgesetz . . . . . . . . . . . . . 20

M 2 Berechnungen mit dem Massenwirkungsgesetz . . . . . . 22

1.4 Temperatur und Gleichgewichtslage . . . . . . . . . . 24

1.5 Stoffmenge und Gleichgewichtslage . . . . . . . . . 26

1.6 Druck und Gleichgewichtslage . . . . . . . . . . . . 28

1.7 Das Prinzip des kleinsten Zwanges . . . . . . . . . . 30

M 3 Prinzip des kleinsten Zwanges . . . . . . . . . . . . 32

1.8 Das Haber-Bosch-Verfahren . . . . . . . . . . . . . 33

1.9 Reaktionsenergie und Entropie . . . . . . . . . . . 36

1.10 Freiwilliger Ablauf chemischer Reaktionen . . . . . . . 38

*Auf einen Blick* . . . . . . . . . . . . . . . . . . . 40

*Knobelecke* . . . . . . . . . . . . . . . . . . . . . 42

*Fit fürs Abitur* . . . . . . . . . . . . . . . . . . . 44

**1
Chemisches
Gleichgewicht**

2.1 Der Säure-Base-Begriff . . . . . . . . . . . . . . . 46

2.2 Das Ionenprodukt des Wassers . . . . . . . . . . . . 48

2.3 Der pH-Wert . . . . . . . . . . . . . . . . . . . . 50

2.4 Säure- und Basenstärke . . . . . . . . . . . . . . . 52

2.5 pH-Wert-Berechnungen . . . . . . . . . . . . . . . 54

M 4 Starke Säuren und Basen – Berechnungen . . . . . . . 56

Schwache Säuren und Basen – Berechnungen . . . . . . 57

*Auf einen Blick* . . . . . . . . . . . . . . . . . . . 58

*Knobelecke* . . . . . . . . . . . . . . . . . . . . . 60

*Fit fürs Abitur* . . . . . . . . . . . . . . . . . . . 62

**2
Protolysegleichgewichte**

3.1 Die Säure-Base-Titration . . . . . . . . . . . . . . 64

3.2 $pK_S$-Wert-Bestimmung durch Halbtitration . . . . . 67

M 5 Auswertung einer Titrationskurve . . . . . . . . . . . 68

3.3 Puffersysteme . . . . . . . . . . . . . . . . . . . 69

*Auf einen Blick* . . . . . . . . . . . . . . . . . . . 72

*Knobelecke* . . . . . . . . . . . . . . . . . . . . . 74

*Fit fürs Abitur* . . . . . . . . . . . . . . . . . . . 76

**3
Bedeutung von Protolyse-
gleichgewichten**

**4
Redoxgleichgewichte**

| | | |
|---|---|---|
| 4.1 | Redoxreaktionen sind umkehrbar . . . . . . . . . . . . . | 78 |
| 4.2 | Redoxpotenzial und Redoxreihe . . . . . . . . . . . . | 80 |
| 4.3 | Galvanische Zellen . . . . . . . . . . . . . . | 82 |
| 4.4 | Die Anfänge der Elektrochemie . . . . . . . . . . . . | 85 |
| 4.5 | Die elektrochemische Spannungsreihe . . . . . . . . . . | 86 |
| 4.6 | Redoxpotenzial und Konzentration . . . . . . . . . | 89 |
| M 6 | Anwendungen der Nernstschen Gleichung . . . . . . . . . | 91 |
| 4.7 | Die Elektrolyse . . . . . . . . . . . . . . | 92 |
| | *Auf einen Blick* . . . . . . . . . . . . . . | 94 |
| | *Knobelecke* . . . . . . . . . . . . . . | 96 |
| | *Fit fürs Abitur* . . . . . . . . . . . . . . | 98 |

**5
Redoxgleichgewichte
in Alltag und Technik**

| | | |
|---|---|---|
| 5.1 | Gewinnung von Chlor und Natronlauge . . . . . . . . . | 100 |
| 5.2 | Batterien – netzunabhängige Spannungsquellen . . . . . . | 102 |
| 5.3 | Akkus – wiederaufladbare Spannungsquellen . . . . . . . | 104 |
| 5.4 | Die Brennstoffzelle – Energiequelle der Zukunft? . . . . . . | 106 |
| 5.5 | Redoxgleichgewichte in Lebewesen . . . . . . . . . . | 108 |
| 5.6 | Korrosion von Metallen . . . . . . . . . . . . . | 110 |
| 5.7 | Korrosionsschutz bei Metallen . . . . . . . . . . . | 112 |
| | *Auf einen Blick* . . . . . . . . . . . . . . | 114 |
| | *Knobelecke* . . . . . . . . . . . . . . | 116 |
| | *Fit fürs Abitur* . . . . . . . . . . . . . . | 118 |

| | |
|---|---|
| Wichtige Regeln zum Experimentieren . . . . . . . . . . . | 119 |
| Versuche zu Kapitel 1: Chemisches Gleichgewicht . . . . . . | 112 |
| Versuche zu Kapitel 2: Protolysegleichgewichte . . . . . . . | 122 |
| Versuche zu Kapitel 3: Bedeutung von Protolyse- gleichgewichten . . . . . . . . . . . | 123 |
| Versuche zu Kapitel 4: Redoxgleichgewichte . . . . . . . . | 124 |
| Versuche zu Kapitel 5: Redoxgleichgewichte in Alltag und Technik . . . . . . . . . . . . | 127 |
| Entsorgung von Chemikalien in der Schule . . . . . . . . . | 129 |
| Gefahrensymbole und Gefahrenbezeichnungen . . . . . . . | 130 |
| Entsorgungsratschläge (E-Sätze) . . . . . . . . . . . . | 130 |
| Gefahrenhinweise (R-Sätze) . . . . . . . . . . . . . | 131 |
| Sicherheitsratschläge (S-Sätze) . . . . . . . . . . . . | 132 |
| Größen und Einheiten . . . . . . . . . . . . . . | 134 |
| Fit fürs Abitur – Lösungsvorschläge . . . . . . . . . . . | 135 |
| Stichwortverzeichnis . . . . . . . . . . . . . . | 140 |
| Bildquellenverzeichnis . . . . . . . . . . . . . . | 142 |
| Periodensystem der Elemente . . . . . . . . . . . . | 143 |

# Hinweise zum Aufbau

### Einstiegsseiten

Jedes Kapitel besitzt den gleichen Aufbau. Es beginnt immer mit einem interessanten Foto und einer kurzen Einleitung, die auf das Thema vorbereitet.
Das Foto wird im Lauf des Kapitels noch einmal aufgegriffen und erklärt.

### Unterkapitel

Innerhalb eines Unterkapitels (meist eine Doppelseite) findet sich der gesamten Lernstoff zu einem Thema. Wichtige Begriffe sind kursiv hervorgehoben. Merksätze in blauer Farbe sollen es leichter machen, das Gelernte zu behalten. Pfeile (→) verweisen auf zugehörige Kapitel oder Seiten.
Mit Sternchen ★ sind Themen gekennzeichnet, die über den Lehrplan hinaus gehen.

### Kapitelaufgaben

Zu jedem Unterkapitel gibt es Aufgaben, die den Inhalt des Unterkapitels aufgreifen und zur kurzen Überprüfung und Sicherung dienen.

### Methoden

Hier sind zentrale Methoden und Arbeitsweisen aus dem Fach Chemie aufgeführt: Es werden allgemeine Prinzipien erläutert, Grundfertigkeiten vermittelt und praktische Hilfestellungen zum chemischen Fachwissen gegeben. Diese Methoden sind wichtige Eckpfeiler des chemischen Grundwissens.

### Auf einen Blick

Auf diesen Seiten sind alle wichtigen Inhalte des gesamten Kapitels übersichtlich und zusammenhängend angeordnet. Die Übersicht dient der Sicherung des Grundwissens und soll das Lernen erleichtern.

### Knobelecke

Hier kann das Wissen zum gesamten vorangegangenen Kapitel überprüft und vertieft werden.
Die Aufgaben sind in zwei Schwierigkeitsstufen eingeteilt; schwierige Aufgaben haben eine rote Nummerierung.

### Fit fürs Abitur

Unter diesem Motto finden sich materialgebundene Aufgaben, die um ein Thema kreisen und dabei Wissen aus verschiedenen Themengebieten (z. T. auch aus der 11. Jahrgangsstufe) erfordern. So könnte eine Teilaufgabe in der Abiturprüfung aussehen. Damit ein selbstständiges Überprüfen des Kenntnisstandes möglich ist, finden sich am Ende des Bandes Lösungsvorschläge zu den Aufgaben.

### Experimente

Im Experimentalteil werden Versuche zu jedem Kapitel beschrieben, die begleitend zum Unterricht durchgeführt werden können, um die theoretischen Inhalte verständlicher zu machen.
Lehrerversuche sind mit einer roten Nummer gekennzeichnet (z. B. **1**), Schülerversuche mit einer braunen (z. B. **2**).

### Anhang

Im Anhang lassen sich zahlreiche Informationen nachschlagen, z. B. zur Entsorgung von Chemikalien in der Schule (Gefahrensymbole, E-Sätze), zur Gefährlichkeit von Chemikalien (R- und S-Sätze) oder wichtige Größen und ihre Einheiten.

### Stichwortverzeichnis

Es erleichtert die Suche nach bestimmten Themen oder Begriffen.

# Basiskonzepte der Chemie

Fünf Grundprinzipien chemischen Denkens durchdringen alle Bereiche des Faches Chemie. Diese fünf Basiskonzepte helfen dabei, neben den bekannten chemischen Sachverhalten auch die neuen Phänomene und Fachinhalte der 12. Jahrgangsstufe zu verstehen, da auch sie auf diesen Basiskonzepten aufbauen. Das Beispiel der bereits bekannten Veresterung von Carbonsäuren mit Alkoholen zeigt die Anwendung aller Basiskonzepte.

## Stoff-Teilchen-Konzept

**Die Phänomene der Stoffebene können auf der Ebene der Teilchen gedeutet werden.**

| Stoffebene | Teilchenebene |
|---|---|
| Mischt man Essigsäure und Ethanol und erwärmt vorsichtig, so kann man den Geruch von Essigsäureethylester wahrnehmen. Es bilden sich zwei Phasen: Neben Essigsäureethylester sind auch noch Wasser, Essigsäure und Ethanol vorhanden. | Ethanolmoleküle können über ihre Hydroxygruppe mit der Carboxygruppe der Essigsäuremoleküle reagieren. Dabei wird ein Wassermolekül abgespalten. |

$$CH_3 - C \overset{\displaystyle \bar{O}I}{\underset{\displaystyle OH}{}} + CH_3 - CH_2 - OH$$

Essigsäure        Ethanol

## Struktur-Eigenschafts-Konzept

**Die Struktur eines Stoffes, d. h. die Art, Anordnung und Wechselwirkung der Teilchen, aus denen er besteht, bestimmt seine physikalischen und chemischen Eigenschaften.**

| Struktur | | Eigenschaft |
|---|---|---|
| $CH_3 - \overset{\delta+}{C} \overset{\bar{O}I}{\underset{I\underline{O} - H}{}}$ | Das Kohlenstoffatom ist in der Carboxygruppe mit zwei stark elektronegativen Sauerstoffatomen verbunden. | Das Kohlenstoffatom ist positiv polarisiert und kann von Nukleophilen angegriffen werden. |
| $CH_3 - CH_2 - \overset{\delta-}{\underset{}{\underline{O}I}}^{H}$ | Das Sauerstoffatom ist in der Hydroxygruppe mit einem nur schwach elektronegativen Wasserstoffatom verbunden. | Das Sauerstoffatom ist negativ polarisiert und kann daher als Nukleophil wirken. |
| $CH_3 - C \overset{\bar{O}I}{\underset{I\underline{O} - C_2H_5}{}}$ | In der Estergruppe sind keine Hydroxygruppen vorhanden. | Ester sind daher nur mäßig wasserlöslich. |

## Gleichgewichtskonzept

**Chemische Reaktionen sind umkehrbar. Laufen Hin- und Rückreaktion gleichzeitig ab, so kann sich ein chemisches Gleichgewicht einstellen.**

Hinreaktion

Esterkondensation:
Essigsäure und Ethanol reagieren
zu Essigsäureethylester und Wasser

Esterhydrolyse:
Essigsäureethylester und Wasser
reagieren zu Essigsäure und Ethanol

Rückreaktion

Esterkondensation
⇌
Esterhydrolyse

Essigsäureethylester          Wasser

## Energiekonzept

**Alle chemischen Reaktionen sind mit einem Energieumsatz verbunden, d. h. es wird entweder Energie frei oder Energie benötigt.**

| exotherme Esterkondensation | endotherme Esterhydrolyse |
|---|---|
| Damit die Esterkondensation abläuft, ist eine Zufuhr von Aktivierungsenergie nötig. Insgesamt ist die Reaktion leicht exotherm, d. h. es wird Energie frei. | Die Esterhydrolyse ist endotherm und benötigt genauso viel Energie wie bei der Hinreaktion frei wird. |

## Donator-Akzeptor-Konzept

**Bei vielen chemischen Reaktionen gibt ein Reaktionspartner (Donator) ein Teilchen ab, das der andere Reaktionspartner (Akzeptor) aufnimmt.**
**Bei den Säure-Base-Reaktionen sind dies z. B. Protonen, bei Redoxreaktionen Elektronen.**

| Donator | Akzeptor |
|---|---|
| Das Essigsäuremolekül ist Protonendonator und reagiert zum Acetation. | Das Wassermolekül ist Protonenakzeptor und reagiert zum Oxoniumion. |

# Übersicht über Bindungen und zwischenmolekulare Kräfte

## Bindungsarten

Tabelle 1 gibt eine Übersicht über die drei verschiedenen Bindungsarten.

| Bindungsart | Elektronenpaarbindung (Atom-, kovalente Bindung) | Ionenbindung | Metallbindung |
|---|---|---|---|
| Bindungspartner | Nichtmetall und Nichtmetall | Metall und Nichtmetall | Metall und Metall |
| Bindung | Atome „teilen" sich ein Elektronenpaar ⇨ bindendes Elektronenpaar hält Atome zusammen | Metallatom gibt Elektron(en) ab und bildet Kation, Nichtmetall-atom nimmt Elektron(en) auf und bildet Anion ⇨ unterschiedlich geladene Ionen ziehen sich an | alle Metallatome geben Elektronen ab ⇨ frei bewegliche (delokalisierte) Elektronen befinden sich als Elektronengas zwischen den Atomrümpfen |
| Anordnung der Bausteine | Moleküle | Ionengitter | Metallgitter |
| Beispiel | $H_2$ | NaCl | Fe |
| | | | |

**Tab. 1** Die drei verschiedenen Bindungsarten

## Zwischenmolekulare Kräfte

Zwischenmolekulare Kräfte sind Anziehungskräfte, die Moleküle untereinander ausüben.
Zwischen Molekülen mit *unpolaren Atombindungen* sind diese Anziehungskräfte immer kleiner als zwischen Molekülen mit *polaren Atombindungen*.

Polare Moleküle können je nach Struktur *Dipol-Dipol-Wechselwirkungen* und *Wasserstoffbrücken* ausbilden. Tabelle 2 gibt eine Übersicht über alle zwischenmolekularen Kräfte.

| Art der Wechselwirkung | Van-der-Waals-Kräfte | Dipol-Dipol-Wechselwirkungen | Wasserstoffbrücken |
|---|---|---|---|
| Teilchen | zwischen unpolaren und polaren Molekülen | zwischen permanenten Dipolmolekülen | zwischen Molekülen mit stark polarisierten Wasserstoffatomen und freien Elektronenpaaren (F, O, N) |
| Anziehungskräfte | zwischen ständig wechselnden momentanen und induzierten Dipolen | zwischen positiven und negativen Partialladungen | zwischen positiv polarisiertem Wasserstoffatom und negativ polarisiertem Atom mit freiem Elektronenpaar |
| Stärke (kJ/mol) | 0,5–5 | 2–10 | 10–20 |
| Beispiel | $H_2$ | $SO_2$ | $H_2O$ |
| | | | |

**Tab. 2** Zwischenmolekulare Kräfte

# Donator-Akzeptor-Reaktionen

Vielen chemischen Reaktionen liegt das Donator-Akzeptor-Konzept zugrunde: Ein Reaktionspartner (Donator) gibt ein Teilchen ab, das der andere Reaktionspartner (Akzeptor) aufnimmt (s. S. 7).

Die beiden wichtigsten Reaktionen dieses Typs sind die *Säure-Base-Reaktion* und die *Redoxreaktion*. Bei den Säure-Base-Reaktionen findet ein Übergang von Protonen statt, bei Redoxreaktionen von Elektronen.

| | Donator | Akzeptor | Übergang von | Beispielreaktion |
|---|---|---|---|---|
| Säure-Base-Reaktion | Säuremolekül = Protonendonator z. B. HCl | Basenmolekül = Protonenakzeptor z. B. $NH_3$ | Protonen $H^+$ | $HCl + NH_3 \rightarrow Cl^- + NH_4^+$ |
| Redoxreaktion | Reduktionsmittel = Elektronendonator z. B. Zn | Oxidationsmittel = Elektronenakzeptor z. B. $Cu^{2+}$ | Elektronen $e^-$ | $Zn + Cu^{2+} \rightarrow Zn^{2+} + Cu$ |

## Säure-Base-Reaktionen

Besonders wichtig sind die Säure-Base-Reaktionen mit Wasser als Reaktionspartner:
Das Wassermolekül ist Protonenakzeptor und reagiert zum Oxoniumion.

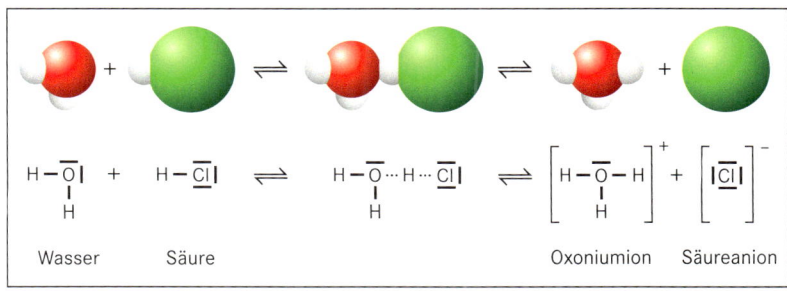

Wasser   Säure   Oxoniumion   Säureanion

Das Wassermolekül ist Protonendonator und reagiert zum Hydroxidion.

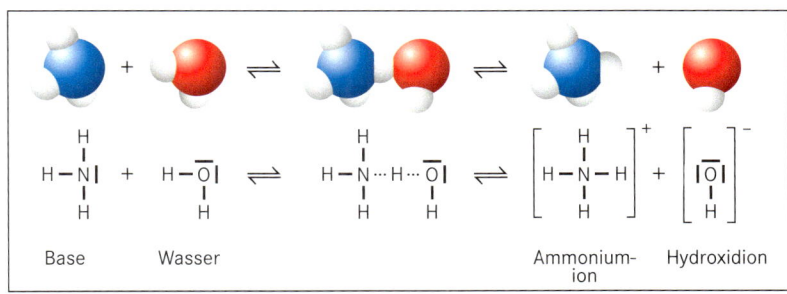

Base   Wasser   Ammoniumion   Hydroxidion

## Redoxreaktionen

Sie laufen häufig in saurem oder basischem Milieu ab. Zum Aufstellen der Redoxgleichung muss man erst die Teilgleichungen entwickeln.

| So wird's gemacht | Beispiel: Reaktion von $Fe^{2+}$-Ionen mit saurer Permanganatlösung | |
|---|---|---|
| **Reduktionsteilgleichung** 1. Edukt und Produkt mit Oxidationszahlen notieren | $\overset{+VII}{MnO_4^-}$ | $\rightarrow \overset{+II}{Mn^{2+}}$ |
| 2. Elektronenumsatz notieren | $MnO_4^- + 5\,e^-$ | $\rightarrow Mn^{2+}$ |
| 3. Ladungsausgleich (in saurer Lösung mit $H_3O^+$, in basischer Lösung mit $OH^-$) | $MnO_4^- + 5\,e^- + 8\,H_3O^+$ | $\rightarrow Mn^{2+}$ |
| 4. Stoffausgleich (mit Wasser) | $MnO_4^- + 5\,e^- + 8\,H_3O^+$ | $\rightarrow Mn^{2+} + 12\,H_2O$ |
| **Oxidationsteilgleichung** 1. Edukt und Produkt mit Oxidationszahlen notieren | $\overset{+II}{Fe^{2+}}$ | $\rightarrow \overset{+III}{Fe^{3+}}$ |
| 2. Elektronenumsatz notieren | $Fe^{2+}$ | $\rightarrow Fe^{3+} + e^- \qquad \mid \cdot 5$ |
| **Redoxgleichung** Reduktions- und Oxidationsteilgleichung zusammenfassen | $MnO_4^- + 5\,Fe^{2+} + 8\,H_3O^+ \rightarrow Mn^{2+} + 5\,Fe^{3+} + 12\,H_2O$ | |

# Die Geschwindigkeit chemischer Reaktionen

### Die Reaktionsgeschwindigkeit
Die Reaktionsgeschwindigkeit $v_R$ bei chemischen Reaktionen beschreibt die Änderung der Stoffmenge $n(X)$ in einer bestimmten Zeit:

$$v_R = \frac{\Delta n(X)}{\Delta t}; \left(\text{Einheit } \frac{mol}{s}\right)$$

### Die Ermittlung der Reaktionsgeschwindigkeit
Die Ermittlung der Reaktionsgeschwindigkeit kann durch messbare Größen wie Masse oder Volumen erfolgen, da die Masse $m(X)$ und das Volumen $V(X)$ direkt proportional zur Stoffmenge $n(X)$ sind. Zur Ermittlung wird das Edukt oder Produkt herangezogen, das sich am einfachsten quantitativ bestimmen lässt. Die Reaktionsgeschwindigkeit kann sowohl durch die Zunahme der Stoffmenge an Produkt als auch durch die Abnahme der Stoffmenge an Edukt beschrieben werden:

$$v_R = \frac{\Delta n(\text{Produkt})}{\Delta t} = -\frac{\Delta n(\text{Edukt})}{\Delta t}; \left(\text{Einheit } \frac{mol}{s}\right)$$

### Einflüsse auf die Reaktionsgeschwindigkeit
Durch folgende Faktoren wird die Reaktionsgeschwindigkeit beeinflusst:
- Zerteilungsgrad (Oberfläche):
  Bei heterogenen Reaktionen wird die Reaktionsgeschwindigkeit mit zunehmender Oberfläche (Zerteilungsgrad) des entsprechenden Edukts größer.
- Konzentration:
  Die Reaktionsgeschwindigkeit nimmt bei Erhöhung der Konzentration eines Reaktionspartners zu.

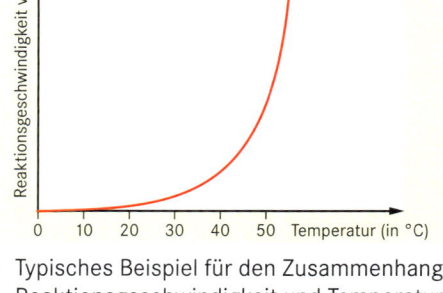

**1** Typisches Beispiel für den Zusammenhang zwischen Reaktionsgeschwindigkeit und Temperatur

- Temperatur:
  Nach der RGT-Regel (Reaktionsgeschwindigkeits-Temperatur-Regel) bewirkt eine Temperaturerhöhung um 10 °C in etwa eine Verdopplung der Reaktionsgeschwindigkeit (Abb. 1).
- Katalysator:
  Ein Katalysator setzt die Aktivierungsenergie $E_A$ einer chemischen Reaktion herab und beschleunigt damit die Reaktion.

### Stoßtheorie
Nach der Stoßtheorie gibt es drei Grundvoraussetzungen für eine erfolgreiche Reaktion:
- Ein Zusammenstoß der Teilchen der beteiligten Reaktionspartner muss erfolgen. Je größer die Konzentration der Teilchen ist, desto wahrscheinlicher ist ein Zusammenstoß (Abb. 2).
- Die Energie der Teilchen muss bei einem Zusammenstoß die für die Reaktion charakteristische Mindestenergie $E_{min}$ erreichen oder übersteigen.
- Die Reaktionspartner nehmen eine bestimmte, günstige räumliche Orientierung zueinander ein.

**2** Modellvorstellung zum Zusammenstoß zwischen den Teilchen A und B: Einfluss der Teilchenzahl auf die Zahl möglicher Kollisionen

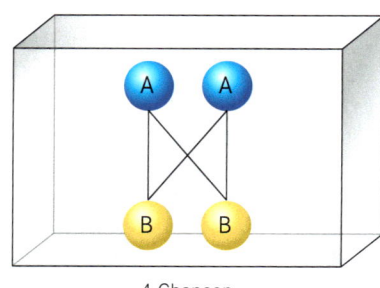

4 Chancen

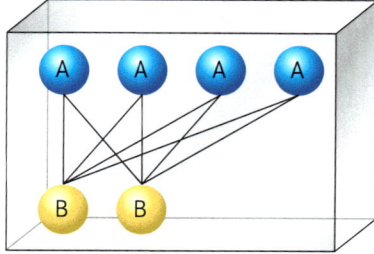

8 Chancen

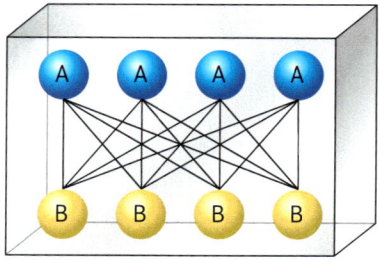

16 Chancen

# Wichtige Reaktionsmechanismen

### Nukleophile Addition

*Prinzip:*
- ein Nukleophil (= Elektronendonator) addiert sich an ein Molekül mit Mehrfachbindung (= Elektronenakzeptor)
- Aktivierung des Elektrophilmoleküls durch Säurekatalyse

*Beispiel:*
- bei Addition von Alkoholen an Aldehyde entstehen Halbacetale, z. B. Ringbildung in Zuckermolekülen

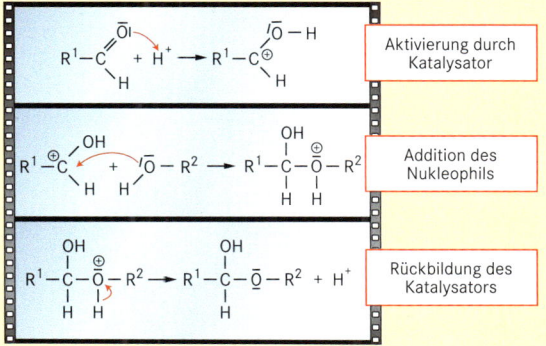

Aktivierung durch Katalysator

Addition des Nukleophils

Rückbildung des Katalysators

### Elektrophile Addition

*Prinzip:*
- ein Elektrophil (= Elektronenakzeptor) addiert sich an ein Molekül mit Mehrfachbindung
- das Elektrophilmolekül wird durch die elektronenreiche Mehrfachbindung polarisiert

*Beispiel:*
- bei der Halogenierung von Alkenen oder Alkinen entstehen Dihalogenalkane oder -alkene

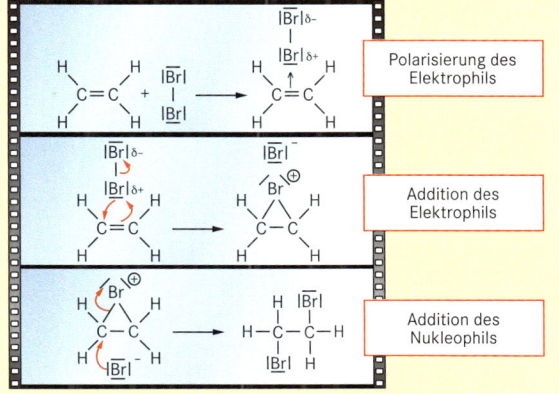

Polarisierung des Elektrophils

Addition des Elektrophils

Addition des Nukleophils

### Radikalische Substitution

*Prinzip:*
- ein Halogenatom ersetzt in einer Kettenreaktion in einem Alkanmolekül ein Wasserstoffatom
- Start der Kettenreaktion durch Spaltung der Halogenmoleküle durch Lichteinwirkung oder Radikalstarter in Halogenradikale
- Kettenabbruch durch Reaktion zweier Radikale

*Beispiel:*
- bei der Halogenierung von Alkanen entstehen Halogenalkane und Wasserstoffhalogenid

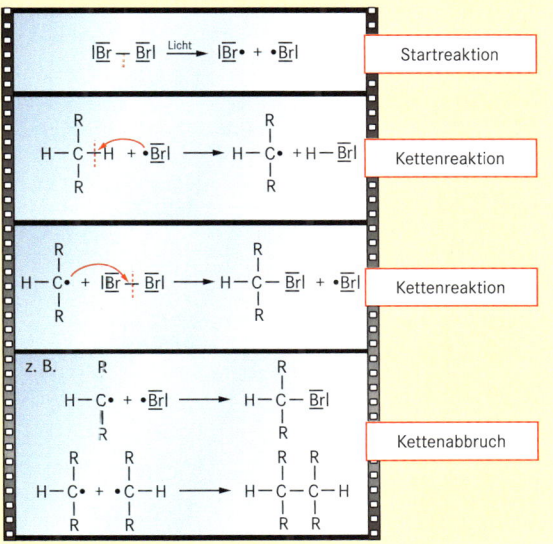

Startreaktion

Kettenreaktion

Kettenreaktion

Kettenabbruch

### Elektrophile Substitution

*Prinzip:*
- Elektrophil (= Elektronenakzeptor) ersetzt in aromatischem Molekül ein Wasserstoffatom
- das Elektrophil wird durch einen Katalysator aktiviert

*Beispiel:*
- bei der Halogenierung von Aromaten entstehen halogenierte aromatische Verbindungen und Wasserstoffhalogenid

Polarisierung des Elektrophils

Addition des Elektrophils

Rearomatisierung

# Stoffklassen organischer Verbindungen

| Stoffklasse | charakteristische Gruppe | Beispiel | typische Reaktionen |
|---|---|---|---|
| Kohlenwasserstoffe | | | |
| Alkane | CC-Einfachbindung $-\overset{\mid}{\underset{\mid}{C}}-\overset{\mid}{\underset{\mid}{C}}-$ | Ethan | Halogenierung: radikalische Substitution |
| Alkene | CC-Doppelbindung $\underset{/}{^{\backslash}}C=C\underset{\backslash}{^{/}}$ | Ethen | Halogenierung: elektrophile Addition |
| Alkine | CC-Dreifachbindung $-C\equiv C-$ | Ethin $H-C\equiv C-H$ | |
| Alkohole | | | |
| | Hydroxygruppe $-OH$ | Ethanol | – Oxidation zu Carbonylverbindungen <br> – Veresterung mit Carbonsäuren |
| Carbonylverbindungen | Carbonylgruppe | | |
| Aldehyde | Aldehydgruppe | Ethanal (Acetaldehyd) | Oxidation zu Carbonsäuren, z. B. Fehling-Probe |
| Ketone | Ketogruppe | Propanon (Aceton) | |
| Carbonsäuren | | | |
| | Carboxygruppe | Ethansäure (Essigsäure) | – Reaktion als Säure: Bildung von Carboxylationen R–COO⁻ <br> – Veresterung mit Alkoholen |
| Ester | | | |
| | Esterbindung | Ethansäureethylester (Essigsäureethylester) | Gleichgewicht zwischen Esterkondensation und Esterhydrolyse |

| Stoffklasse | charakteristische Gruppe | Beispiel | typische Reaktionen |
|---|---|---|---|
| Aromaten | | | |
| | delokalisiertes Elektronensystem | Benzol | Halogenierung: elektrophile Substitution |
| stickstoffhaltige Verbindungen | | | |
| Amine | Aminogruppe $-\overset{\cdot\cdot}{N}-H$ $\overset{\mid}{H}$ | Phenylamin (= Anilin) | Reaktion als Base |
| Azoverbindungen | Azogruppe $-\overset{\cdot\cdot}{N}=\overset{\cdot\cdot}{N}-$ | Azobenzol | |

# Wichtige Biomoleküle

## Fette (= Triacylglycerine)

*Aufbau:*
- Fette sind Ester des dreiwertigen Alkanols Glycerin mit Fettsäuren:

Glycerin   Fettsäuren              Fett

## Kohlenhydrate

*Aufbau:*
- Kohlenhydrate sind Polyhydroxycarbonylverbindungen

*Wichtige Monosaccharide:*

Glucose (Traubenzucker)
D-Glucose

Fructose (Fruchtzucker)
D-Fructose

*Wichtige Disaccharide:*
- zwei Monosaccharide sind über einer glykosidische Bindung verknüpft
- Maltose (Malzzucker):

- Cellobiose:

- Saccharose (Rohrzucker):

*Wichtige Polysaccharide:*
- Stärke: überwiegend α-1,4-glykosidisch verknüpfte D-Glucosemoleküle
- Cellulose: β-1,4-glykosidisch verknüpfte D-Glucose-moleküle

## Proteine

*Aufbau:*
- Proteine sind aus Aminosäuren (Aminocarbonsäuren) aufgebaut
- Struktur einer α-Aminosäure:

- die Aminosäuren sind über Peptidbindungen verknüpft:

Peptidbindung

*Struktur*
- Primärstruktur:
  - Reihenfolge der Aminosäuren (Aminosäuresequenz) im Proteinmolekül

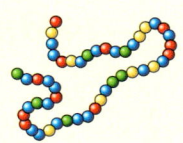

- Sekundärstruktur:
  - Proteinmolekülabschnitte ordnen sich dreidimensional zur Faltblattstruktur oder Helixstruktur
  - entsteht durch Wasserstoffbrücken zwischen Peptidbindungen

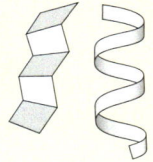

- Tertiärstruktur:
  - räumlicher Bau des gesamten Proteinmoleküls
  - ist wesentlich für die Funktionsfähigkeit des Proteins
  - wird über Ionenbindungen, zwischenmolekulare Kräfte und Disulfidbrücken stabilisiert

- Quartärstruktur:
  - Zusammenschluss mehrerer Proteinmoleküle
  - wird über Ionenbindungen, zwischenmolekulare Kräfte und Disulfidbrücken stabilisiert

# 1 Chemisches Gleichgewicht

Bei einer Vielzahl chemischer Reaktionen stellt sich ein *Gleichgewichtszustand* ein, in dem sowohl Edukte als auch Produkte in einem bestimmten Stoffmengenverhältnis vorliegen.
Die Verschiebung der Lage dieses chemischen Gleichgewichtszustandes ist sowohl in der Natur als auch für die chemische Industrie von entscheidender Bedeutung.
Ein wichtiges Beispiel ist die industrielle Synthese von Ammoniak aus Luftstickstoff.

 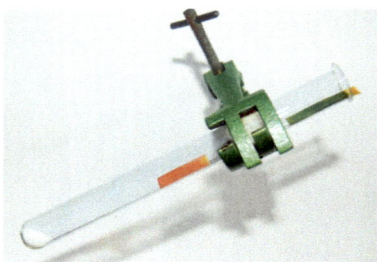

**1** Bildung von Ammoniumchlorid (weißer Rauch) durch die Reaktion der Gase Ammoniak und Wasserstoffchlorid.

**2** Zersetzung von Ammoniumchlorid beim Erhitzen

## 1.1 Reaktionen sind umkehrbar

**Bildung von Ammoniumchlorid.** Die meisten chemischen Reaktionen im Chemieunterricht haben wir so betrachtet, als ob sie nur in eine Richtung abliefen. Sie können allerdings prinzipiell durch die Wahl geeigneter Reaktionsbedingungen „umgekehrt" werden. Oftmals entscheidet die Temperatur, ob eine Reaktion in die eine oder in die andere Richtung abläuft. Reagieren die beiden Gase Wasserstoffchlorid und Ammoniak in einer exothermen Reaktion miteinander, so entsteht ein weißer Rauch, der den Reinstoff Ammoniumchlorid enthält (Abb. 1):

$$HCl\,(g) + NH_3\,(g) \longrightarrow NH_4Cl\,(s) \qquad \Delta E_i < 0$$

**Zersetzung von Ammoniumchlorid.** Erhitzt man festes Ammoniumchlorid in einem Reagenzglas, in dem sich an der Innenseite der Reagenzglaswand zwei angefeuchtete Universalindikatorpapiere in unterschiedlicher Höhe befinden, so färbt sich das untere rot, das obere dagegen blau (Abb. 2). Dies ist darauf zurückzuführen, dass Ammoniumchlorid durch Zufuhr von Wärmeenergie in einer endothermen Reaktion wieder zu den Gasen Wasserstoffchlorid und Ammoniak zersetzt wird:

$$NH_4Cl\,(s) \longrightarrow HCl\,(g) + NH_3\,(g) \qquad \Delta E_i > 0$$

Aufgrund der geringeren Molekülmasse diffundiert das Ammoniakgas schneller als das Wasserstoffchloridgas nach oben, sodass bei der Reaktion der Gase am feuchten Universalindikatorpapier jeweils unterschiedliche Färbungen zu erkennen sind.

**Hin- und Rückreaktion.** Die Zerlegung und die Bildung von Ammoniumchlorid sind somit *umkehrbare* oder *reversible Reaktionen*; man unterscheidet eine Hinreaktion und eine Rückreaktion. Die Gleichungen umkehrbarer Reaktionen werden nicht mit einem einfachen Reaktionspfeil, sondern mit einem Doppelpfeil „$\rightleftharpoons$" beschrieben. Für die reversible Reaktion schreibt man also:

$$HCl\,(g) + NH_3\,(g) \underset{\text{Rückreaktion}}{\overset{\text{Hinreaktion}}{\rightleftharpoons}} NH_4Cl\,(s)$$

Viele chemische Reaktionen sind umkehrbar oder reversibel. In der Reaktionsgleichung kennzeichnet man dies durch einen Doppelpfeil „$\rightleftharpoons$".

**Info**
Man unterscheidet in der Chemie verschiedene Pfeile:
– In einer Reaktionsgleichung benutzt man im Allgemeinen den einfachen Reaktionspfeil: $\longrightarrow$
– Bei umkehrbaren Reaktionen verwendet man den Doppelpfeil: $\rightleftharpoons$
– Zur Darstellung der Elektronenverteilung in einem Teilchen mit delokalisiertem Elektronensystem schreibt man den Mesomeriepfeil: $\longleftrightarrow$

**Aufgabe**
**1** Die Zerlegung von Wasser mithilfe elektrischer Energie sowie die Knallgasreaktion sind reversible Reaktionen.
 a) Formulieren Sie die Reaktionsgleichungen für beide Reaktionen.
 b) Beschreiben Sie, auf welche Weise die jeweiligen Reaktionsprodukte nachgewiesen werden können.

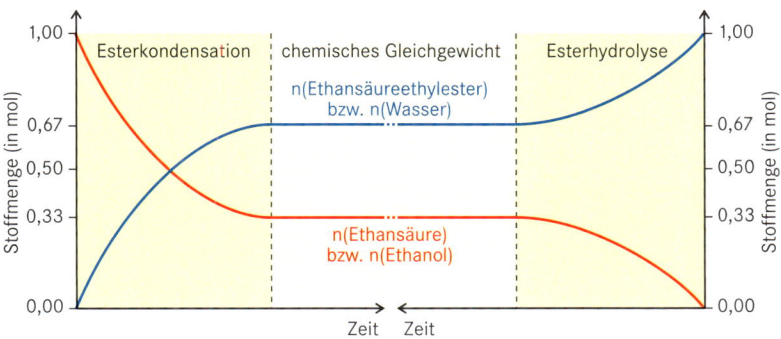

**1** Esterkondensation und Esterhydrolyse führen zum gleichen Endzustand, in dem alle Reaktionsteilnehmer in einer bestimmten Konzentration nebeneinander vorliegen.

## 1.2 Das dynamische Gleichgewicht

**Hin- und Rückreaktion möglich.** Reaktionen sind nur dann umkehrbar, wenn kein Reaktionspartner aus dem Reaktionsgefäß entweichen kann. In einem derartig, geschlossenen System können dann unter bestimmten Bedingungen sowohl die Hin- als auch die Rückreaktion gleichzeitig ablaufen. Ein Beispiel hierfür ist die bereits bekannte Esterkondensation bzw. Esterhydrolyse:

$$CH_3COOH + C_2H_5OH \rightleftharpoons CH_3COOC_2H_5 + H_2O$$
Ethansäure     Ethanol     Ethansäureethylester     Wasser

**Einstellung des chemischen Gleichgewichts.** Der zeitliche Verlauf der Esterkondensation lässt sich experimentell untersuchen. Bringt man 1 mol Ethansäure mit 1 mol Ethanol unter Säurekatalyse zum Kochen (Abb. 2), kann man die Stoffmenge der Carbonsäure zu verschiedenen Zeitpunkten durch Titration bestimmen. Aus den jeweils ermittelten Stoffmengen der Ethansäure lassen sich die Stoffmengen der übrigen Reaktionspartner berechnen, da die Stoffmengenverhältnisse bekannt sind.
Der zeitliche Verlauf der Reaktion lässt sich mithilfe dieser Werte grafisch darstellen (Abb. 1, links). Man beobachtet zunächst eine Abnahme der Stoffmengen von Ethansäure und Ethanol, während die Stoffmengen der Produkte Ethansäureethylester und Wasser ansteigen. Nach einer bestimmten Reaktionszeit haben sich 0,67 mol Ethansäureethylester und 0,67 mol Wasser gebildet. Diese Stoffmengen ändern sich nicht mehr, obwohl immer noch 0,33 mol Ethansäure und 0,33 mol Ethanol vorhanden sind. Nach außen hin ist die chemische Reaktion zum Stillstand gekommen; man bezeichnet diesen Zustand als *chemisches Gleichgewicht*.
Reagieren umgekehrt 1 mol Ethansäureethylester und 1 mol Wasser unter gleichen Bedingungen miteinander, so liegen auch hier die vier beteiligten Reaktionspartner nach einer gewissen Reaktionszeit im gleichen Stoffmengenverhältnis wie bei der Esterkondensation vor, d. h. es hat sich derselbe Gleichgewichtszustand eingestellt (Abb. 1, rechts).

Sowohl die Hin- als auch die Rückreaktion einer reversiblen Reaktion führen bei gleichen Versuchsbedingungen zu einem Gemisch konstanter Zusammensetzung. Dieser Zustand wird als chemisches Gleichgewicht bezeichnet.

**Info**

In der Chemie unterscheidet man drei verschiedene Systeme: In geschlossenen Systemen findet zwar ein Energieaustausch mit der Umgebung, aber kein Stoffaustausch statt. Bei offenen Systemen ist sowohl Energie- als auch Stoffaustausch mit der Umgebung möglich, bei isolierten Systemen keines von beiden.

**2** Versuchsapparatur zur Estersynthese

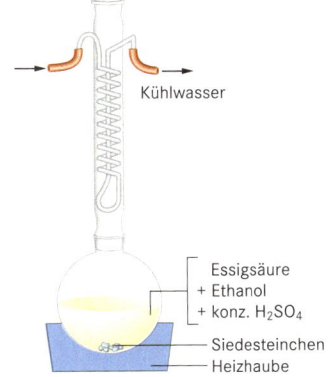

Kühlwasser

Essigsäure
+ Ethanol
+ konz. $H_2SO_4$
Siedesteinchen
Heizhaube

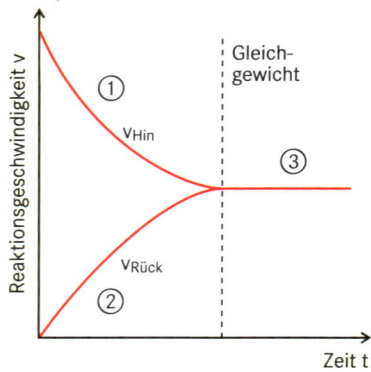

**3** Zeitlicher Verlauf einer Gleichgewichtsreaktion: Geschwindigkeit der Hin- und Rückreaktion

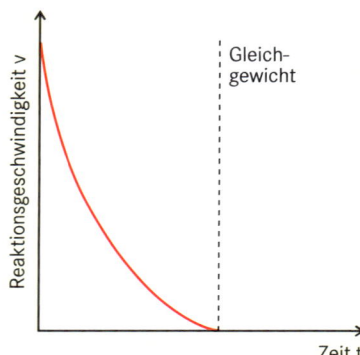

**4** Zeitlicher Verlauf einer Gleichgewichtsreaktion: Gesamtreaktionsgeschwindigkeit

**Das chemische Gleichgewicht auf Teilchenebene.** Mit steigender Konzentration der Reaktionspartner einer chemischen Reaktion erhöht sich generell ihre Reaktionsgeschwindigkeit (→ S. 10).

Diese ist für die Hinreaktion zunächst maximal, da anfangs die Konzentration der Reaktionspartner Ethansäure und Ethanol am höchsten und damit die Wahrscheinlichkeit für einen Zusammenstoß der Teilchen als Voraussetzung für eine erfolgreiche Reaktion am größten ist. Die Reaktionsgeschwindigkeit sinkt allerdings im Lauf der Reaktion (Abb. 3, ①) mit Abnahme der Eduktkonzentrationen (vgl. Abb. 1, S. 17), da nun weniger erfolgreiche Zusammenstöße stattfinden. Die Geschwindigkeit der Rückreaktion ist zu Beginn der Reaktion Null und steigt dann (Abb. 3, ②) mit Zunahme der Konzentrationen der Produkte Ethansäureethylester und Wasser (vgl. Abb. 1, S. 17). In dem Maß, in dem die Geschwindigkeit der Hinreaktion abnimmt, steigt die Geschwindigkeit der Rückreaktion.

Nach einer gewissen Zeit laufen Hin- und Rückreaktion mit der gleichen Geschwindigkeit ab (Abb. 3, ③). Deshalb bleiben die Konzentrationen der vier Reaktionspartner konstant (vgl. Abb. 1, S. 17), das Gleichgewicht ist erreicht. Da auch im Gleichgewichtszustand Esterkondensation und Esterhydrolyse weiter ablaufen, spricht man von einem *dynamischen Gleichgewicht.*

Betrachtet man das gesamte System, so heben sich die Geschwindigkeiten der Hin- und Rückreaktion auf, die Gesamtreaktionsgeschwindigkeit beträgt im Gleichgewichtszustand also Null (Abb. 4).

Eine chemische Reaktion befindet sich im Gleichgewicht, wenn sich die Konzentrationen der Edukte und Produkte nicht mehr ändern. Hin- und Rückreaktion laufen dann gleich schnell ab; man spricht daher von einem dynamischen Gleichgewicht.

**Chemisches Gleichgewicht bei Gasreaktionen.** Bei einer Temperatur von ca. 500 °C reagieren die Elemente Wasserstoff und Iod zu Wasserstoffiodid. Dabei liegen alle Stoffe gasförmig vor:

$$H_2(g) + I_2(g) \rightleftharpoons 2\,HI(g)$$

Umgekehrt zersetzt sich bei dieser Temperatur auch Wasserstoffiodid zu Wasserstoff und Iod. Es stellt sich auch hier ein Gleichgewichtszustand ein, in dem alle drei Reaktionspartner in einem bestimmten Stoffmengenverhältnis vorliegen. Bei dieser Reaktion ist für die Einstellung des Gleichgewichts besonders wichtig, dass ein geschlossenes System vorliegt und keines der drei Gase entweichen kann.

**Aufgaben**

**1** Abbildung 2 (S. 17) zeigt eine Versuchsapparatur zur Estersynthese. Erläutern Sie die Notwendigkeit des Rückflusskühlers.

**2** Stellen Sie den zeitlichen Verlauf der Gleichgewichtseinstellung bei der Wasserstoffiodidsynthese für folgende Konzentrationen grafisch dar. Anfangskonzentrationen: $c_0(H_2) = 1,00$ mol/l, $c_0(I_2) = 1,00$ mol/l, $c_0(HI) = 0$ mol/l; Endkonzentration: $c_{GG}(HI) = 1,54$ mol/l.

# M 1  Modellversuch zum chemischen Gleichgewicht

## Modellversuch „Erbsentausch"

Die Einstellung des chemischen Gleichgewichts lässt sich mithilfe eines Modellversuchs veranschaulichen:
- Spieler A erhält zu Beginn 50 Erbsen, Spieler B erhält keine.
- Spieler A gibt in jedem Spielzug jeweils die Hälfte der gerade in seinem Besitz befindlichen Erbsen an Spieler B, während Spieler B gleichzeitig ein Zehntel seiner Erbsen an Spieler A abgibt. (Bei nicht ganzen Zahlen wird mathematisch gerundet.)
- Die Anzahl der weitergegebenen Erbsen wird notiert. Nach jedem Spielzug wird für beide Spieler die neue Gesamtzahl ihrer Erbsen ermittelt (Abb. 1).

Der zeitliche Verlauf des Modellversuchs kann grafisch ausgewertet werden (Abb. 2). Für jeden Spieler trägt man die Zahl der Erbsen gegen die Spielzugnummer auf. Ab dem 5. Spielzug werden zwischen den Spielern noch Erbsen „ausgetauscht", die Zahl der Erbsen der beiden Spieler ändert sich aber nicht mehr.

## Übertragung auf chemische Reaktionen

Der Modellversuch kann auf eine chemische Reaktion übertragen werden:
- Anzahl der Erbsen von Spieler A: Eduktstoffmenge
- Anzahl der Erbsen von Spieler B: Produktstoffmenge
- Anzahl der abgegebenen Erbsen pro Spielzug von Spieler A: Geschwindigkeit der Hinreaktion
- Anzahl der abgegebenen Erbsen pro Spielzug von Spieler B: Geschwindigkeit der Rückreaktion
- Spielzugnummer: Reaktionszeit

Ab dem 5. Spielzug hat sich ein Gleichgewichtszustand eingestellt. Die Zahl der Erbsen, also die Stoffmengen der Edukte und Produkte, ändert sich nicht mehr; dennoch findet weiterhin ein Austausch von Erbsen, also eine chemische Reaktion, statt.

## Aufgabe

**1** Führen Sie den Modellversuch zum chemischen Gleichgewicht mit veränderter Austauschrate durch. Dabei soll Spieler A die Hälfte und Spieler B ein Fünftel seiner Erbsen pro Spielzug an den anderen Spieler abgeben. Stellen Sie die Ergebnisse analog zu den Abbildungen 1 und 2 grafisch dar.

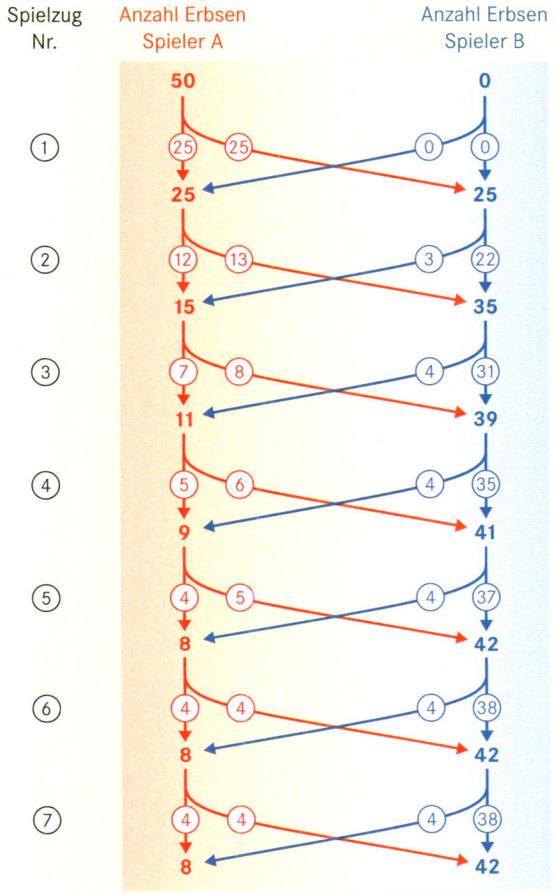

**1** Zusammenstellung der Daten aus dem Modellversuch

**2** Zeitlicher Verlauf des Modellversuchs: Ab dem 5. Spielzug ändert sich die Zahl der Erbsen nicht mehr.

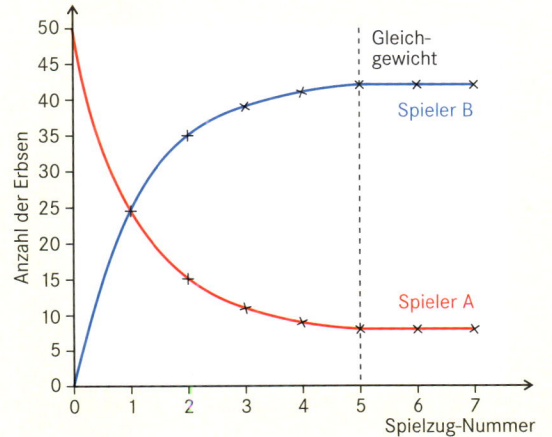

**Info**
Die Proportionalitätskonstante ist für jede Reaktion charakteristisch; sie kann nur experimentell bestimmt werden und ist ausschließlich von der Temperatur abhängig.

# 1.3 Das Massenwirkungsgesetz

**Reaktionsgeschwindigkeit und Konzentration.** In einem geschlossenen System werden Ethansäure und Ethanol unter Säurekatalyse zur Reaktion gebracht:

$$CH_3COOH + C_2H_5OH \rightleftharpoons CH_3COOC_2H_5 + H_2O$$

Ethansäure      Ethanol      Ethansäureethylester      Wasser

Je höher die Konzentrationen von Ethansäure und Ethanol sind, desto schneller läuft die Hinreaktion ab ($\rightarrow$ S. 18, Abb. 3). Die Ursache liegt darin, dass Zusammenstöße der Moleküle, die zu einer Reaktion führen, wahrscheinlicher sind. Somit ist die Geschwindigkeit der Hinreaktion $v_{Hin}$ sowohl direkt proportional zur Konzentration von Ethansäure als auch zu der von Ethanol. Für die Bildung von Ethansäureethylester und Wasser kann folglich formuliert werden ($k_{Hin}$: Proportionalitätskonstante):

$$v_{Hin} = k_{Hin} \cdot c\,(CH_3COOH) \cdot c\,(C_2H_5OH) \qquad (1)$$

Zunächst liegen nur Edukte vor; je weiter die Reaktion fortgeschritten ist, desto mehr Produkte haben sich gebildet und die Rückreaktion setzt ein. Auch die Geschwindigkeit der Rückreaktion $v_{Rück}$ ist konzentrationsabhängig ($k_{Rück}$: Proportionalitätskonstante):

$$v_{Rück} = k_{Rück} \cdot c\,(CH_3COOC_2H_5) \cdot c\,(H_2O) \qquad (2)$$

Die Geschwindigkeit der Rückreaktion nimmt folglich mit fortschreitender Reaktion immer weiter zu.

**Die Gleichgewichtskonstante $K_c$.** Wenn das chemische Gleichgewicht erreicht ist, dann ist die Geschwindigkeit der Hinreaktion gleich der Geschwindigkeit der Rückreaktion ($\rightarrow$ S. 18, Abb. 3):

$$v_{Hin} = v_{Rück} \qquad (3)$$

Setzt man die Gleichungen (1) und (2) in die Gleichung (3) ein und berücksichtigt dabei, dass es sich bei den Konzentrationen der Edukte und Produkte um die sogenannten Gleichgewichtskonzentrationen ($c_{GG}$) handelt, also die Konzentrationen der Stoffe, die nun im Gleichgewichtszustand vorliegen, so ergibt sich die folgende mathematische Beziehung:

$$k_{Hin} \cdot c_{GG}\,(CH_3COOH) \cdot c_{GG}\,(C_2H_5OH) = k_{Rück} \cdot c_{GG}\,(CH_3COOC_2H_5) \cdot c_{GG}\,(H_2O)$$

Bildet man den Quotienten aus den beiden Proportionalitätskonstanten, erhält man eine neue Konstante, die sogenannte Gleichgewichtskonstante $K_c$. Die dazugehörige Gleichung bezeichnet man als *Massenwirkungsgesetz*:

$$\frac{k_{Hin}}{k_{Rück}} = K_c = \frac{c_{GG}\,(CH_3COOC_2H_5) \cdot c_{GG}\,(H_2O)}{c_{GG}\,(CH_3COOH) \cdot c_{GG}\,(C_2H_5OH)}$$

Der Quotient aus dem Produkt der Produktkonzentrationen und dem Produkt der Eduktkonzentrationen ist konstant und wird als Massenwirkungsgesetz bezeichnet.

**1** Der Mathematiker Cato Maximilian Guldberg (1836–1902, oben) mit seinem Schwager, dem Chemiker Peter Waage (1833–1900, unten): Die beiden Norweger formulierten 1867 gemeinsam das Massenwirkungsgesetz.

**Info**
Im 19. Jahrhundert war für die Konzentration eines Stoffes der Begriff „aktive Masse" gebräuchlich, aus dem das Wort „Massenwirkung" abgeleitet wurde.

**Ableitung aus der Reaktionsgleichung.** Allgemein kann man die Gleichgewichtskonstante für die folgende Reaktion ableiten:

$$a\,A + b\,B \rightleftharpoons c\,C + d\,D;$$
$$K_c = \frac{c_{GG}^c(C) \cdot c_{GG}^d(D)}{c_{GG}^a(A) \cdot c_{GG}^b(B)}$$

Die Koeffizienten der Reaktionsgleichung erscheinen im Massenwirkungsgesetz als Exponenten bei den jeweiligen Konzentrationen. Die Gleichgewichtskonstante bezieht sich immer auf eine bestimmte Reaktionsgleichung, wodurch sich jeweils auch eine bestimmte Einheit ergibt.

*Im Massenwirkungsgesetz werden die Koeffizienten der Reaktionsgleichung als Exponenten der jeweiligen Stoffkonzentrationen geschrieben.*

**Aussagen zur Gleichgewichtskonstante $K_c$.** Die Gleichgewichtskonstante $K_c$ ist für eine bestimmte Gleichgewichtsreaktion charakteristisch:
– $K_c > 1$: Es überwiegen im Gleichgewicht die Konzentrationen der Produkte C + D gegenüber den Eduktkonzentrationen A + B; das Gleichgewicht liegt somit auf der Seite der Produkte.
– $K_c < 1$: Es überwiegen im Gleichgewicht die Konzentrationen der Edukte A + B gegenüber den Produktkonzentrationen C + D; das Gleichgewicht liegt somit auf der Seite der Edukte.
Die Gleichgewichtskonstante ist von der Temperatur abhängig, aber unabhängig vom Druck und von der Konzentration der Reaktionspartner.

*Die Gleichgewichtskonstante $K_c$ ist für jede Reaktion charakteristisch und ein Maß für die Lage des chemischen Gleichgewichts. Sie ist bei einer bestimmten Temperatur konstant.*

**Heterogene Gleichgewichte.** Betrachtet man eine Reaktion, die in Lösung abläuft und bei der Feststoffe beteiligt sind, wird deren Konzentration als konstant angesehen (s. Info) und daher im Massenwirkungsgesetz vernachlässigt. Dies zeigt sich in folgendem Beispiel:

$$Cr\,(s) + 3\,Ag^+(aq) \rightleftharpoons Cr^{3+}(aq) + 3\,Ag\,(s)$$

Das Massenwirkungsgesetz für diese Reaktion lautet demzufolge:

$$K_c = \frac{c_{GG}(Cr^{3+})}{c_{GG}^3(Ag^+)}$$

Bei Gasreaktionen, bei denen Feststoffe als Reaktionspartner auftreten, werden die Konzentrationen der Feststoffe ebenso als konstant betrachtet und gehen daher nicht ins Massenwirkungsgesetz ein. So lässt sich aus dem Boudouard-Gleichgewicht ($\rightarrow$ S. 25) das Massenwirkungsgesetz folgendermaßen ableiten:

$$CO_2\,(g) + C\,(s) \rightleftharpoons 2\,CO\,(g)$$
$$K_c = \frac{c_{GG}^2(CO)}{c_{GG}(CO_2)}$$

**Info**
Bei Gasen werden im Massenwirkungsgesetz häufig anstelle der Konzentrationen die Partialdrücke (Teildrücke) angegeben, die den Konzentrationen der Gase proportional sind. Der Partialdruck eines Gases ist der von diesem Gas ausgeübte Druck in einem Gasgemisch.
Die Gleichgewichtskonstante wird dann mit $K_p$ abgekürzt.

**Aufgaben**
1 Bei einer Gleichgewichtsreaktion beträgt die Gleichgewichtskonstante $K_c = 0,001$ mol²/l². Begründen Sie anhand des Massenwirkungsgesetzes die Gleichgewichtslage.
2 Leiten Sie allgemein ab, wie sich die Gleichgewichtskonstante verändert, wenn im Reaktionsschema A + B $\rightleftharpoons$ C + D die Edukte mit den Produkten vertauscht werden.

**Info**
Die Konzentration eines Feststoffes ist proportional zu dessen Dichte (ebenso verhält es sich mit reinen Flüssigkeiten). Die Dichte ist von der Menge der Substanz unabhängig. Daher sind die Konzentrationen von Feststoffen (und auch von reinen Flüssigkeiten) als konstant anzusehen und werden bei der Formulierung des Massenwirkungsgesetzes nicht berücksichtigt. Sie sind bereits im Wert der Gleichgewichtskonstanten $K_c$ integriert.

## M 2 Berechnungen mit dem Massenwirkungsgesetz

| So wird's gemacht | Beispiel |
|---|---|
| Berechnung der Gleichgewichtskonstanten $K_c$ aus den gegebenen Gleichgewichtskonzentrationen der Stoffe | Bei einer Temperatur von 700 K wird die Synthese von Wasserstoffiodid aus den Elementen durchgeführt. Im Gleichgewicht liegen Wasserstoff und Ioddampf jeweils mit einer Konzentration von 0,48 mol/l sowie Wasserstoffiodid mit der Konzentration 3,54 mol/l vor. Berechnen Sie die Gleichgewichtskonstante $K_c$. |

1 Aufstellen der Reaktionsgleichung

$$H_2 \quad + \quad I_2 \quad \rightleftharpoons \quad 2\,HI$$

2 Angabe der Gleichgewichtskonzentrationen $c_{GG}$ aus der Aufgabenstellung

$$c_{GG}:\ 0,48\ \text{mol/l} \qquad 0,48\ \text{mol/l} \qquad 3,54\ \text{mol/l}$$

3 Formulieren des Massenwirkungsgesetzes

$$K_c = \frac{c^2_{GG}(HI)}{c_{GG}(H_2) \cdot c_{GG}(I_2)}$$

4 Einsetzen der gegebenen Gleichgewichtskonzentrationen $c_{GG}$ in das Massenwirkungsgesetz und Berechnen von $K_c$

$$K_c = \frac{(3,54\ \text{mol/l})^2}{(0,48\ \text{mol/l}) \cdot (0,48\ \text{mol/l})} = 54,4$$

| | |
|---|---|
| Berechnung der Gleichgewichtskonstanten $K_c$ aus den gegebenen Anfangskonzentrationen der Edukte und der Gleichgewichtskonzentration des Produkts | Bei einer Synthese von Wasserstoffiodid werden die Elemente Wasserstoff und Iod in einer Anfangskonzentration von je 1 mol/l eingesetzt. Die Gleichgewichtskonzentration an Wasserstoffiodid wird mit einer Konzentration von 1,4 mol/l bestimmt. Berechnen Sie die Gleichgewichtskonstante $K_c$. |

1 Aufstellen der Reaktionsgleichung

$$H_2 \quad + \quad I_2 \quad \rightleftharpoons \quad 2\,HI$$

2 a) Angabe der Anfangskonzentrationen $c_0$ aus der Aufgabenstellung
   b) Angabe bzw. Berechnung der Gleichgewichtskonzentrationen $c_{GG}$

$$c_0:\ 1\ \text{mol/l} \qquad 1\ \text{mol/l} \qquad 0\ \text{mol/l}$$
$$c_{GG}:\ 0,3\ \text{mol/l} \qquad 0,3\ \text{mol/l} \qquad 1,4\ \text{mol/l}$$

*Hinweis zur Berechnung von $c_{GG}(H_2)$ und $c_{GG}(I_2)$:*
Die Bildung von 1,4 mol HI erfolgt durch den Verbrauch von jeweils 0,7 mol $H_2$ und $I_2$:

$$\Rightarrow c_{GG}(H_2) = c_0(H_2) - c_{verbr.}(H_2) = 1\ \text{mol/l} - 0,7\ \text{mol/l} = 0,3\ \text{mol/l}$$
$$c_{GG}(I_2) = c_0(I_2) - c_{verbr.}(I_2) = 1\ \text{mol/l} - 0,7\ \text{mol/l} = 0,3\ \text{mol/l}$$

3 Formulieren des Massenwirkungsgesetzes

$$K_c = \frac{c^2_{GG}(HI)}{c_{GG}(H_2) \cdot c_{GG}(I_2)}$$

4 Einsetzen der gegebenen bzw. berechneten Gleichgewichtskonzentrationen $c_{GG}$ in das Massenwirkungsgesetz und Berechnen von $K_c$

$$K_c = \frac{(1,4\ \text{mol/l})^2}{(0,3\ \text{mol/l}) \cdot (0,3\ \text{mol/l})} = 21,8$$

### Aufgaben

1 Bei einer Temperatur von 450 °C wird die Synthese von Wasserstoffiodid aus den Elementen durchgeführt. Dabei werden in einem Reaktionsgefäß mit einem 1 Liter Volumen 2,86 mol Wasserstoff und 1,26 mol Iod zur Reaktion gebracht. Im Gleichgewicht liegt eine Konzentration von 2,38 mol/l Wasserstoffiodid vor.
Berechnen Sie die Gleichgewichtskonstante $K_c$ für diese Reaktion.

| So wird's gemacht | Beispiel |
|---|---|
| Berechnung der Gleichgewichtskonzentrationen aller Stoffe aus den gegebenen Anfangskonzentrationen der Edukte und der Gleichgewichtskonstanten $K_c$ | Bei einer bestimmten Temperatur reagieren die beiden Gase Stickstoff und Sauerstoff miteinander zu Stickstoffmonooxid. Die Anfangskonzentration der Edukte beträgt jeweils 1 mol/l, die Gleichgewichtskonstante $K_c$ hat für diese Synthese den Wert $1{,}1 \cdot 10^{-2}$. Berechnen Sie die Gleichgewichtskonzentrationen aller beteiligten Gase. |

1. Aufstellen der Reaktionsgleichung

$$N_2 \quad + \quad O_2 \quad \rightleftharpoons \quad 2\,NO$$

2. a) Angabe der Anfangskonzentrationen $c_0$ aus der Aufgabenstellung
   b) Beschreiben der Gleichgewichtskonzentrationen $c_{GG}$ aus den gegebenen Werten

$c_0$:  1 mol/l  1 mol/l  0 mol/l

$c_{GG}$:  $\left(1 - \frac{1}{2}x\right)$ mol/l  $\left(1 - \frac{1}{2}x\right)$ mol/l  $x$ mol/l

*Hinweis zur Beschreibung von $c_{GG}(N_2)$, $c_{GG}(O_2)$ und $C_{GG}(NO)$:*
Die Bildung von $x$ mol Stickstoffmonooxid erfolgt durch den Verbrauch von jeweils $\frac{1}{2}x$ mol Stickstoff bzw. $\frac{1}{2}x$ mol Sauerstoff:

$$\Rightarrow c_{GG}(N_2) = 1\ \text{mol/l} - \frac{1}{2}x\ \text{mol/l} = \left(1 - \frac{1}{2}x\right)\text{mol/l}$$

$$c_{GG}(O_2) = 1\ \text{mol/l} - \frac{1}{2}x\ \text{mol/l} = \left(1 - \frac{1}{2}x\right)\text{mol/l}$$

3. Formulieren des Massenwirkungsgesetzes

$$K_c = \frac{c_{GG}^2(NO)}{c_{GG}(N_2) \cdot c_{GG}(O_2)}$$

4. Einsetzen der umschriebenen Gleichgewichtskonzentrationen $c_{GG}$ und von $K_c$ in das Massenwirkungsgesetz und Auflösen nach $x$

$$1{,}1 \cdot 10^{-2} = \frac{x^2\ \text{mol}^2/\text{l}^2}{\left(1 - \frac{1}{2}x\right)^2\ \text{mol}^2/\text{l}^2}$$

$$1{,}1 \cdot 10^{-2} = \frac{x^2}{\left(1 - \frac{1}{2}x\right)^2} \quad \Big| \sqrt{\phantom{x}}$$

$$0{,}105 = \frac{x}{\left(1 - \frac{1}{2}x\right)}$$

$$x = 0{,}105 \cdot \left(1 - \frac{1}{2}x\right)$$

$$x = 0{,}105 - 0{,}0525\,x$$

$$x + 0{,}0525\,x = 0{,}105$$

$$1{,}0525\,x = 0{,}105$$

$$x = 0{,}1$$

5. Berechnen der Gleichgewichtskonzentrationen

$$c_{GG}(NO) = x\ \text{mol/l} = 0{,}1\ \text{mol/l}$$

$$c_{GG}(N_2) = \left(1 - \frac{1}{2}x\right)\text{mol/l} = 1\ \text{mol/l} - 0{,}05\ \text{mol/l} = 0{,}95\ \text{mol/l}$$

$$c_{GG}(O_2) = \left(1 - \frac{1}{2}x\right)\text{mol/l} = 1\ \text{mol/l} - 0{,}05\ \text{mol/l} = 0{,}95\ \text{mol/l}$$

**2** Das giftige Kohlenstoffmonooxid wird bei einer bestimmten Temperatur mit Wasser unter Bildung von elementarem Wasserstoff und Kohlenstoffdioxid oxidiert. Zu Beginn der Reaktion liegen im Reaktionsgefäß, das ein Volumen von 5 Litern aufweist, ausschließlich Kohlenstoffmonooxid und Wasser mit einer Stoffmenge von jeweils 10 mol vor. Die Gleichgewichtskonstante für die exotherme Reaktion besitzt einen Wert von $K_c = 4$. Berechnen Sie die Konzentrationen aller Stoffe für den Gleichgewichtszustand.

**3** Beim Erhitzen von 1 mol Ethanol mit 2 mol Ethansäure unter Zusatz von wenig konzentrierter Schwefelsäure werden 0,86 mol Ethansäureethylester, bezogen auf das Gefäßvolumen von 1 Liter, gebildet. Berechnen Sie die Gleichgewichtskonstante für diese Umsetzung.

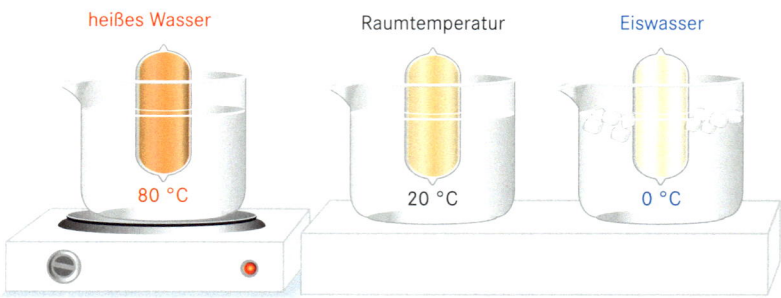

**1** Temperaturerhöhung verschiebt das $NO_2/N_2O_4$-Gleichgewicht auf die Seite des braunen Stickstoffdioxidgases.

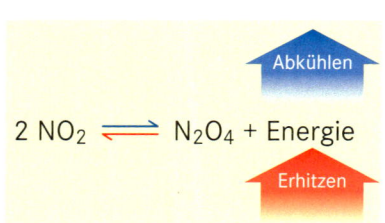

**2** Übersicht über die Verschiebung der Gleichgewichtslage eines $NO_2/N_2O_4$-Gasgemisches bei Temperaturänderung

**Tab. 1** Prozentuale Zusammensetzung des $NO_2/N_2O_4$-Gasgemisches bei verschiedenen Temperaturen

| Temperatur (in °C) | % $N_2O_4$ | % $NO_2$ |
|---|---|---|
| −10 | 100 | 0 |
| 27 | 80 | 20 |
| 50 | 60 | 40 |
| 100 | 11 | 89 |
| 154 | 0 | 100 |

## 1.4 Temperatur und Gleichgewichtslage

**Gleichgewichtslage exothermer und endothermer Reaktionen.** Wird ein Gemisch aus den Gasen Stickstoffdioxid und Distickstofftetraoxid bei verschiedenen Temperaturen betrachtet, so sind deutliche Unterschiede in der Farbe des Gemisches zu beobachten (Abb. 1), die auf die Verschiebung des Gleichgewichts zwischen den beiden Gasen zurückzuführen sind:

$$2\,NO_2\,(g) \rightleftharpoons N_2O_4\,(g) \quad \Delta E_i = -57\ kJ$$
$$\text{braun} \qquad\qquad \text{farblos}$$

Während eine mit dem Gemisch gefüllte Ampulle bei Raumtemperatur braun erscheint (Abb. 1, Mitte), ist das Gemisch bei 0 °C (Eiswasser) nahezu farblos (Abb. 1, rechts). Dies bedeutet, dass sich die Konzentration von Distickstofftetraoxid mit fallender Temperatur erhöht. Demzufolge wird bei Temperaturerniedrigung die exotherm verlaufende, also die energiefreisetzende Reaktion gefördert (Abb. 2). Bei weiterer Abkühlung verschiebt sich das Gleichgewicht immer weiter auf die Seite des Distickstofftetraoxids. Das Gemisch ist schließlich farblos.

Umgekehrt wird das Gleichgewicht bei Erwärmung in Richtung der endothermen Reaktion verschoben (Abb. 2). Beim $NO_2/N_2O_4$-Gleichgewicht wird somit bei Wärmezufuhr der Zerfall des Distickstofftetraoxids begünstigt und damit die Bildung des Stickstoffdioxids gefördert. Die Farbe des Gasgemisches erscheint tiefbraun (Abb. 1, links). So liegt bei einer Temperatur von 154 °C ausschließlich Stickstoffdioxid vor, während Distickstofftetraoxid bei einer Temperatur von −10 °C zu 100 % zu beobachten ist (Tab. 1).

Temperaturerniedrigung begünstigt eine Verschiebung der Gleichgewichtslage in Richtung der exothermen Reaktion, während eine Temperaturerhöhung zu einer Gleichgewichtsverlagerung in Richtung der endotherm verlaufenden Reaktion führt.

**Das Boudouard-Gleichgewicht.** Für viele Vorgänge, bei denen Kohlenstoff oder kohlenstoffhaltige Verbindungen mit Sauerstoff umgesetzt werden, spielt das von dem französischen Chemiker Octave L. Boudouard (1872–1923) gründlich untersuchte Gleichgewicht zwischen Kohlenstoffdioxid und Kohlenstoffmonooxid eine entscheidende Rolle:

$$CO_2\,(g) + C\,(s) \rightleftharpoons 2\,CO\,(g) \qquad \Delta E_i = +\,173\ kJ$$

Dieses Gleichgewicht stellt beispielsweise einen bedeutenden Teilvorgang im Hochofenprozess bei der Eisengewinnung dar. Dabei wird der endotherme Vorgang bei Temperaturerhöhung gefördert, d. h. bei hohen Temperaturen überwiegt der Anteil an Kohlenstoffmonooxid (Abb. 3). So läuft die Reaktion bei einer Temperatur von 1000 °C praktisch vollständig ab, der Anteil an Kohlenstoffdioxidgas ist mit nur noch ca. 1 % verschwindend gering (Tab. 2).

Umgekehrt wird die exotherme Reaktion bei einer Temperaturerniedrigung gefördert, sodass dieses Gleichgewicht bei einer Temperatur von 400 °C einen Kohlenstoffdioxidanteil von 99 % aufweist (Tab. 2).

**Temperaturänderung und Gleichgewichtskonstante.** Bei der Aufstellung des Massenwirkungsgesetzes ist zu beachten, dass der als Feststoff auftretende Kohlenstoff nicht in das Massenwirkungsgesetz eingeht (→ S. 21). Dadurch vereinfacht sich das Massenwirkungsgesetz in der folgenden Weise:

$$K_c = \frac{c_{GG}^2\,(CO)}{c_{GG}\,(CO_2)}$$

Eine Temperaturerhöhung führt also zu einer Verringerung des Zahlenwertes im Nenner, wobei der Wert im Zähler gleichzeitig in der zweiten Potenz steigt. Folglich wird für die Gleichgewichtskonstante $K_c$ ein anderer Wert erhalten. Dies gilt auch für alle anderen, temperaturabhängigen Gleichgewichtsänderungen, bei denen der Wert für die Gleichgewichtskonstante $K_c$ in Abhängigkeit zur Temperatur variiert.

Die Gleichgewichtskonstante $K_c$ verändert sich bei Erhöhung bzw. Erniedrigung der Temperatur. Bei Gleichgewichtsreaktionen in der Gasphase, an denen Feststoffe beteiligt sind, beschreibt das Massenwirkungsgesetz bei Temperaturänderungen nur die Veränderung der Konzentrationen der an der Reaktion beteiligten Gase.

**Aufgabe**

1 Die Elemente Stickstoff und Sauerstoff reagieren in einer abgeschlossenen Apparatur zu Stickstoffmonooxid. Im chemischen Gleichgewicht werden bei verschiedenen Temperaturen unterschiedliche Stoffmengenanteile von Stickstoffmonooxid ermittelt:
a) 5,4 % NO bei 3000 °C; b) 3,0 % NO bei 2500 °C; c) 0,2 % NO bei 1500 °C. Entscheiden und begründen Sie aufgrund dieser Werte, ob es sich um eine exotherme oder endotherme Reaktion handelt.

| Temperatur (in °C) | % $CO_2$ | % CO |
|---|---|---|
| 400 | 99 | 1 |
| 500 | 95 | 5 |
| 600 | 77 | 23 |
| 700 | 42 | 58 |
| 800 | 6 | 94 |
| 900 | 3 | 97 |
| 1000 | 1 | 99 |

**Tab. 2** Prozentuale Zusammensetzung der Gase im Boudouard-Gleichgewicht bei verschiedenen Temperaturen und 1013 hPa

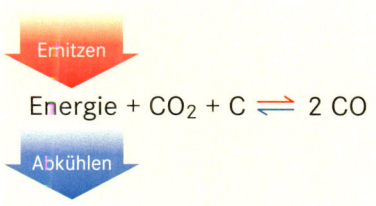

$$\text{Energie} + CO_2 + C \rightleftharpoons 2\,CO$$

**3** Übersicht über die Verschiebung der Gleichgewichtslage des Boudouardgleichgewichts bei Temperaturänderung

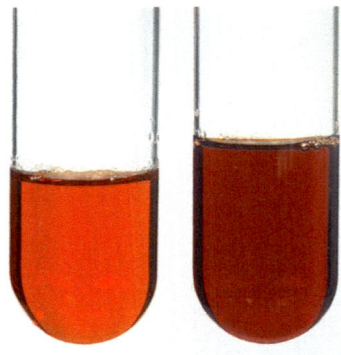

**1** Eisenthiocyanatlösung (links) ist rot. Gibt man weiteres Eisen(III)-chlorid bzw. Ammoniumthiocyanat zur Lösung, so vertieft sich die rote Farbe des Gemisches (rechts).

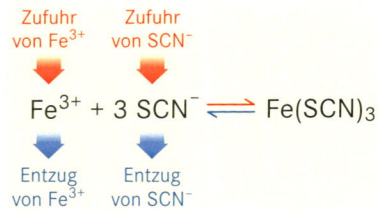

**2** Übersicht über die Verschiebung der Gleichgewichtslage in einer Eisen(III)-thiocyanatlösung bei Konzentrationsänderungen

# 1.5 Stoffmenge und Gleichgewichtslage

**Erhöhung der Eduktkonzentrationen.** Versetzt man eine Eisen(III)-chloridlösung mit einer Ammoniumthiocyanatlösung im Stoffmengenverhältnis 1 : 3, so entsteht eine rot gefärbte Lösung, die auf die Bildung des Farbstoffes Eisenthiocyanat aus Eisen(III)- und Thiocyanationen zurückzuführen ist (Abb. 1, links):

$$\underset{\text{schwach gelblich}}{Fe^{3+}} + \underset{\text{farblos}}{3\,SCN^-} \rightleftharpoons \underset{\text{rot}}{Fe(SCN)_3}$$

Wird weiteres festes Eisen(III)-chlorid oder Ammoniumthiocyanat zur roten Lösung hinzugefügt, erfolgt eine Vertiefung der roten Farbe (Abb. 1, rechts). Durch Erhöhung der Konzentration an Eisen(III)- bzw. Thiocyanationen muss verstärkt die Hinreaktion eingetreten sein, wodurch mehr Eisenthiocyanat entstanden ist. Die neu hinzugefügten Eisen(III)- bzw. die Thiocyanationen wurden dabei jeweils verbraucht.
Es zeigt sich somit, dass bei der Ausgangslösung nicht alle Eisen(III)- bzw. Thiocyanationen zu Eisenthiocyanat reagiert haben. Erst durch den Zusatz weiterer Eisen(III)- bzw. Thiocyanationen werden weitere der noch frei vorliegenden Ionen zu Eisenthiocyanat umgesetzt (Abb. 2), was sich schließlich in der Farbvertiefung zeigt.

Bei Erhöhung der Eduktkonzentrationen verschiebt sich die Lage des Gleichgewichts auf die Produktseite.

**Entzug von Edukten aus dem Gleichgewicht.** Versetzt man die rot gefärbte Eisenthiocyanatlösung tropfenweise mit Silbernitratlösung, so entsteht ein weißer Niederschlag und die rote Farbe hellt sich etwas auf. Silberionen reagieren mit den Thiocyanationen unter Bildung des schwerlöslichen Salzes Silberthiocyanat:

$$Ag^+ + SCN^- \longrightarrow \underset{\text{weißer Niederschlag}}{AgSCN\downarrow}$$

Dadurch wird die Konzentration der Thiocyanationen vermindert. Für die Hinreaktion stehen nun weniger Thiocyanationen zur Verfügung, die Hinreaktion läuft also langsamer ab. Somit ist die Geschwindigkeit der Rückreaktion größer, d.h. die Zersetzung des Eisenthiocyanats wird gefördert (Abb. 2).
Analog reagieren Hydroxidionen mit den Eisen(III)-ionen zum in Wasser unlöslichen Eisen(III)-hydroxid:

$$Fe^{3+} + 3\,OH^- \longrightarrow \underset{\text{gelblicher Niederschlag}}{Fe(OH)_3}$$

Die Eisen(III)-ionen werden dadurch dem Gleichgewicht entzogen, die Rückreaktion läuft verstärkt ab und die Farbe hellt sich aufgrund der Zersetzung des Eisenthiocyanats auf (Abb. 2).

Bei Erniedrigung der Eduktkonzentrationen verschiebt sich die Lage des Gleichgewichts auf die Eduktseite.

**Veranschaulichung mit dem Massenwirkungsgesetz.** Betrachtet man das Massenwirkungsgesetz, so können diese Beobachtungen gut nachvollzogen werden:

$$K_c = \frac{c_{GG}[Fe(SCN)_3]}{c_{GG}(Fe^{3+}) \cdot c_{GG}^3(SCN^-)}$$

Eine Erhöhung der Eisen(III)- oder Thiocyanationenkonzentration bewirkt eine Vergrößerung des Nenners im Massenwirkungsgesetz. Da Eisen(III)- und Thiocyanationen zu Eisenthiocyanat reagieren, vergrößert sich der Zähler ebenfalls. Dadurch bleibt die Gleichgewichtskonstante $K_c$ unverändert.

Durch die Zugabe von Silberionen wird die Konzentration der Thiocyanationen verringert, dies führt zu einer Verkleinerung des Nenners des Massenwirkungsgesetzes. Ebenso verhält es sich bei Zufuhr von Hydroxidionen, wobei Eisen(III)-ionen aus dem Gleichgewicht entfernt werden. In beiden Fällen reagiert Eisenthiocyanat zu Eisen(III)- und Thiocyanationen, sodass die Erniedrigung des Nenners ausgeglichen wird und die Gleichgewichtskonstante $K_c$ ebenfalls unverändert bleibt.

Der Wert der Gleichgewichtskonstante $K_c$ bleibt bei Konzentrationsänderungen immer unverändert.

**Chromat-Dichromat-Gleichgewicht.** Löst man das Salz Kaliumchromat ($K_2CrO_4$) in Wasser, so erhält man eine gelbe Lösung (Abb. 3, links). Es stellt sich ein Gleichgewicht zwischen Chromat- und Dichromationen ein, wobei das Gleichgewicht auf der Eduktseite, der Seite der Chromationen, zu liegen kommt:

$$2\,CrO_4^{2-} + 2\,H_3O^+ \rightleftharpoons Cr_2O_7^{2-} + 3\,H_2O$$
$$\text{gelb} \qquad\qquad\quad \text{orange}$$

Erhöht man die Konzentration der Oxoniumionen, so verschiebt sich die Lage des Gleichgewichts auf die Seite der Produkte, wodurch Oxoniumionen verbraucht und Dichromationen gebildet werden. Die Lösung färbt sich orange (Abb. 3, rechts).

Wird die Konzentration der Oxoniumionen durch Zugabe von Hydroxidionen unter Wasserbildung verringert, so wird die Gleichgewichtslage wieder auf die Seite der Chromationen verschoben. Die Lösung zeigt erneut eine Gelbfärbung.

**Info**

Bei Konzentrationsänderungen muss beachtet werden, dass in das Massenwirkungsgesetz nur die Gleichgewichtskonzentrationen (also diejenigen Konzentrationen, die sich bei Änderung der Konzentration nach anschließender Gleichgewichtseinstellung ergeben) eingesetzt werden dürfen.

**3** Links: Lösung von Kaliumchromat in Wasser, rechts: Lösung nach dem Ansäuern

**Aufgaben**

1 Das folgende Gleichgewicht ist gegeben:
$$S^{2-} + H_3O^+ \rightleftharpoons HS^- + H_2O$$
Erläutern Sie zwei Methoden, um die Lage des Gleichgewichts auf die Seite der Edukte zu verschieben.

2 Geben Sie eine Möglichkeit an, wie man in der Praxis die Ausbeute des Esters bei der Estersynthese erhöhen kann, ohne die Konzentrationen von Carbonsäure und Alkohol zu erhöhen.
Begründen Sie ihren Vorschlag mit dem Massenwirkungsgesetz.

$$NO_2 + NO_2 \rightleftharpoons N_2O_4$$

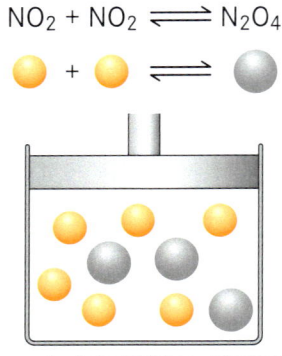

ursprüngliche Gleichgewichtslage

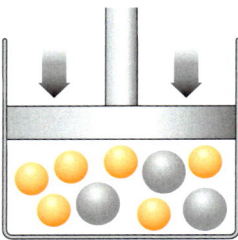

Druckerhöhung:
Gleichgewicht gestört

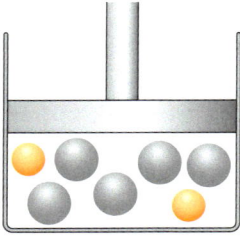

neue Gleichgewichtslage

**2** Modellhafte Darstellung vom Einfluss einer Druckerhöhung auf das $NO_2/N_2O_4$-Gleichgewicht in einem Kolbenprober

**3** Übersicht über die Verschiebung der Gleichgewichtslage eines $NO_2/N_2O_4$-Gasgemisches bei Druckänderung

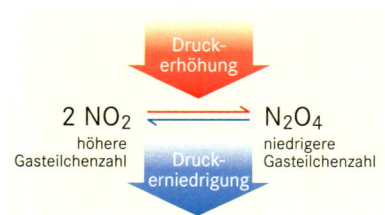

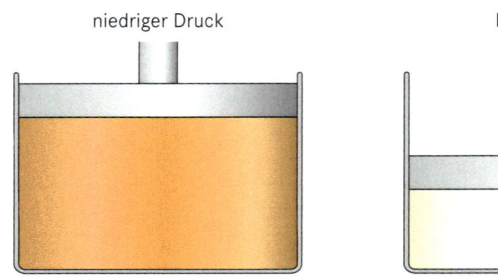

niedriger Druck      hoher Druck

**1** Bei niedrigem Druck (links) ist das $NO_2/N_2O_4$-Gemisch bräunlich. Grund ist der höhere Anteil an $NO_2$. Wird der Druck erhöht (rechts), so ist eine Farbaufhellung zu beobachten, dies liegt am höheren Anteil von $N_2O_4$.

## 1.6 Druck und Gleichgewichtslage

**Druckabhängigkeit bei Volumenänderung.** Die Gleichgewichtslage einer Gasreaktion, die mit einer Volumenänderung gekoppelt ist, kann durch eine Erhöhung oder Erniedrigung des Drucks verändert werden, jedoch nur wenn ein geschlossenes System vorliegt.
Besonders gut lässt sich die Gleichgewichtsänderung zwischen dem braunen Stickstoffdioxidgas und dem farblosen Distickstofftetraoxidgas bei einer bestimmten Temperatur verfolgen, je nachdem, ob die Veränderung des Volumens zu einer Erhöhung der Edukt- oder der Produktkonzentration führt:

$$2\,NO_2\,(g) \rightleftharpoons N_2O_4\,(g)$$
braun          farblos

Wird das Volumen verkleinert, d.h. der Druck wird erhöht, so ist nach kurzer Zeit eine deutliche Farbaufhellung zu erkennen (Abb. 1, rechts), die auf eine höhere Konzentration des farblosen Distickstofftetraoxids zurückzuführen ist. Das Gleichgewicht weicht also der Druckerhöhung aus, indem aus jeweils zwei Stickstoffdioxidmolekülen vermehrt Distickstofftetraoxidmoleküle gebildet werden (Abb. 2). Die Anzahl der Gasteilchen wird also bei Kompression des Gasgemisches verringert (Abb. 3), da den Teilchen weniger Raum zur Verfügung steht.
Umgekehrt führt eine Expansion des Gasgemisches zu einer Farbvertiefung (Abb. 1, links), da sich die Konzentration an braunen Stickstoffdioxidmolekülen durch den Zerfall von Distickstofftetraoxidmolekülen erhöht. In dem nun größeren Volumen steht mehr Platz für die Teilchen zur Verfügung und so wird die Teilreaktion gefördert, bei der die Anzahl der Gasteilchen erhöht wird, also die Rückreaktion (Abb. 3).

Druckerhöhung begünstigt eine Gleichgewichtsverlagerung auf die Seite, auf der weniger Gasteilchen vorhanden sind. Umgekehrt führt eine Druckerniedrigung zu einer Verschiebung der Gleichgewichtslage auf die Seite mit einer höheren Gasteilchenzahl.

**Druckänderung ohne Einfluss auf das Gleichgewicht.** Bei der Bildung von gasförmigem Wasserstoffiodid aus den als Gase vorliegenden Elementen ist es nicht möglich, die Lage des Gleichgewichts durch Druckänderung zu verschieben:

$$H_2(g) + I_2(g) \rightleftharpoons 2\,HI(g)$$

Da man auf den beiden Seiten der Gleichung die gleiche Anzahl gasförmiger Teilchen findet, liegen auch bei einer Druckerhöhung oder Druckverminderung weiterhin gleich viele Teilchen im Reaktionsgefäß vor (Abb. 4). Bei gasförmigen Stoffen wird das Gleichgewicht folglich nur dann beeinflusst, wenn sich die Teilchenzahl in der Gasphase durch die Reaktion auch tatsächlich ändert.

Weisen die Gase der Edukte und Produkte gleiche Stoffmengen bzw. Volumina auf, so kann die Lage des Gleichgewichts durch Druckänderung nicht verschoben werden.

**Druckänderung und Massenwirkungsgesetz.** Erhöht oder erniedrigt man bei einem sich im Gleichgewicht befindlichen System den Druck durch Volumenänderung, so ändern sich auch die Konzentrationen der Reaktionspartner nach der Gleichung $c_{GG} = n_{GG}/V$. Das System befindet sich nun aufgrund des neuen Konzentrationsverhältnisses nicht mehr im Gleichgewicht.
Es stellt sich eine neue Gleichgewichtslage ein, bei der sich das zu Beginn vorliegende Konzentrationsverhältnis der Stoffe wieder ausbildet und sich damit auch die ursprüngliche Gleichgewichtskonstante wieder einstellt. Die Gleichgewichtkonstante hängt also nicht vom Druck ab.

**Druckabhängigkeit heterogener Gleichgewichte.** Sind ausschließlich Feststoffe oder Flüssigkeiten an der Reaktion beteiligt, so wird das chemische Gleichgewicht im Grunde nicht durch eine von außen veranlasste Volumenänderung beeinflusst. Sind gleichzeitig Gase vorhanden, bleiben die Feststoffe und Flüssigkeiten bei der Betrachtung des Systems unberücksichtigt. Dies trifft beispielsweise für das angesprochene Boudouard-Gleichgewicht (S. 21, 25) zu, bei dem der elementare Kohlenstoff nicht in die Überlegungen miteinbezogen wird. Auf der Eduktseite befindet sich somit nur 1 mol Kohlenstoffdioxidgas, während auf der Produktseite 2 mol Kohlenstoffmonooxidgas vorhanden sind:

$$CO_2(g) + C(s) \rightleftharpoons 2\,CO(g)$$

Demzufolge führt eine Druckerhöhung auf das Boudouard-Gleichgewicht zu Verschiebung der Gleichgewichtslage auf die Eduktseite, da hier eine geringere Teilchenzahl vorliegt. Bei einem niedrigen Druck verlagert sich das Gleichgewicht auf die Seite mit einer höheren Gasteilchenzahl, also auf die Seite des Kohlenstoffmonooxids.

Treten bei Gasreaktionen Feststoffe oder Flüssigkeiten auf, haben diese bei Druckänderung keinen Einfluss auf die Gleichgewichtslage.

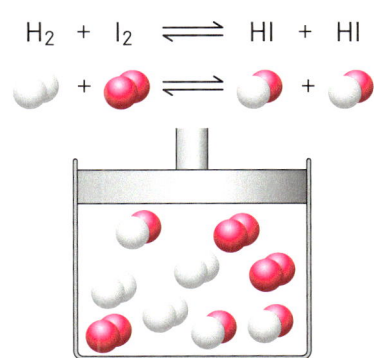

$$H_2 \quad + \quad I_2 \quad \rightleftharpoons \quad HI \quad + \quad HI$$

ursprüngliche Gleichgewichtslage

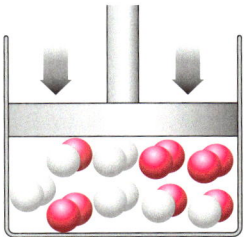

Druckerhöhung:
keine neue Gleichgewichtslage

**4** Eine Druckerhöhung hat keinen Einfluss auf das Wasserstoffiodid-Gleichgewicht in einem Kolbenprober.

**Aufgaben**

**1** Beim Komprimieren des $NO_2/N_2O_4$-Gasgemisches beobachtet man anfangs sogar eine Farbvertiefung, bevor die Farbaufhellung auftritt. Erläutern Sie, worauf diese anfängliche Farbänderung zurückzuführen ist.

**2** Beurteilen Sie, wie sich das folgende Gleichgewicht bei Druckänderung verhält:
$Al^{3+}(aq) + 6\,H_2O(l) \rightleftharpoons$
$Al(OH)_3(s) + 3\,H_3O^+(aq)$

**1** Henry Louis Le Chatelier
(1850 – 1936)

**Info**
Der deutsche Physikprofessor Karl
Ferdinand Braun (1850 – 1918) erhielt
bei seinen zur gleichen Zeit durch-
geführten Untersuchungen zur Beeinflussung der Gleichgewichtslage
unabhängig von Le Chatelier ver-
gleichbare Ergebnisse. Deshalb wird
sein Name heutzutage auch häufig
im gleichen Atemzug mit Le Chatelier
genannt.

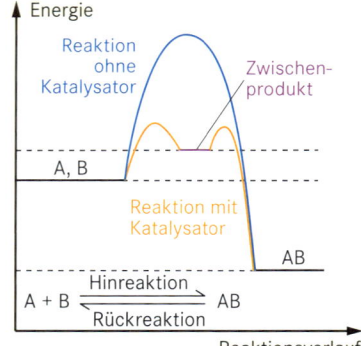

**2** Wirkungsweise eines Katalysators
bei der Reaktion A + B $\rightleftharpoons$ AB.

# 1.7 Das Prinzip des kleinsten Zwanges

**Beeinflussung der Gleichgewichtslage.** Die Lage eines chemischen
Gleichgewichts hängt also von den folgenden Faktoren ab: der Temperatur
($\rightarrow$ S. 24), der Stoffmenge bzw. Konzentration der Reaktionspartner
($\rightarrow$ S. 26) und dem Druck ($\rightarrow$ S. 28).
Bereits in den Jahren 1884 bis 1888 führte der französische Chemiker
Henry Louis Le Chatelier (Abb. 1) umfangreiche Untersuchungen zur Beein-
flussung der Lage des chemischen Gleichgewichts durch diese Faktoren
durch. Seine Erkenntnisse fasste er in einer Gesetzmäßigkeit, dem *„Prinzip
des kleinsten Zwanges"*, zusammen. Nach ihm benannt spricht man auch
vom „Prinzip von Le Chatelier".
Eine Änderung von nur einem dieser Faktoren führt bereits zu einer
Änderung der Gleichgewichtslage. Dabei weicht das System dem aus-
geübten äußeren Zwang aus oder führt ihn auf ein möglichst geringes
Maß zurück und es stellt sich eine neue Gleichgewichtslage ein.

Wird auf ein chemisches Gleichgewicht ein äußerer Zwang (Konzentrationsänderung der Reaktionspartner, Temperatur- oder Druck- bzw.
Volumenänderung) ausgeübt, so verschiebt sich die Lage des Gleichgewichts in der Weise, dass es dem Zwang ausweicht. Dabei stellt sich
eine neue Gleichgewichtslage ein („Prinzip des kleinsten Zwanges").

**Katalysatoren – ohne Einfluss auf das Gleichgewicht.** Ein Katalysator
beschleunigt die Hin- und die Rückreaktion einer Reaktion gleichermaßen,
indem er jeweils die Aktivierungsenergie herabsetzt (Abb. 2). Dadurch
wird gewährleistet, dass sich das Gleichgewicht dieser Reaktion schneller
einstellt. Jedoch kann ein Katalysator keinen Einfluss auf die Lage des
chemischen Gleichgewichts ausüben.

Ein Katalysator kann die Gleichgewichtslage einer Reaktion nicht
verändern, er beschleunigt lediglich die Einstellung des Gleichgewichts.

**Die Tropfsteinbildung – ein Beispiel aus der Natur.** Die Bildung von
Höhlentropfsteinen (Abb. 3) ist ein Beispiel, das mit dem Prinzip von
Le Chatelier sehr gut erfasst werden kann.
Regenwasser kann sowohl Kohlenstoffdioxid aus der Atmosphäre als auch
aus dem Boden, in dem das Kohlenstoffdioxidgas vor allem von Mikro-
organismen durch Atmung erzeugt wird, bis zur Sättigung aufnehmen:

$$H_2O\,(l) + CO_2\,(g) \rightleftharpoons H_2CO_3\,(aq)$$

Fließt das kohlensäurehaltige Wasser durch Spalten in kalkhaltigem
Gestein, löst es dabei Kalkstein (Calcit, $CaCO_3$) auf, und zwar so lange,
bis eine gesättigte Lösung an Calciumhydrogencarbonat vorliegt:

$$CaCO_3\,(s) + H_2O\,(l) + CO_2\,(g) \rightleftharpoons Ca^{2+}\,(aq) + 2\,HCO_3^-\,(aq)$$

Trifft diese gesättigte Calciumhydrogencarbonatlösung dann auf einen
luftgefüllten Hohlraum, diffundiert Kohlenstoffdioxid aufgrund des Konzen-
trationsgefälles aus der Flüssigkeit in die umgebende Luft. Dadurch

kehrt sich die Reaktion um, die Rückreaktion findet statt, es bildet sich wieder Calcit.

Das an der Höhlendecke langsam entlang fließende Sickerwasser bildet aufgrund der Oberflächenspannung Tropfen, die Kohlenstoffdioxid abgeben. Der dabei ausfallende Calcit bildet den Stalaktiten, den von der Decke herabhängenden Tropfstein. Der von der Decke herabfallende Tropfen enthält immer noch Calciumhydrogencarbonat, sodass beim Aufprall auf dem Erdboden wieder Kohlenstoffdioxid freigesetzt wird und Calcit ausfällt. So kann allmählich ein Tropfstein vom Erdboden aus in die Höhe wachsen, der Stalagmit genannt wird.

Die Wachstumsgeschwindigkeit eines Tropfsteins ist mit 8 bis 15 Millimeter in 100 Jahren sehr gering. Sie kann stark variieren und ist von verschiedenen Faktoren abhängig: von der Konzentration der Calciumhydrogencarbonatlösung, vom Kohlenstoffdioxidgehalt im Sickerwasser bzw. in der Höhle, von der Größe des herabfallenden Wassertropfens und von der Temperatur. Die Verdunstung des Wassers spielt nur in wenigen Höhlen, die in sehr trockenen oder sehr kalten Gebieten liegen, eine Rolle.

**Die Versauerung der Ozeane.** Insbesondere durch die Verbrennung von fossilen Rohstoffen wie Kohle, Erdgas oder Erdöl werden vom Menschen große Mengen des Treibhausgases Kohlenstoffdioxid in die Erdatmosphäre abgegeben. Der stetige Anstieg der Kohlenstoffdioxidkonzentration trägt dabei nicht nur zur globalen Erderwärmung bei, sondern auch direkt zur Versauerung der Ozeane.

Nach dem Prinzip von Le Chatelier fördert der steigende Anteil an Kohlenstoffdioxid in der Luft die Löslichkeit dieses Gases im Wasser der Ozeane, wo es mit Wasser zu Kohlensäure reagiert.

Nur ca. 1% des anorganischen Kohlenstoffs liegt dort allerdings tatsächlich als Kohlenstoffdioxid oder Kohlensäure vor. Der überwiegende Teil kommt in Form von Ionen vor, zu etwa 91% als Hydrogencarbonat- und zu 8% als Carbonationen. Diese bilden sich nach folgenden Gleichgewichtsreaktionen:

$$2\,H_2O + CO_2 \rightleftharpoons H_3O^+ + HCO_3^-$$

$$HCO_3^- + H_2O \rightleftharpoons H_3O^+ + CO_3^{2-}$$

Für die Versauerung der Ozeane sind letztendlich diese Gleichgewichtsreaktionen verantwortlich, da dabei Oxoniumionen entstehen.

Meerwasser besitzt üblicherweise einen pH-Wert um 8 und ist daher leicht basisch. Seit Beginn der Industrialisierung – also mit dem Anstieg der $CO_2$-Konzentration in der Atmosphäre – kann man eine allmähliche Veränderung dieses pH-Werts erkennen: Seither hat sich der pH-Wert in den oberen Schichten der Ozeane um ca. 0,1 pH-Einheiten verringert.

Dies hat insbesondere Auswirkungen auf Kalkschalen bildende Lebewesen wie Meeresschnecken oder Korallen: Durch das Absinken des pH-Werts verringert sich deren Fähigkeit zur Ausbildung einer kalkhaltigen Schutzschicht deutlich. Die Kalkschalen von Korallen (Abb. 4) beginnen sich beispielsweise bereits bei einem pH-Wert um 7,6 aufzulösen.

**3** Tropfsteine können eine unterschiedliche Färbung aufweisen, die durch im Wasser gelöste Mineralstoffe hervorgerufen werden.

**Aufgaben**

**1** Geben Sie an, welcher Zwang bei der Tropfsteinbildung auf das Gleichgewicht ausgeübt wird.

**2** Nennen Sie eine Möglichkeit, wie man durch Konzentrationsänderung bei der folgenden Reaktion eine Zunahme der Carbonationenkonzentration erreichen kann und begründen Sie ihre Antwort:
$$CO_3^{2-} + H_3O^+ \rightleftharpoons HCO_3^- + H_2O$$

**4** Steinkorallen bilden ein Kalkskelett; ist der pH-Wert des Wassers zu niedrig, löst sich dieses wieder auf.

## M 3  Prinzip des kleinsten Zwanges

Am Beispiel einer zur Schwefelsäureherstellung relevanten Reaktion soll das Prinzip des kleinsten Zwanges noch einmal zusammengefasst betrachtet werden.

$$2\,SO_2\,(g) + O_2\,(g) \rightleftharpoons 2\,SO_3\,(g) \qquad \Delta E_i = -99 \text{ kJ}$$

| Größe | Zwang | Folge für die Gleichgewichtslage | Erläuterung am Beispiel |
|---|---|---|---|
| Stoffmenge bzw. Konzentration | Erhöhung | begünstigt die Reaktion, bei der der zugeführte Stoff verbraucht wird | $SO_2 \Rightarrow$ vermehrte Bildung des Produkts $SO_3$<br>$O_2 \Rightarrow$ vermehrte Bildung des Produkts $SO_3$<br>$SO_3 \Rightarrow$ vermehrte Bildung der Edukte $SO_2$ und $O_2$ |
| | Erniedrigung | begünstigt die Reaktion, bei der der entfernte Stoff nachgebildet wird | $SO_2 \Rightarrow$ vermehrte Bildung der Edukte $SO_2$ und $O_2$<br>$O_2 \Rightarrow$ vermehrte Bildung der Edukte $SO_2$ und $O_2$<br>$SO_3 \Rightarrow$ vermehrte Bildung des Produkts $SO_3$ |
| Temperatur | Erhöhung | Gleichgewicht verschiebt sich in Richtung der endothermen Reaktion | $\Rightarrow$ vermehrte Bildung der Edukte $SO_2$ und $O_2$ |
| | Erniedrigung | Gleichgewicht verschiebt sich in Richtung der exothermen Reaktion | $\Rightarrow$ vermehrte Bildung des Produkts $SO_3$ |
| Druck | Erhöhung | Gleichgewicht wird in Richtung der Reaktion verschoben, bei der die Anzahl der Gasteilchen vermindert wird | $\Rightarrow$ vermehrte Bildung des Produkts $SO_3$ |
| | Erniedrigung | Gleichgewicht wird in Richtung der Reaktion verlagert, bei der die Anzahl der Gasteilchen erhöht wird | $\Rightarrow$ vermehrte Bildung der Edukte $SO_2$ und $O_2$ |

### Aufgaben

1 Bei der oben beschriebenen Reaktion von Schwefeldioxid und Sauerstoff zu Schwefeltrioxid liegt das Gleichgewicht bei niedrigen Temperaturen auf der Seite des Schwefeltrioxids. In der Praxis ist allerdings die Ausbeute an Schwefeltrioxid bei diesen Temperaturen nahezu Null.
   a) Begründen Sie diesen Sachverhalt.
   b) Überlegen Sie, durch welche Maßnahmen eine möglichst hohe Ausbeute an Schwefeltrioxid bei der technischen Herstellung erzielt werden kann.

2 Die Gleichgewichte der folgenden Reaktionen sollen mit Druck bzw. Temperatur auf die Seite der Produkte verschoben werden.
   Nennen Sie jeweils die geeigneten Maßnahmen.
   (Beachten Sie: Alle aus Molekülen bestehenden Stoffe liegen gasförmig vor.)
   a) $C_3H_8 + 5\,O_2 \rightleftharpoons 3\,CO_2 + 4\,H_2O \qquad \Delta E_i < 0$
   b) $N_2 + H_2O \rightleftharpoons N_2O + H_2 \qquad \Delta E_i > 0$
   c) $SO_2 + 2\,H_2S \rightleftharpoons 3\,S + 2\,H_2O \qquad \Delta E_i < 0$

# 1.8 Das Haber-Bosch-Verfahren

**Ammoniak – ein wichtiger Ausgangsstoff der chemischen Industrie.** Die Verwendungsmöglichkeiten von Ammoniak sind von jeher sehr mannigfaltig. So dient Ammoniak beispielsweise als ein Ausgangsstoff zur Herstellung verschiedenster chemischer Stoffe, z. B. Düngemittel, Kunststoffe, Chemiefasern, Arzneimittel, Salpetersäure und Sprengstoffe. Gegenwärtig werden weltweit mehr als 120 Millionen Tonnen Ammoniak jährlich produziert, wobei ca. 80 % der Ammoniakproduktion für Düngemittel verwendet werden. Dieser hohe Bedarf an stickstoffhaltigen Düngemitteln beruht unter anderem darauf, dass Luftstickstoff von den Pflanzen nicht aufgenommen und verarbeitet werden kann.

Ammoniak ist ein vielseitiger Ausgangsstoff für zahlreiche Chemikalien aus dem täglichen Leben.

**Die Ammoniaksynthese aus den Elementen.** Aufgrund des hohen Nahrungsbedarfs durch das starke Bevölkerungswachstum am Ende des 19. Jahrhunderts stieg die Bedeutung von Ammoniak zur Gewinnung von Düngemitteln enorm. Die Industrie war von Anfang an darauf bedacht, Ammoniak so kostengünstig wie nur möglich herzustellen. Als billige Rohstoffquelle sollte der Luftstickstoff dienen, um die Synthese aus den Elementen zu ermöglichen:

$$N_2 + 3H_2 \rightleftharpoons 2NH_3$$

**Historische Entwicklung.** Obwohl zahlreiche Forscher bereits im 19. Jahrhundert versucht hatten, Ammoniak direkt aus den Elementen Stickstoff und Wasserstoff zu erzeugen, gelang dies erst Fritz Haber (Abb. 1) im Juli 1909 mit einer nennenswerten Ausbeute. Die aus dem Laborversuch gewonnenen Erkenntnisse mussten nun allerdings auf eine Produktion in industriellem Maßstab übertragen werden.

Dabei kam ihm Carl Bosch (Abb. 2) zu Hilfe, der von seiner Firma mit dem Bau einer großtechnischen Anlage und damit der Verwirklichung der Ammoniaksynthese im großen Maßstab beauftragt wurde. Carl Bosch gelang innerhalb von nur wenigen Jahren die Umsetzung des Verfahrens, das heute als „Haber-Bosch-Verfahren" bekannt ist. Eine große Herausforderung war, betriebssichere Apparaturen zu entwickeln, die dem beim Verfahren notwendigen, hohen Druck standhielten.

Auch die Suche nach einem aus wirtschaftlicher Sicht geeigneten Katalysator gestaltete sich schwierig. Diese Aufgabe übernahm der deutsche Chemiker Alwin Mittasch (1869 – 1953), der ein enger Mitarbeiter von Carl Bosch war. Er führte im Jahre 1911 innerhalb kürzester Zeit mehrere tausend Versuche durch und fand letztendlich mit einem Eisenoxid-Mischkatalysator einen heterogenen Katalysator, der sich in Bezug auf Anschaffungspreis und Lebensdauer als besonders geeignet erwies. Bis heute verwendet man für die Ammoniaksynthese Eisenkatalysatoren ähnlicher Zusammensetzung.

**1** Fritz Haber (1868 – 1934) erhielt 1918 den Nobelpreis in Chemie für seine Arbeiten zur Synthese von Ammoniak.

**2** Carl Bosch (1874 – 1940) wurde für seine Entwicklung chemischer Hochdruckverfahren 1931 mit dem Nobelpreis für Chemie geehrt.

**Info**

Im Jahre 2007 erhielt der deutsche Chemiker Gerhard Ertl (* 1936) den Nobelpreis in Chemie für seine Studien von chemischen Prozessen auf Festkörperoberflächen, die sich insbesondere auch mit dem genauen Ablauf der Vorgänge auf der Katalysatoroberfläche beim Haber-Bosch-Verfahren beschäftigten.

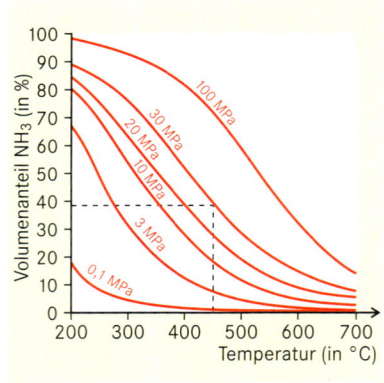

**3** Volumenanteil an Ammoniak (in %) in Abhängigkeit von Temperatur und Druck

**Ammoniakgleichgewicht und Prinzip von Le Chatelier.** Die Bildung von Ammoniak aus den Elementen Stickstoff und Wasserstoff führt zur Ausbildung eines chemischen Gleichgewichtszustands:

$$N_2 + 3\,H_2 \rightleftharpoons 2\,NH_3 \qquad \Delta E_i = -92,4\ kJ$$

Diese Gasreaktion ist insbesondere von der Temperatur und vom Druck abhängig. Da die Ammoniaksynthese exotherm und mit Volumenverringerung verläuft, kann eine Verschiebung des Gleichgewichts in Richtung des Produkts sowohl durch Temperaturerniedrigung als auch durch Druckerhöhung erfolgen. In Abbildung 3 wird die Abhängigkeit dieses Gleichgewichts von Temperatur und Druck genauer aufgezeigt.

Da eine Temperaturerniedrigung allerdings die Reaktionsgeschwindigkeit extrem verringert, muss ein Kompromiss eingegangen werden. Man arbeitet trotz einer ungünstigen Verschiebung der Gleichgewichtslage bei einer Reaktionstemperatur von ca. 450 °C und unter Verwendung eines Katalysators, um überhaupt eine nennenswerte Reaktionsgeschwindigkeit zu erzielen. Um eine wirtschaftlich akzeptable Ausbeute zu erhalten, wird der Druck erhöht und ständig Ammoniak aus dem Gleichgewicht entfernt.

**Erzeugung des Synthesegas-Gemisches.** Luft ist aufgrund ihrer Zusammensetzung (ca. 78 % $N_2$ und 21 % $O_2$; vereinfacht: $4\,N_2 + O_2$) eine sehr ergiebige und auch eine kostengünstige Quelle für den notwendigen elementaren Stickstoff. Zum Entfernen des Sauerstoffanteils in der Luft verwendete man früher Koks (Kohlenstoff); heutzutage verwendet man Erdgas, insbesondere Methan, oder andere, aus Erdöl gewonnene Kohlenwasserstoffe. Die Kohlenwasserstoffverbindungen können dann zusätzlich neben Wasser auch als Wasserstoffquelle dienen (Abb. 4).

Im ersten Schritt wird das Methan bei einer Temperatur von ca. 800 °C an einem Nickeloxid/Aluminiumoxid-Katalysator mit Wasserdampf zu Kohlenstoffmonooxid und Wasserstoff umgesetzt (Abb. 4, ①):

$$CH_4 + H_2O \xrightarrow{\ 800°C/Kat.\ } CO + 3\,H_2$$

Anschließend wird das im Überschuss vorhandene Methan in einem zweiten Reaktor mit der zugesetzten Luft zur Reaktion gebracht, wobei wiederum Kohlenstoffmonooxid und Wasserstoff gebildet werden. Der Stickstoffanteil aus der Luft wird dabei nicht verändert (Abb. 4, ②):

$$2\,CH_4 + 4\,N_2 + O_2 \xrightarrow{\ 1000°C/Kat.\ } 2\,CO + 4\,N_2 + 4\,H_2$$

Das bei den beiden vorangegangenen Stufen entstandene Kohlenstoffmonooxid muss aus dem Synthesegasgemisch entfernt werden, da es bei der Ammoniaksynthese als Katalysatorgift wirkt. Gleichzeitig wird in dem folgenden Konvertierungsschritt bei der Reaktion des Kohlenstoffmonooxids mit Wasser weiteres Wasserstoffgas gewonnen, um das im Synthesegas nötige Verhältnis von Stickstoff zu Wasserstoff von 1 : 3 zu erreichen. Dabei werden lediglich Temperaturen um 500 °C bei gleichzeitigem Einsatz eines Kupferoxid/Zinkoxid-Katalysators benötigt (Abb. 4, ③):

$$CO + H_2O \xrightarrow{\ 500°C/Kat.\ } CO_2 + H_2$$

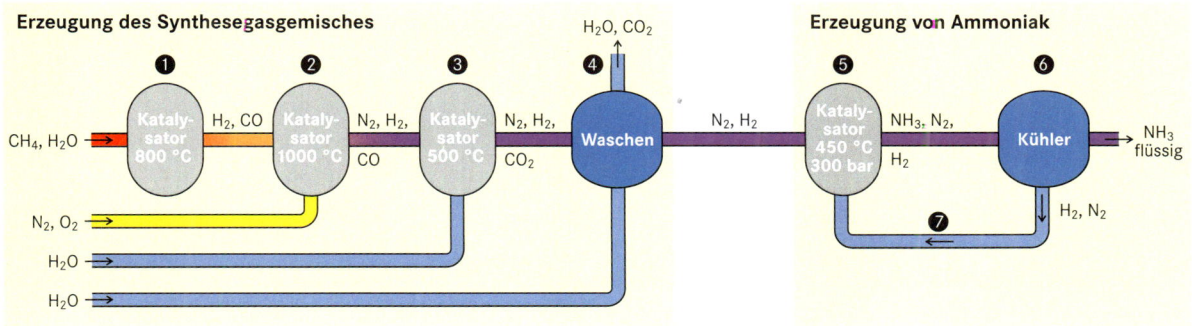

**4** Schema zur großtechnischen Herstellung von Ammoniak nach dem Haber-Bosch-Verfahren

Das so erhaltene Kohlenstoffdioxid kann durch Auswaschen unter Druck entfernt werden (Abb. 4, ④), sodass am Ende ein Synthesegasgemisch vorliegt, das nur noch Spuren von Methan und Argon enthält.
Die einzelnen Schritte zur Gewinnung des Synthesegases können wie folgt zusammengefasst werden:

$$2\,(4\,N_2 + O_2) + 10\,H_2O + 7\,CH_4 \rightleftharpoons 8\,(N_2 + 3\,H_2) + 7\,CO_2$$

$$\underbrace{\phantom{2\,(4\,N_2 + O_2) + 10\,H_2O + 7\,CH_4}}_{\text{Luft}} \qquad \underbrace{\phantom{8\,(N_2 + 3\,H_2)}}_{\text{Synthesegas}}\ \underbrace{\phantom{7\,CO_2}}_{\text{Abfall}}$$

Bei der Umsetzung von Methan oder anderen Kohlenwasserstoffen mit Luft und Wasser wird in einem dreistufigen Prozess das Synthesegasgemisch ($N_2 + 3\,H_2$) gewonnen.

**Großtechnische Erzeugung von Ammoniak.** Die eigentliche Reaktion von Stickstoff und Wasserstoff zu Ammoniak findet in der Großtechnik meist bei einer Temperatur um 450 °C und einen Druck von 30 MPa (300 bar) statt (Abb. 4, ⑤). Unter diesen Bedingungen sollte der Ammoniakgehalt im Gleichgewichtszustand 38 % betragen (Abb. 3). Dieser Gehalt kann aber trotz des Einsatzes von Katalysatoren nicht erreicht werden, da die Reaktionsgeschwindigkeit bei der „niedrigen" Temperatur und der kurzen Kontaktzeit zwischen Katalysator und dem Synthesegas zu gering ist. So wird eine Ausbeute von bis zu 18 % Ammoniak erzielt.
Das erhaltene Gasgemisch leitet man durch Wärmetauscher und Kühler, wodurch das entstandene Ammoniakgas kondensiert und so vom nicht umgesetzten Synthesegas abgetrennt werden kann (Abb. 4, ⑥). Gleichzeitig fördert der Entzug des Ammoniaks eine Verschiebung der Gleichgewichtslage in Richtung des Produkts. Die Wirtschaftlichkeit des Verfahrens beruht letztendlich darauf, dass nicht umgesetztes Synthesegas wieder in den Prozess zurückgeführt wird und die Reaktion zusammen mit neuem „Frischgas" in einem ständigen Kreisprozess wiederholt wird (Abb. 4, ⑦). Auf diese Weise können in einer modernen Ammoniaksyntheseanlage bis zu 2000 Tonnen Ammoniak pro Tag hergestellt werden.

Die Ammoniaksynthese wird meist bei einer Temperatur um 450 °C und einen Druck von 30 MPa (300 bar) durchgeführt, wobei nur geringe Ausbeuten erzielt werden. Die Wirtschaftlichkeit des Verfahrens wird durch einen ständigen Kreisprozess gewährleistet.

**Info**
Die Reaktionsröhren, in denen der Ammoniak erzeugt wird, hatten zunächst nur eine Lebensdauer von ca. 80 Stunden. Der im Reaktionsgemisch enthaltene Wasserstoff reagiert nämlich bei einem solch hohen Druck mit dem im Stahl befindlichen Kohlenstoffanteil zu Methan, sodass die Behälter dem Druck nicht mehr standhielten und platzten.
Carl Bosch löste das Problem, indem er im Inneren eine Schicht aus kohlenstoffarmen Stahl verwendete, der äußere drucktragende Mantel wurde mit Löchern („Boschlöcher") versehen. Durch diese konnte der Wasserstoff drucklos entweichen.

**Aufgabe**
**1** Recherchieren Sie die Bedeutung der Knöllchenbakterien bei den Schmetterlingsblütlern.

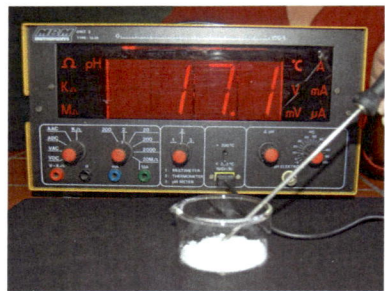

**1** a) Ein Gemisch von Ba(OH)$_2$ und NH$_4$SCN kurz nach dem Zusammengeben bei Raumtemperatur

b) Die endotherme Reaktion entzieht der Umgebung Wärme und kühlt ab.

c) Das Reaktionsgemisch wird durch die Wasserbildung flüssig.

# 1.9 Reaktionsenergie und Entropie

**Irreversible Reaktionen.** Wir wissen aus Erfahrung, dass chemische Reaktionen, wie z.B. das Verbrennen eines Magnesiumbandes, nur in eine Richtung spontan ablaufen; eine Rückreaktion ist nicht möglich.
Die meisten chemischen Vorgänge aus dem Alltag enden also nicht mit der Einstellung eines Gleichgewichts, sondern sie laufen offensichtlich ebenfalls nur in eine bestimmte Richtung ab. So verbrennt Benzin, ein Kohlenwasserstoffgemisch, das unter anderem auch Hexan enthält, vollständig zu Kohlenstoffdioxid und Wasser:

$$2\,C_6H_{14} + 19\,O_2 \longrightarrow 12\,CO_2 + 14\,H_2O \qquad \Delta E_i = -4158\ \text{kJ/mol}$$

Niemand würde ernsthaft behaupten, dass Benzin aus einer Mischung von Kohlenstoffdioxidgas und Wasserdampf gewonnen werden kann.
Ebenso wird ein der Witterung ausgesetzter Nagel rosten (Abb. 2). Das Eisen im Nagel reagiert mit dem Sauerstoff der Luft und der Luftfeuchtigkeit zu Eisenoxiden und -hydroxiden ($\rightarrow$ S. 110). Nie würde man erwarten, dass der Nagel von selbst wieder glänzend wird.
Auch viele in der Natur bedeutsame Reaktionen sind irreversibel. Beispielsweise wird bei der Zellatmung Glucose mithilfe von Sauerstoff vollständig zu Kohlenstoffdioxid und Wasser abgebaut:

$$C_6H_{12}O_6 + 6\,O_2 \longrightarrow 6\,CO_2 + 6\,H_2O \qquad \Delta E_i = -2820\ \text{kJ}$$

Spontane Reaktionen laufen irreversibel in eine Richtung ab.

Will man verstehen, warum diese Reaktionen nur in eine Richtung ablaufen, muss man energetische Aspekte berücksichtigen.

**Energiebeteiligung bei chemischen Reaktionen.** Jede chemische Reaktion ist mit einem Energieumsatz verbunden. Exotherme Reaktionen, die Energie freisetzen ($\Delta E_i < 0$), laufen meist freiwillig oder spontan ab; allerdings muss häufig eine gewisse Aktivierungsenergie zugeführt werden. Das System geht dabei von einem energetisch höheren, weniger stabilen Zustand in einen energieärmeren, stabileren Zustand über. Sowohl die Zellatmung als auch die Verbrennung von Benzin sind Beispiele für exotherme Reaktionen.

**2** Das Rosten von Eisennägeln ist eine spontane Reaktion.

**Info**
Bei allen chemischen Reaktionen wird Energie abgegeben oder aufgenommen, hauptsächlich in Form von Wärmeaustausch mit der Umgebung. Die Wärmemenge, die bei einer Reaktion abgegeben oder aufgenommen wird, bezeichnet man als Enthalpie H.
Manche chemischen Reaktionen können allerdings auch mechanische Arbeit W verrichten, z.B. bei der Verbrennung von Benzin im Automotor. Der Gesamtenergieumsatz des Systems beträgt dann:
$\Delta E_i = \Delta H + W$.
Da bei den meisten chemischen Reaktionen die mechanische Arbeit wenig ins Gewicht fällt, kann man sie vernachlässigen und so Enthalpie und Energie gleich setzen.

Aber auch endotherme Reaktionen ($\Delta E_i > 0$) können spontan ablaufen. Gibt man z.B. die beiden Feststoffe Bariumhydroxid ($Ba(OH)_2$) und Ammoniumthiocyanat ($NH_4SCN$) zusammen, so nimmt man nach einiger Zeit Ammoniakgeruch wahr, das Reaktionsgemisch wird flüssig und das Reaktionsgefäß kühlt ab (Abb. 1a–c):

$$Ba(OH)_2 + 2\,NH_4SCN \longrightarrow 2\,NH_3 + 2\,H_2O + Ba(SCN)_2 \qquad \Delta E_i > 0$$

Die Reaktion läuft spontan ab, obwohl das System dabei von einem energieärmeren, stabileren Zustand in einen energetisch höheren, weniger stabilen Zustand übergeht.

Neben der Reaktionsenergie $\Delta E_i$ muss es also noch eine weitere Größe geben, die Einfluss darauf nimmt, ob eine chemische Reaktion spontan abläuft.

**Entropie – ein Maß für die Unordnung.** In der Natur gibt es die Tendenz, den Ordnungsgrad eines Systems oder eines Stoffes zu vermindern, also die Unordnung zu erhöhen. Der Ordnungsgrad wird durch die *Entropie S* bestimmt; je größer die Unordnung ist, desto größer ist die Entropie.

Die Entropie ist neben der Reaktionsenergie die zweite Größe, die Einfluss darauf nimmt, ob eine Reaktion freiwillig abläuft oder nicht. Eine Erhöhung der Unordnung kann resultieren

– durch Vermischen von verschiedenen Teilchen, z.B. das Auflösen von Zucker oder Salz in Wasser (Abb. 3).
– durch die schnellere Bewegung von Teilchen, z.B. beim Erhitzen einer Flüssigkeit oder eines Gases (Abb. 4).
– durch den Wechsel des Aggregatzustandes, wodurch die Entfernung zwischen den Teilchen zunimmt, z.B. beim Übergang von flüssigem Wasser zu Wasserdampf (Abb. 4).
– durch chemische Reaktionen, bei denen aus Feststoffen Gase oder Flüssigkeiten entstehen, wie z.B. beim Vermischen von Bariumhydroxid und Ammoniumthiocyanat (s.o.), oder bei denen sich aus Flüssigkeiten Gase bilden, wie beim Zerfall des Sprengstoffs Nitroglycerin zu Kohlenstoffdioxid, Stickstoff, Stickstoffmonooxid und Wasserdampf.
– durch eine Erhöhung der Teilchenzahl, z.B. bei der Zersetzung von Wasserstoffperoxid.

Die größte Zunahme an Unordnung in einem System ist üblicherweise dort zu beobachten, wo sich die Anzahl der Teilchen im gasförmigen Zustand erhöht.

Die Änderung der Unordnung in einem System wird als die *Entropieänderung* $\Delta S$ bezeichnet. Geht ein System von einem Zustand höherer Ordnung in einen Zustand geringerer Ordnung über, so nimmt die Unordnung und somit die Entropie zu, d.h. $\Delta S > 0$. Wird der Ordnungsgrad eines Systems erhöht, so nimmt folglich die Unordnung und damit auch die Entropie ab, $\Delta S$ besitzt einen negativen Wert.

Die Entropie ist ein Maß für die Unordnung in einem System. Je mehr Unordnung in einem System erzeugt wird, desto positiver wird der Wert für die Entropieänderung und umgekehrt.

**3** Durch das Auflösen von Zucker im Tee wird die Entropie des Systems erhöht.

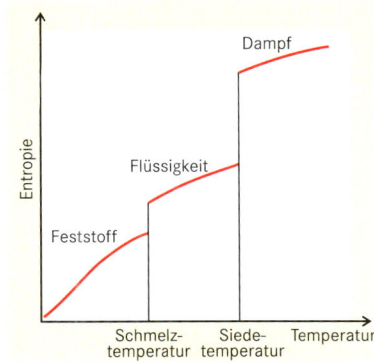

**4** Bei der Umwandlung von Eis in Wasser und schließlich Wasserdampf steigt die Entropie an.

**Aufgaben**

**1** Formulieren Sie die Reaktionsgleichung für den Zerfall von Nitroglycerin ($C_3H_5(ONO_2)_3$). Berechnen Sie das Volumen der entstehenden Gase beim Zerfall von 1 kg Nitroglycerin bei einer Temperatur von 1000 °C. ($V_{m, 1000\,°C} = 100$ l/mol)

**2** Ein heißer Körper kühlt an der Luft langsam ab. Erklären Sie mit dem Entropiebegriff, weshalb dieser Vorgang spontan abläuft.

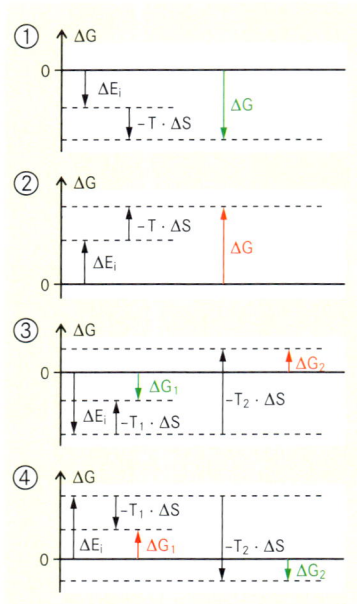

1 Überblick über den freiwilligen Ablauf einer Reaktion in Abhängigkeit von $\Delta E_i$ und $T \cdot \Delta S$

1 Berechnen Sie die Temperatur, bei der die Umwandlung von Stickstoffdioxid zu Distickstofftetraoxid gerade noch freiwillig ablaufen kann. ($2\,NO_2 \rightleftharpoons N_2O_4$; $\Delta E_i = -57\,KJ/mol$, $\Delta S = -176\,J/K \cdot mol$)

2 Nehmen Sie zu folgenden Aussagen Stellung:
   a) „Bei tiefen Temperaturen laufen nur exotherme Reaktionen freiwillig ab."
   b) „Bei sehr hohen Temperaturen können nur Reaktionen ablaufen, bei denen eine Entropiezunahme zu beobachten ist."

# 1.10 Freiwilliger Ablauf chemischer Reaktionen

**Freiwillig oder erzwungen?** Ob eine chemische Reaktion freiwillig abläuft oder nicht, beruht also nicht nur auf einer Änderung der Reaktionsenergie $\Delta E_i$, sondern auch auf der Änderung der Entropie $\Delta S$ (→ S. 37), wobei die jeweilige Reaktionstemperatur im Term $T \cdot \Delta S$ mitberücksichtigt wird. Diese Faktoren ergeben zusammen die sogenannte Gibbs'sche Energie oder *freie Energie G*. Die Änderung der freien Energie ist also:

$$\Delta G = \Delta E_i - T \cdot \Delta S \qquad \text{(T in Kelvin)}$$

Reaktionen mit positivem $\Delta G$ werden als *endergonisch* bezeichnet, mit negativem $\Delta G$ als *exergonisch*. Exergonische Prozesse laufen freiwillig ab, endergonische Prozesse nur unter Zufuhr von Energie. Bei $\Delta G = 0$ befindet sich das System im Gleichgewicht.

Die Änderung der freien Energie G eines Stoffsystems ist von der Reaktionsenergie, der Änderung der Entropie und der Reaktionstemperatur abhängig. Eine Reaktion kann nur freiwillig ablaufen, wenn die Änderung der freien Energie $\Delta G$ einen negativen Wert aufweist.

**Das Zusammenspiel von Energie und Entropie.** Eine Reaktion kann also freiwillig ablaufen, wenn die Änderung der freien Energie $\Delta G$ kleiner Null ist. Je nach Einfluss von Reaktionsenergie $\Delta E_i$ und Entropie $\Delta S$ lassen sich vier Fälle unterscheiden (Abb. 1):

① $\Delta E_i < 0$ und $\Delta S > 0$:
   Unabhängig von der Temperatur ist $\Delta G < 0$; derartige Reaktionen laufen immer freiwillig ab. Ein Beispiel ist die Verbrennung von Hexan.

② $\Delta E_i > 0$ und $\Delta S < 0$:
   Bei allen Temperaturen ist $\Delta G > 0$; derartige Reaktionen laufen nie freiwillig ab. So reagiert z. B. Sauerstoff nicht spontan zu Ozon.

③ $\Delta E_i < 0$ und $\Delta S < 0$:
   Diese exothermen Reaktionen können nur unterhalb einer bestimmten Grenztemperatur ablaufen, da bei niedrigen Temperaturen $\Delta G < 0$ und bei hohen Temperaturen $\Delta G > 0$ ist. So läuft beispielsweise die Umwandlung von $NO_2$ zu $N_2O_4$ bei einer Temperatur von 20 °C noch freiwillig ab, bei 80 °C besitzt $\Delta G$ bereits einen positiven Wert.

④ $\Delta E_i > 0$ und $\Delta S > 0$:
   Endotherme Reaktionen können nur ablaufen, wenn die Entropie dabei zunimmt und eine bestimmte Mindesttemperatur erreicht ist. $\Delta G$ ist z. B. beim Boudouard-Gleichgewicht (→ S. 25) bei niedrigen Temperaturen größer als Null, erst bei Temperaturen über 1000 °C wird $CO_2$ weitgehend zu CO umgesetzt.

**$\Delta G$ und Reaktionsgeschwindigkeit.** Die Bildung von Ammoniak aus den Elementen besitzt bei 298 K eine freie Energie von $-16,5\,kJ/mol$. Somit wäre diese Reaktion bei Zimmertemperatur möglich. Die $\Delta G$-Werte sagen allerdings nichts über die Geschwindigkeit der Reaktion bei dieser Temperatur aus. Für die Ammoniaksynthese ist die Reaktionsgeschwindigkeit bei 298 K praktisch Null. Somit ist nicht nur

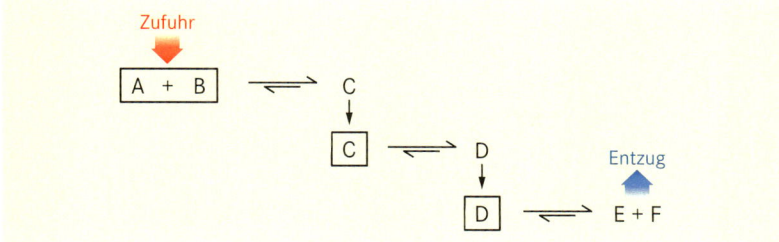

die freie Energie, sondern auch die Reaktionsgeschwindigkeit für den Ablauf einer Reaktion zu berücksichtigen.

**Sonderfall Fließgleichgewichte.** Bei den meisten chemischen Reaktionen in Lebewesen handelt es sich um Gleichgewichtsreaktionen. Diese Reaktionen sind miteinander gekoppelt, d.h. das Produkt C der ersten Gleichgewichtsreaktion reagiert in einer Folgereaktion als Edukt (Abb. 2). Das Produkt D dieser Reaktion reagiert wiederum weiter bis letztendlich die Endprodukte E und F gebildet sind.

Da bei den einzelnen Gleichgewichtsreaktionen ständig Reaktionspartner auf der Produktseite entfernt und auf der Eduktseite hinzugefügt werden, laufen die einzelnen Reaktionen nach dem Prinzip von Le Chatelier (→ S. 30) immer nur in eine Richtung ab, da jeweils die Hinreaktion überwiegt. Der Gleichgewichtszustand der beteiligten Reaktionen wird folglich nie erreicht. Man spricht von einem *Fließgleichgewicht*.

Dennoch ergeben sich für alle Reaktionspartner in den Gleichgewichtsreaktionen relativ konstante Konzentrationen, da Bildung und Verbrauch der Stoffe etwa in gleicher Reaktionsgeschwindigkeit erfolgen. Zusammengefasst werden in der ersten Reaktion die Edukte A und B zugeführt und in der letzten Reaktion wird das Produkt F entzogen.

Beim Fließgleichgewicht handelt es sich daher um ein offenes und nicht wie bei der chemischen Gleichgewichtsreaktion um ein geschlossenes System. Damit dieses aufrechterhalten werden kann, müssen ständig Ausgangsstoffe zu- und Endstoffe abgeführt werden.

Bei einem Fließgleichgewicht sind mehrere Gleichgewichtsreaktionen gekoppelt, wobei die Produkte der einzelnen Reaktionen gleichzeitig die Edukte der Folgereaktionen sind. Es liegt ein offenes System vor, die Zufuhr der Edukte und der Entzug der Produkte halten sich die Waage.

**Die Zellatmung – ein Fließgleichgewicht.** Betrachtet man das Beispiel Zellatmung noch einmal, stellt man fest, dass die Reaktion exotherm und mit einer Entropiezunahme verbunden ist. Somit ist die Änderung der freien Energie $\Delta G$ kleiner Null, die Reaktion läuft also freiwillig ab.

Sie besteht aus einer Abfolge von mehreren gekoppelten Gleichgewichtsreaktionen (Abb. 3). Es handelt sich hierbei um ein Fließgleichgewicht, dem ständig Glucose und Sauerstoff zu- und Wasser abgeführt wird. Das gasförmige Endprodukt $CO_2$ entweicht zusätzlich, sodass eine Rückreaktion nicht möglich ist.

**Aufgabe**

**3** Erläutern Sie, weshalb sich bei einem Fließgleichgewicht relativ konstant bleibende Konzentrationen einstellen, obwohl sich die einzelnen an der Reaktionsfolge beteiligten Reaktionen nicht im chemischen Gleichgewichtszustand befinden.

**3** Schematischer Ablauf der Zellatmung: In einem Fließgleichgewicht wird ständig Glucose zugeführt, Wasser und Kohlenstoffdioxid werden abgeführt.

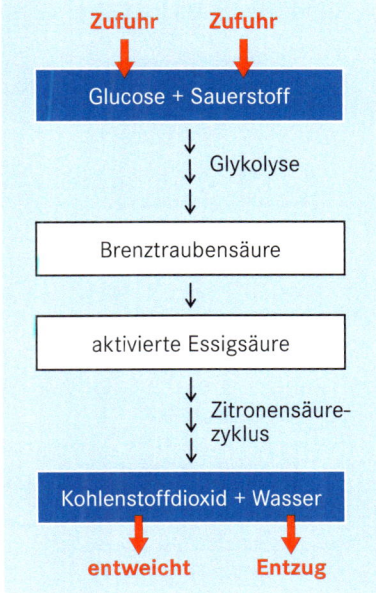

## Voraussetzung

- reversible (umkehrbare) Reaktion, d. h. unter den Bedingungen können sowohl Hin- als auch Rückreaktion ablaufen:

$$a\,A + b\,B \rightleftharpoons c\,C + d\,D$$

## Definition

- Eine chemische Reaktion befindet sich im Gleichgewicht, wenn sich die Konzentrationen der Edukte und Produkte nicht mehr ändern.
- Dynamisches Gleichgewicht: Hin- und Rückreaktion laufen weiterhin ab, sind aber gleich schnell.

## chemisches Gleichgewicht

## Massenwirkungsgesetz

- Das Massenwirkungsgesetz gibt den Zusammenhang zwischen den Konzentrationen der Edukte und Produkte einer Reaktion im Gleichgewicht an:

$$K_c = \frac{c^c(C) \cdot c^d(D)}{c^a(A) \cdot c^b(B)}$$

Gleichgewichtskonstante $K_c$

- für jede Reaktion charakteristisch
- temperaturabhängig
- kennzeichnet die Lage des Gleichgewichtes

**Lage des Gleichgewichtes**

$K_c > 1$: Gleichgewicht liegt auf Seite der Produkte

$K_c < 1$: Gleichgewicht liegt auf Seite der Edukte

## Fließgleichgewicht

- mehrere Gleichgewichtsreaktionen sind gekoppelt
- Gleichgewichtszustand der Einzelreaktionen wird nicht erreicht
- offenes System, bei dem ständig Edukte zu- und Produkte abgeführt werden

## freie Energie G

Ob eine chemische Reaktion freiwillig abläuft, hängt neben der Änderung der Reaktionsenergie $\Delta E_i$ von der Änderung der Entropie $\Delta S$ ab:

$$\Delta G = \Delta E_i - T\Delta S$$

- $\Delta G < 0$: exergonische Reaktion
  $\Rightarrow$ freiwillig
- $\Delta G = 0$: Reaktion im Gleichgewicht
- $\Delta G > 0$: endergonische Reaktion
  $\Rightarrow$ erzwungen

## Entropie S

- Maß für die Unordnung
- Entropieänderung $\Delta S$
  $\Delta S > 0$: Bei der Reaktion nimmt die Unordnung zu.
  $\Delta S < 0$: Bei der Reaktion nimmt die Unordnung ab.

## Einflüsse auf Gleichgewichtslage

### Temperatur

- Erhöhung $\Rightarrow$ begünstigt endotherme Reaktion
- Erniedrigung $\Rightarrow$ begünstigt exotherme Reaktion

### Stoffmenge

- Erhöhung $\Rightarrow$ begünstigt Reaktion, bei der Stoff verbraucht wird
- Erniedrigung $\Rightarrow$ begünstigt Reaktion, bei der Stoff nachgebildet wird

### Druck

- Erhöhung $\Rightarrow$ begünstigt Reaktion, bei der sich die Anzahl der Gasteilchen verringert
- Erniedrigung $\Rightarrow$ begünstigt Reaktion, bei der sich die Anzahl der Gasteilchen erhöht

## Prinzip von Le Chatelier

- Lage des chemischen Gleichgewichts kann durch Änderung der äußeren Bedingungen beeinflusst werden
- Prinzip des kleinsten Zwanges: Gleichgewicht weicht einer Störung (einem „Zwang") aus

## Haber-Bosch-Verfahren

- wichtiges Verfahren zur Herstellung von Ammoniak aus den Elementen:
  $N_2 + 3\,H_2 \rightleftharpoons 2\,NH_3 \quad \Delta E_i < 0$
- Gleichgewichtslage wird durch hohen Druck und niedrige Temperatur günstig beeinflusst
- Bedingungen:
  450 °C, 30 MPa (300 bar)

### Problem

- Bei niedriger Temperatur kann sich das chemische Gleichgewicht nicht schnell genug einstellen, da die Reaktionsgeschwindigkeit fast Null ist.
- Bei höherer Temperatur ist die Reaktionsgeschwindigkeit höher, aber das Gleichgewicht liegt eher auf der Seite der Edukte.
- $\Rightarrow$ „mittlere" Temperatur und Katalysator

**1** Erstellen Sie jeweils das Massenwirkungsgesetz:
a) $4\,HCl\,(g) + O_2\,(g) \rightleftharpoons 2\,H_2O\,(g) + 2\,Cl_2\,(g)$
b) $2\,CO\,(g) + O_2\,(g) \rightleftharpoons 2\,CO_2\,(g)$
c) $2\,H_2O\,(g) \rightleftharpoons 2\,H_2\,(g) + O_2\,(g)$

**2** In einem Behälter befinden sich bei einer bestimmten Temperatur pro Liter seines Volumens 0,1 mol Ammoniak, 1,0 mol Stickstoff und 1,6 mol Wasserstoff im Gleichgewicht. Berechnen Sie die Gleichgewichtskonstante $K_c$ für diese Reaktion.

**3** Die Reaktion zwischen den organischen Verbindungen Propansäure und Ethanol führt zu einem chemischen Gleichgewicht.
a) Erstellen Sie die Reaktionsgleichung.
b) Nach der Einstellung des Gleichgewichts liegen die Ausgangsstoffe jeweils in einer Konzentration von 1,5 mol/l vor. Berechnen Sie die Gleichgewichtskonzentration des organischen Produktes, wenn die Gleichgewichtskonstante $K_c$ den Wert 5 besitzt.

**4** Die technische Herstellung von Ethanol erfolgt aus Ethen nach folgender Reaktion:
$C_2H_4\,(g) + H_2O\,(g) \rightleftharpoons C_2H_5OH\,(g); \; \Delta E_i = -46\,kJ$
Entscheiden und begründen Sie, in welchen der abgegebenen Fälle a–d eine hohe Ausbeute an Ethanol zu erwarten ist:
a) niedriger Druck und hohe Temperatur,
b) hoher Druck und hohe Temperatur,
c) hoher Druck und niedrige Temperatur,
d) niedriger Druck und niedrige Temperatur.

**5** Chlor reagiert in einem geschlossenen System mit Phosphortrichlorid zu Phosphorpentachlorid unter Ausbildung eines Gleichgewichts. Dieselbe Gleichgewichtslage stellt sich auch bei der Zersetzung von Phosphorpentachlorid ein.
In einem geschlossenen Gefäß mit einem Volumen von 2 Litern werden in mehreren Versuchen 20,85 g Phosphorpentachlorid bei Temperaturen von 180 °C bzw. 250 °C erhitzt. Im Gleichgewichtszustand zeigt sich, dass bei 180 °C ein Anteil von 40 %, bei einer Temperatur von 250 °C sogar 80 % des Phosphorpentachlorids zerfallen sind.
(Hinweis: Bei einer Temperatur höher als 160 °C liegen alle beteiligten Stoffe im gasförmigen Aggregatzustand vor.)

a) Erstellen Sie die Reaktionsgleichung sowie das Massenwirkungsgesetz für die Bildung von Phosphorpentachlorid.
b) Berechnen Sie die eingesetzte Stoffmenge an Phosphorpentachlorid und leiten Sie daraus die Gleichgewichtskonzentrationen aller Stoffe bei 180 °C ab. Bestimmen Sie mithilfe des Massenwirkungsgesetzes die Gleichgewichtskonstante $K_c$.
c) Entscheiden Sie, inwiefern der Zerfall von Phosphorpentachlorid eine exotherme oder endotherme Reaktion darstellt und begründen Sie Ihre Antwort.
d) Bei einer gleichbleibenden Temperatur von 250 °C wird der Druck durch zusätzliches Einpressen von gasförmigem Phosphortrichlorid in den Behälter erhöht.
Erläutern und begründen Sie die Auswirkungen auf die Gleichgewichtslage und auf die Gleichgewichtskonstante $K_c$.

**6** In einem Reagenzglas wird Marmor (Calciumcarbonat) mit Salpetersäure umgesetzt, dabei entsteht neben Kohlenstoffdioxid u. a. ein Salz, das als Düngemittel unter dem Namen „Kalksalpeter" in den Handel kommt.
a) Erstellen Sie die Reaktionsgleichung.
b) Begründen Sie, warum bei dieser Reaktion nach der oben beschriebenen Versuchsdurchführung eine Einstellung eines chemischen Gleichgewichtes nicht zu erwarten ist. In welcher Weise müsste die Versuchsbeschreibung modifiziert werden, damit sich ein chemisches Gleichgewicht ausbilden kann?

**7** Beim ersten Öffnen einer Mineralwasserflasche ist ein Sprudeln zu beobachten. Daran sind drei verschiedene Gleichgewichtsreaktionen beteiligt (Abb. rechts). Notieren Sie die vollständigen Reaktionsgleichungen für diese Gleichgewichte und erläutern Sie anhand dieser Reaktionen die Vorgänge, die beim Öffnen der Flasche ablaufen.

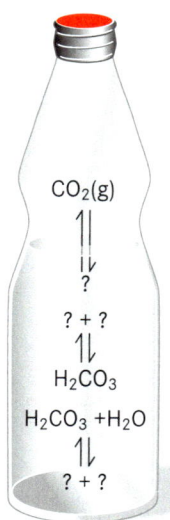

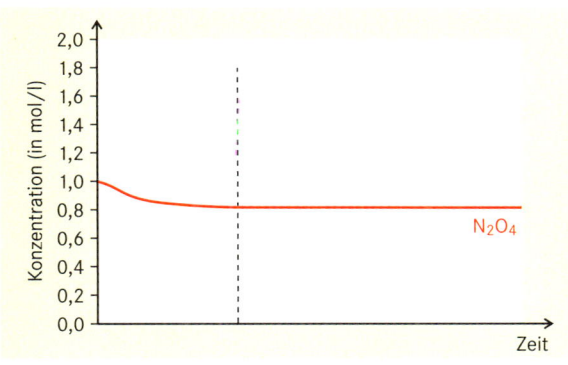

**1** a) Verlauf der $N_2O_4$-Konzentration bis zur Einstellung des Gleichgewichtes bei Versuch 1, $c_0(NO_2) = 0$ mol/l

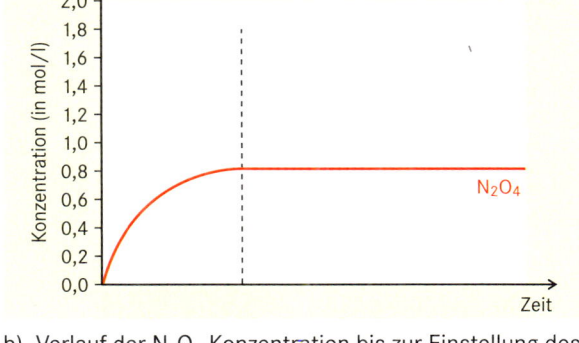

b) Verlauf der $N_2O_4$-Konzentration bis zur Einstellung des Gleichgewichtes bei Versuch 2, $c_0(NO_2) = 2$ mol/l

**8** Die Abbildungen 1 a und b zeigen die Konzentrationsänderungen von Distickstofftetraoxid in zwei unterschiedlichen Versuchen bis zur Einstellung des $NO_2/N_2O_4$-Gleichgewichtes:

a) Interpretieren Sie die beiden Abbildungen und ordnen Sie diese den betreffenden Reaktionen zu.

b) Übertragen Sie die Abbildungen in Ihre Unterlagen und zeichnen Sie jeweils den entsprechenden Verlauf der $NO_2$-Konzentration ein.

**9** Formaldehyd (Methanal) wird in einem großtechnischen Verfahren mithilfe von Katalysatoren bei Temperaturen von 600–700 °C aus Methanol hergestellt. Dabei erfolgt zuerst eine Dehydrierung von einem Teil des Alkohols direkt zu Methanal. Am Katalysator reagiert dann der entstehende Wasserstoff mit Luftsauerstoff. (Hinweis: Alle Stoffe liegen gasförmig vor.)

a) Erstellen Sie die Reaktionsgleichungen der beiden aufeinander folgenden Reaktionen sowie die Gleichung für den Gesamtvorgang.

b) Erläutern Sie, warum es sich beim Gesamtvorgang um eine Redoxreaktion handelt.

c) Formulieren Sie das Massenwirkungsgesetz für den exothermen Gesamtvorgang und diskutieren Sie alle Möglichkeiten, die zu einer Erhöhung der Formaldehydausbeute führen können.

d) Die Reaktionsenergie $\Delta E_i$ für die Zersetzung von einem Mol Methanol zu Formaldehyd und Wasserstoff beträgt 85 kJ. Beweisen Sie, dass diese endotherme Reaktion bei einer Temperatur von 700 °C dennoch freiwillig abläuft. $S(CH_3OH) = +240$ J/mol · K; $S(CH_2O) = +219$ J/mol · K; $S(H_2) = +131$ J/mol · K

**10** Kalkhaltiges Wasser stellt im Haushalt ein leidiges Problem dar. Das in Wasser lösliche Calciumhydrogencarbonat $Ca(HCO_3)_2$ steht dabei in einem chemischen Gleichgewicht mit Kohlensäure und Calciumcarbonat.

Vor allem beim Erhitzen von Wasser setzt sich z. B. in der Kaffeemaschine oder im Wasserkocher (s. Foto) schwerlösliches Calciumcarbonat ab, das nicht nur den Geschmack von Kaffee oder Tee beeinträchtigt, sondern auch die Lebensdauer der Geräte herabsetzt.

a) Formulieren Sie die Gleichung für die Gleichgewichtsreaktion und leiten Sie das Massenwirkungsgesetz ab.

b) In kaltem Wasser liegt das Gleichgewicht auf der Seite des Calciumhydrogencarbonats. Welcher Wert ist für die Gleichgewichtskonstante $K$ zu erwarten? Begründen Sie Ihre Antwort mithilfe des Massenwirkungsgesetzes.

c) Der Calciumcarbonatgehalt nimmt beim Erhitzen von kalkhaltigem Wasser enorm zu. Begründen Sie den Sachverhalt und erklären Sie, warum sich das ursprüngliche Gleichgewicht nach dem Abkühlen des Wassers nicht mehr wieder ausbildet. Formulieren Sie die notwendige Gleichung.

## Ammoniak, eine bedeutende Substanz

Ammoniak besitzt eine immense Bedeutung als Ausgangsstoff für zahlreiche, verschiedene Materialien unseres täglichen Lebens. Um die erforderlichen Mengen an Ammoniak für die Herstellung solcher Stoffe zur Verfügung stellen zu können, benötigt man einen möglichst effektiven Prozess im großtechnischen Maßstab. Das Haber-Bosch-Verfahren, das um 1910 von Fritz Haber und Carl Bosch entwickelt wurde, stellt ein derartiges Verfahren dar, das heutzutage immer noch effektiv angewendet wird.

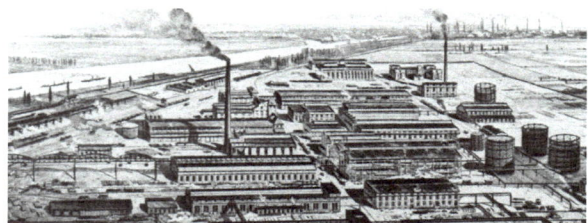

**1** Die Ammoniakfabrik der BASF im Jahr 1914 (Gemälde von Otto Bollhagen)

**1** Das Synthesegasgemisch, das zur Erzeugung von Ammoniak benötigt wird, wurde früher anstelle von Erdgas oder Erdölbestandteilen aus Koks (elementarer Kohlenstoff) durch die Reaktion einerseits mit Luft und andererseits mit Wasser erhalten. Dabei dient Wasser, das in einer weiteren Reaktion auch das giftige Kohlenstoffmonooxid oxidiert, als alleinige Wasserstoffquelle. Stellen Sie
  a) die Reaktionsgleichungen für die einzelnen Teilschritte zur Gewinnung des Synthesegases aus Koks und
  b) die Gesamtgleichung für den vorliegenden Prozess auf.

**2** Bei der Synthese von Ammoniak aus den Elementen können im Laborversuch bei verschiedenen Temperaturen und einem Druck 1013 hPa sehr unterschiedliche Ausbeuten an Ammoniak erhalten werden (Tab. 1).
  a) Stellen Sie die Reaktionsgleichung und das dazugehörige Massenwirkungsgesetz für die Ammoniaksynthese auf.
  b) Entscheiden und begründen Sie mithilfe der Werte von Tabelle 1, ob es sich um einen exothermen oder endothermen Vorgang handelt.

  c) Berechnen Sie aus den gegebenen Werten von Tabelle 1 die Gleichgewichtskonstante $K_c$ für die Herstellung von Ammoniak bei einer Temperatur von 300 °C.
  d) Schätzen Sie aus den Werten von Tabelle 1 ab, wie sich die Gleichgewichtskonstante $K_c$ mit fallender bzw. steigender Temperatur ändert.
  e) Erläutern und begründen Sie, welche Reaktionsbedingungen theoretisch wünschenswert wären, damit das Gleichgewicht möglichst weit auf der Produktseite zu liegen kommt.
  f) Erörtern Sie, warum die theoretisch wünschenswerten Bedingungen bei e) nicht realisiert werden können.
  g) Diskutieren Sie kurz die Bedingungen, unter denen in der Großtechnik gearbeitet wird.

**3** Ein wichtiges Verfahren zur Herstellung von Salpetersäure ist das Ostwald-Verfahren, bei dem Ammoniak katalytisch bei 600–700 °C mit überschüssiger Luft umgesetzt wird. Die Weiterreaktion des gebildeten Stickstoffmonooxids mit noch vorhandenem Sauerstoff führt zu Stickstoffdioxid, das seinerseits mit Wasser zu einem Gemisch aus Salpetriger Säure und Salpetersäure reagiert. Durch den Zerfall von Salpetriger Säure bei niedrigen Temperaturen bildet sich weitere Salpetersäure und Stickstoffmonooxid, das mit weiterem Sauerstoff zu Stickstoffdioxid reagiert.
Formulieren Sie die Reaktionsgleichungen
  a) für die einzelnen Teilschritte der Salpetersäuresynthese sowie
  b) für die Gesamtgleichung des Prozesses, bei dem neben Wasser letztlich nur Salpetersäure entsteht.

**Tab. 1** Ausbeute an Ammoniak bei der Synthese aus den Elementen in Abhängigkeit von der Temperatur

| Temperatur (in °C) | Ausbeute an $NH_3$ (in Volumen-%) | Molvolumen (in l) |
|---|---|---|
| 200 | 15,30 | 38,81 |
| 300 | 2,80 | 47,01 |
| 400 | 0,44 | 55,22 |
| 500 | 0,10 | 63,43 |

# 2 Protolysegleichgewichte

*Protolysen* sind Gleichgewichtsreaktionen, die sich besonders schnell einstellen.

Je nach Gleichgewichtslage unterscheidet man zwischen *starken* und *schwachen Säuren* bzw. *Basen*.

Der *pH-Wert*, der zur Charakterisierung saurer oder basischer Lösungen angegeben wird, ist eine messbare Größe, die bei bekannter *Säure-* bzw. *Basenstärke* Rückschlüsse auf die Konzentration der Säure oder Base zulässt.

## 2.1 Der Säure-Base-Begriff

**1** Der dänische Chemiker Johannes Nicolaus Brönsted beschrieb 1923 die Säure-Base-Reaktion als Protonenübergang (Protolyse).

**Aus der Geschichte.** In ihren Eigenschaften und ihrem Reaktionsverhalten sind die Lösungen saurer und basischer Stoffe wie Essig oder Seifenlauge bereits seit dem Altertum bekannt. Im Laufe der Zeit wurden die Begriffe „Säure" und „Lauge" bzw. „Base" geprägt und man machte sich Gedanken, welche Teilchen den Stoffen zugrunde liegen, die die entsprechenden Eigenschaften aufweisen. Die Theorien zum Aufbau von Säure- und Baseteilchen wurden dabei stets dem aktuellen Stand der Forschungen angepasst.

Der schwedische Chemiker Svante Arrhenius (1859–1927) definierte Säuren als Wasserstoffverbindungen, deren Moleküle in wässriger Lösung in Wasserstoffionen (Protonen) und einen Säurerest dissoziieren. Basen sind nach seiner Theorie Hydroxide und bilden durch Dissoziation in wässriger Lösung Hydroxidionen. Diese Säure-Definition lieferte allerdings keine Erklärung dafür, warum beim Lösen einer Säure in Wasser Protonen auftreten, nicht aber beim Lösen in organischen Lösungsmitteln.

**Definition nach Brönsted.** Der dänische Chemiker Johannes Brönsted (1879–1947) erkannte, dass das Proton eines Säuremoleküls in wässriger Lösung an ein Wassermolekül abgegeben wird und dieses dadurch zum Oxoniumion wird:

$$HCl + H_2O \rightleftharpoons H_3O^+ + Cl^-$$

Die Säure ist somit ein *Protonendonator*, das Wassermolekül ein *Protonenakzeptor*. Zwischen beiden Molekülen kommt es zu einem Protonenübergang, einer *Protolyse*. Das Wassermolekül nimmt ein Proton auf und wird bei dieser Reaktion als Base bezeichnet.

Nach Brönsted sind Säuren Protonendonatoren und geben Protonen ab, Basen sind Protonenakzeptoren und nehmen Protonen auf. Der Übergang eines Protons von einem Protonendonator auf einen Protonenakzeptor heißt Protolyse.

**Säure und Base zugleich.** Säuren und Basen sind somit keine fixierten Stoffklassen, sondern sie sind nach ihrer Funktion bestimmt. Der Unterschied zeigt sich bei Stoffen, die als Base und auch als Säure fungieren können, sogenannte *Ampholyte*.

Ob ein Stoff als Säure oder als Base reagiert, hängt vom jeweiligen Reaktionspartner ab. Beispielsweise kann ein Wassermolekül bei der Reaktion mit Salpetersäure ein Proton aufnehmen, aber auch, wie bei der Reaktion mit Ammoniak, ein Proton abgeben:

$$HNO_3 + H_2O \rightleftharpoons H_3O^+ + NO_3^-$$
$$NH_3 + H_2O \rightleftharpoons NH_4^+ + OH^-$$

Ampholyte können je nach Reaktionspartner Protonendonator oder Protonenakzeptor sein.

**Korrespondierende Säure-Base-Paare.** Alle Säure-Base-Reaktionen sind reversibel und führen zu chemischen Gleichgewichten, die sich sehr schnell einstellen. Durch Protolyse entsteht beispielsweise aus der Reaktion eines Wasserstoffchloridmoleküls mit einem Wassermolekül ein Chloridion. Dieses kann z. B. durch Reaktion mit einem Schwefelsäuremolekül wieder ein Proton aufnehmen und erneut zu einem Wasserstoffchloridmolekül werden. Das Chloridion und das Wasserstoffchloridmolekül lassen sich also durch Protonenaufnahme und -abgabe ineinander umwandeln. Bei diesen Teilchen handelt es sich um ein *korrespondierendes Säure-Base-Paar.* Das durch die Protonenanlagerung an das Wassermolekül entstehende Oxoniumion kann z. B. bei der Reaktion mit Hydroxidionen als Säure wirken. Durch Protonenabgabe entsteht ein Wassermolekül, das entsprechende korrespondierende Baseteilchen. Es handelt sich also auch hier um ein korrespondierendes Säure-Base-Paar.

Beim Lösen von Wasserstoffchlorid in Wasser kommt es also zu einem Protonenübergang von einem HCl-Molekül auf ein $H_2O$-Molekül. Es entsteht aus der Säure HCl die korrespondierende Base $Cl^-$ und aus der Base $H_2O$ die korrespondierende Säure $H_3O^+$.

$$\text{Säure-Base-Paar 1}$$
$$\text{HCl} + H_2O \quad \rightleftharpoons \quad H_3O^+ + Cl^-$$
$$\text{Säure 1} \quad \text{Base 2} \qquad \text{Säure 2} \quad \text{Base 1}$$
$$\text{Säure-Base-Paar 2}$$

An einer Säure-Base-Reaktion sind somit stets zwei korrespondierende Säure-Base-Paare beteiligt. In Tabelle 1 sind einige wichtige korrespondierende Säure-Base-Paare angegeben.

Bei einer Säure-Base-Reaktion entsteht aus einer Säure eine korrespondierende Base und aus einer Base eine korrespondierende Säure.

**Besondere Fälle.** Ein Beispiel für eine Protolyse, die ohne Beteiligung von Wasser abläuft, ist die Reaktion der beiden Gase Wasserstoffchlorid und Ammoniak; auch hier sind zwei korrespondierende Säure-Base-Paare gekoppelt:

$$\text{Säure-Base-Paar 1}$$
$$\text{HCl} + NH_3 \quad \rightleftharpoons \quad NH_4^+ + Cl^-$$
$$\text{Säure 1} \quad \text{Base 2} \qquad \text{Säure 2} \quad \text{Base 1}$$
$$\text{Säure-Base-Paar 2}$$

Nicht nur neutrale Moleküle wie Wasserstoffchlorid- oder Schwefelsäuremoleküle können als Protonendonatoren wirken, sondern auch Kationen oder Anionen:

$$NH_4^+ + H_2O \rightleftharpoons H_3O^+ + NH_3$$
$$HSO_4^- + H_2O \rightleftharpoons H_3O^+ + SO_4^{2-}$$

Ebenso gibt es neben neutralen Basen wie Ammoniak auch basische Anionen wie das Carbonation:

$$CO_3^{2-} + H_2O \rightleftharpoons HCO_3^- + OH^-$$

| Säure | korrespondierende Base |
|-------|------------------------|
| HCl | $Cl^-$ |
| $HNO_3$ | $NO_3^-$ |
| $H_2SO_4$ | $HSO_4^-$ |
| $HSO_4^-$ | $SO_4^{2-}$ |
| $H_3O^+$ | $H_2O$ |
| $H_2O$ | $OH^-$ |
| $CH_3COOH$ | $CH_3COO^-$ |
| $NH_4^+$ | $NH_3$ |

**Tab. 1** Ausgewählte Säuren und ihre korrespondierenden Basen

**Aufgaben**

1 Formulieren Sie jeweils den ersten Protolyseschritt zwischen Schwefelsäure bzw. Phosphorsäure und Wasser.

2 Entscheiden Sie, inwiefern es sich bei den folgenden Teilchen um Ampholyte handelt: $Cl^-$, $OH^-$, $H_2PO_4^-$, $PO_4^{3-}$, $HCO_3^-$, $NH_3$, $NH_4^+$, $SO_4^{2-}$, $HNO_3$. Erstellen Sie die Reaktionsgleichungen für alle Teilchen, die in Wasser einen Ampholytcharakter aufweisen.

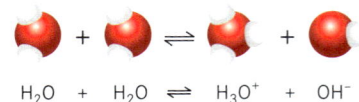

$$H_2O \ + \ H_2O \ \rightleftharpoons \ H_3O^+ \ + \ OH^-$$

**1** Die Autoprotolyse des Wassers

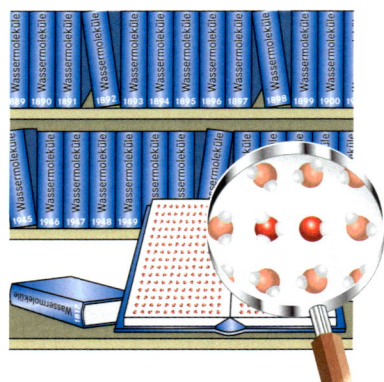

**2** Hätte man 2000 Bücher mit je 500 Seiten, die pro Seite 500 Wassermoleküle zeigen, so wäre unter diesen 500 000 000 Molekülen nur ein Oxonium- und ein Hydroxidion zu finden.

## 2.2 Das Ionenprodukt des Wassers

**Die Autoprotolyse.** Prüft man mit hochempfindlichen Messgeräten die Leitfähigkeit von sehr reinem Wasser, so beobachtet man eine zwar geringe, aber dennoch messbare Leitfähigkeit. Reines Wasser muss also Ionen enthalten, die aus dem Wasser selbst stammen. Diese bilden sich bei einer Reaktion zwischen zwei Wassermolekülen (Abb. 1). Wassermoleküle sind Ampholyte (→ S. 46), sie können sowohl als Säure als auch als Base reagieren. Es kommt daher zum Protonübergang von einem Wassermolekül auf das andere, man spricht von der *Autoprotolyse* des Wassers. Da die gebildeten Hydroxid- und Oxoniumionen wieder zu Wassermolekülen reagieren können, stellt sich ein Gleichgewicht ein:

$$H_2O + H_2O \rightleftharpoons H_3O^+ + OH^-$$

Unter 500 Millionen Wassermolekülen finden sich im Durchschnitt nur ein Oxonium- und ein Hydroxidion (Abb. 2). Das Gleichgewicht liegt also fast ganz auf der Seite der Edukte.

Die Autoprotolyse des Wassers ist die Reaktion zweier Wassermoleküle zu einem Oxonium- und einem Hydroxidion. Das Gleichgewicht dieser Reaktion liegt nahezu vollständig auf der Seite der Edukte.

**Autoprotolyse und Massenwirkungsgesetz.** Für die Gleichgewichtsreaktion der Autoprotolyse des Wassers lässt sich das Massenwirkungsgesetz (→ S. 20) formulieren:

$$K_c = \frac{c_{GG}(H_3O^+) \cdot c_{GG}(OH^-)}{c_{GG}^2(H_2O)}$$

Die Gleichgewichtskonstante $K_c$ beträgt unter Standardbedingungen (T = 298 K) $3{,}25 \cdot 10^{-18}$. Da das Gleichgewicht stark auf der Seite der Edukte liegt, ist der Zahlenwert der Gleichgewichtskonstante folglich sehr klein. Bei dieser Temperatur lässt sich die Konzentration der Wassermoleküle berechnen: Ein Liter Wasser wiegt 998 g. Für die Stoffmenge in einem Liter Wasser ergibt sich:

$$n(H_2O) = \frac{m(H_2O)}{M(H_2O)} = \frac{998\ g}{18\ \frac{g}{mol}} = 55{,}44\ mol$$

Da im Vergleich zu dieser sehr großen Stoffmenge Wasser nur sehr wenige der darin enthaltenen Wassermoleküle zu Hydroxid- und Oxoniumionen reagieren, kann die Konzentration der Wassermoleküle in verdünnten Lösungen praktisch als unverändert angesehen werden. Somit kann sie als konstant in die Gleichgewichtskonstante $K_c$ einbezogen werden. Daraus leitet sich die neue Konstante $K_W$ ab, die als *Ionenprodukt* des Wassers bezeichnet wird:

$$K_W = K_c \cdot c_{GG}^2(H_2O) = c_{GG}(H_3O^+) \cdot c_{GG}(OH^-) = 1{,}0 \cdot 10^{-14}\ mol^2/l^2\ ,$$

Dieser Wert gilt für 298 K, also 25 °C; das Ionenprodukt des Wassers ist wie die Gleichgewichtskonstante jedoch temperaturabhängig (Abb. 3): Je höher die Temperatur ist, desto weiter liegt das Gleichgewicht auf der Seite der Ionen.

**3** Temperaturabhängigkeit des Ionenprodukts des Wassers ($K_W$)

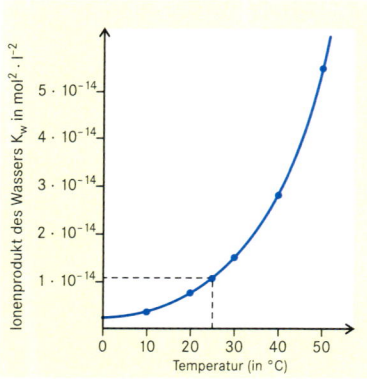

Da bei der Autoprotolyse des Wassers stets gleich viele Oxonium- und Hydroxidionen entstehen, können aus dem Ionenprodukt deren Konzentrationen abgeleitet werden:

$$K_W = c_{GG}(H_3O^+) \cdot c_{GG}(OH^-) = 10^{-14} \text{ mol}^2/l^2$$

Mit $c_{GG}(H_3O^+) = c_{GG}(OH^-)$ ergibt sich:

$$c_{GG}(H_3O^+) = c_{GG}(OH^-) = \sqrt{10^{-14} \text{ mol}^2/l^2} = 10^{-7} \text{ mol}/l$$

Ein Liter Wasser enthält somit $10^{-7}$ mol Oxoniumionen und $10^{-7}$ mol Hydroxidionen.

Das Ionenprodukt des Wassers $K_W = c_{GG}(H_3O^+) \cdot c_{GG}(OH^-)$ beträgt bei 298 K genau $10^{-14}$ mol$^2$/l$^2$.

**Saure und basische Lösungen.** Für die saure Reaktion von Lösungen sind die Oxoniumionen, für die basische Reaktion die Hydroxidionen verantwortlich. Leitet man gasförmiges Wasserstoffchlorid in Wasser ein, so werden zusätzliche Oxoniumionen gebildet:

$$HCl + H_2O \rightleftharpoons H_3O^+ + Cl^-$$

Das Ionenprodukt des Wassers bleibt dabei konstant. Die neu gebildeten Oxoniumionen reagieren mit Hydroxidionen aus dem Autoprotolysegleichgewicht des Wassers zum Teil zurück zu Wassermolekülen. Eine Erhöhung der Oxoniumionenkonzentration hat demnach eine Erniedrigung der Hydroxidionenkonzentration zur Folge.
Umgekehrt verhält es sich, wenn man Ammoniakgas in reines Wasser einleitet:

$$NH_3 + H_2O \rightleftharpoons NH_4^+ + OH^-$$

Auch hier bleibt das Ionenprodukt des Wassers konstant. Ein Teil der gebildeten Hydroxidionen reagiert mit den Oxoniumionen aus dem Autoprotolysegleichgewicht des Wassers, wodurch deren Konzentration fällt. Steigende Hydroxidionenkonzentration führt zu sinkender Oxoniumionenkonzentration.
Eine saure Lösung enthält daher mehr Oxonium- als Hydroxidionen, somit ist $c(H_3O^+)$ größer als $10^{-7}$ mol/l und $c(OH^-)$ kleiner als $10^{-7}$ mol/l. In einer basischen Lösung ist es umgekehrt: Hier finden sich mehr Hydroxidionen, $c(OH^-)$ ist also größer als $10^{-7}$ mol/l, während $c(H_3O^+)$ kleiner als $10^{-7}$ mol/l ist. In neutralen Lösungen sind beide Konzentrationen gleich (Abb. 4).

In sauren und basischen Lösungen bleibt das Ionenprodukt des Wassers konstant. Einer bestimmten Oxoniumionenkonzentration ist somit eine bestimmte Hydroxidionenkonzentration zuzuordnen, die sich aus dem Ionenprodukt des Wassers ergibt.

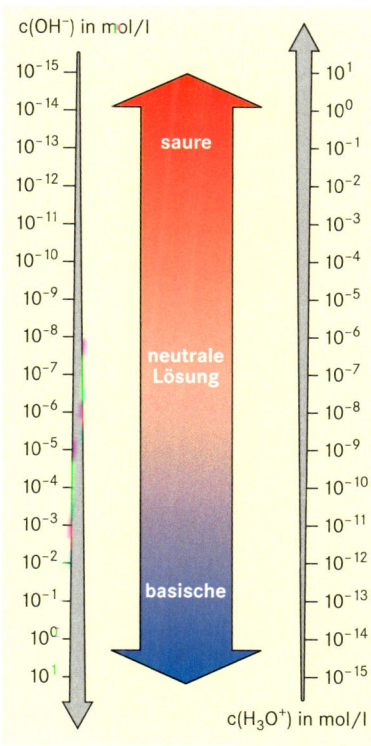

**4** Konzentration der Oxoniumionen und der Hydroxidionen in sauren und basischen Lösungen

**Aufgaben**

**1** Beschreiben Sie eine Möglichkeit, wie man experimentell bestätigen kann, dass auch reines destilliertes Wasser Ampholytcharakter zeigt.

**2** Berechnen Sie die Masse an Oxoniumionen, die in einem Liter Wasser enthalten ist.

**3** Berechnen Sie, wie viele Liter Wasser man abmessen muss, damit 19 g Oxoniumionen vorliegen.

**4** Die Oxoniumionenkonzentration einer sauren Lösung beträgt 0,02 mol/l. Berechnen Sie die Hydroxidionenkonzentration in dieser Lösung.

## 2.3 Der pH-Wert

**Info**

Für den dekadischen Logarithmus (Zehnerlogarithmus) einer Zahl a schreibt man: $\log_{10} a$ bzw. $\lg a$.
Beim Rechnen mit dem Zehnerlogarithmus gelten folgende Rechenregeln:

$x = \lg a \Rightarrow a = 10^x$

$\lg(a \cdot b) = \lg a + \lg b$

$\lg\left(\dfrac{a}{b}\right) = \lg a - \lg b$

$\lg\sqrt{a} = \dfrac{1}{2} \cdot \lg a$

$\lg a^z = z \cdot \lg a$

$\lg 1 = \lg 10^0 = 0$

**Definition.** Oxoniumionenkonzentrationen sind oftmals sehr klein – sie liegen meist zwischen $10^{-14}$ und $10^{-1}$ mol/l. Um möglichst einfache Zahlenangaben zu erhalten, verwendet man darum den negativen dekadischen Logarithmus ihres Zahlenwertes, den sogenannten *pH-Wert:*

$$pH = -\lg c_{GG}(H_3O^+)$$

Für die Oxoniumionenkonzentration wird in dieser Gleichung nur der Zahlenwert eingesetzt, die Einheit mol/l wird weggelassen.

Der pH-Wert ist der negative dekadische Logarithmus des Zahlenwertes der Oxoniumionenkonzentration: $pH = -\lg c_{GG}(H_3O^+)$.

Aus dem pH-Wert kann auch die Oxoniumionenkonzentration der Lösung berechnet werden: $c_{GG}(H_3O^+) = 10^{-pH}$ mol/l.

**Besonderheiten der pH-Skala.** Durch seine Definition ergeben sich folgende Zusammenhänge zwischen pH-Wert und Oxoniumionenkonzentration:

- Negativer dekadischer Logarithmus: Je kleiner der pH-Wert ist, desto saurer bzw. weniger basisch ist die Lösung.
- Logarithmische Skala: Ändert sich der pH-Wert um eine Einheit, so ändert sich die Oxoniumionenkonzentration um den Faktor 10. Eine Lösung mit einem pH = 1 enthält also zehnmal so viel Oxoniumionen wie eine Lösung mit einem pH = 2 (Abb. 1).

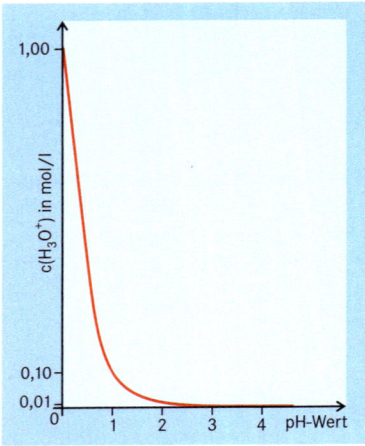

**1** Zusammenhang zwischen pH-Wert und der Oxoniumionenkonzentration

**pH- und pOH-Wert.** Analog dem pH-Wert lässt sich auch der pOH-Wert definieren. Der pOH-Wert ist der negative dekadische Logarithmus des Zahlenwertes der Hydroxidionenkonzentration:

$$pOH = -\lg c_{GG}(OH^-)$$

Über das Ionenprodukt des Wassers lässt sich der Zusammenhang zwischen pH-Wert und pOH-Wert einer bestimmten Lösung ableiten:

$$K_W = c_{GG}(H_3O^+) \cdot c_{GG}(OH^-) = 1{,}0 \cdot 10^{-14}$$

$$-\lg K_W = -[\lg c_{GG}(H_3O^+) + \lg c_{GG}(OH^-)] = -\lg 1{,}0 \cdot 10^{-14}$$

$$pK_W = pH + pOH = 14$$

**Info**

Salzsäure der Konzentration 10 mol/l besitzt einen pH von –1, Natronlauge der Konzentration 10 mol/l einen pH von 15.
Die pH-Skala endet also nicht bei pH = 0 bzw. bei pH = 14.

Der pH-Wert von reinem Wasser beträgt bei 25 °C somit 7, saure Lösungen haben einen pH < 7 und basische Lösungen einen pH > 7.

Die Summe aus dem pH- und dem pOH-Wert einer Lösung beträgt 14.

Aufgrund der Definition des pH-Wertes sowie des Zusammenhangs zwischen pH- und pOH-Wert lassen sich mithilfe einer gegebenen Größe alle anderen Werte berechnen (→ M 4, S. 56).

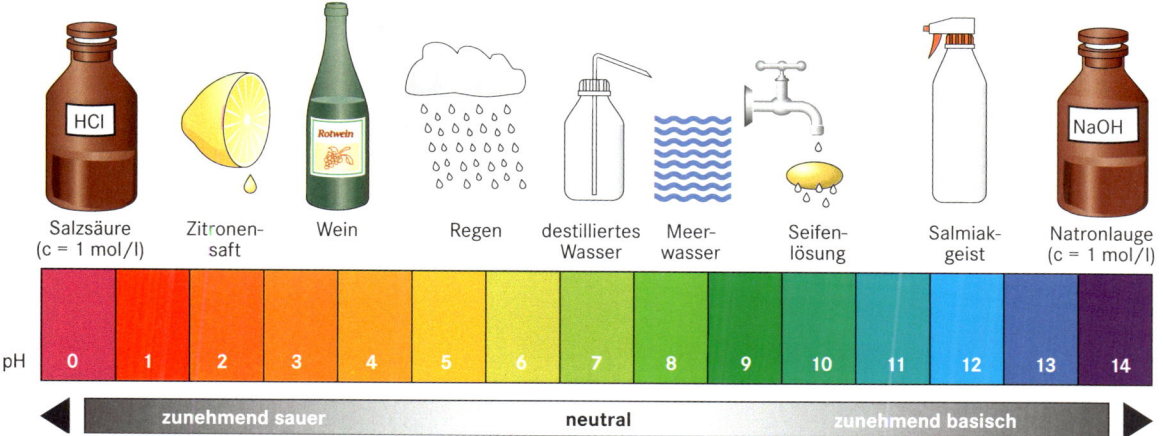

Salzsäure (c = 1 mol/l) · Zitronensaft · Wein · Regen · destilliertes Wasser · Meerwasser · Seifenlösung · Salmiakgeist · Natronlauge (c = 1 mol/l)

pH: 0 1 2 3 4 5 6 7 8 9 10 11 12 13 14

zunehmend sauer — neutral — zunehmend basisch

**2** pH-Skala mit den Farben des Universalindikators und Beispiele dazu

**Die Messung des pH-Wertes.** Der pH-Wert kann mithilfe von Universalindikatoren bestimmt werden. Universalindikatoren sind Gemische aus mehreren Indikatoren, die unterschiedliche Umschlagsbereiche besitzen und mit dem pH-Wert ihre Farbe ändern. Die Mischung ist so abgestimmt, dass jeder pH-Wert eine charakteristische Farbe aufweist. So kann man durch Vergleich mit der entsprechenden Farbskala den pH-Wert einer Lösung bestimmen (Abb. 2, 3).

Zur genauen Bestimmung des pH-Wertes werden elektronische Messgeräte – pH-Meter – verwendet (Abb. 4). Diese ermitteln mithilfe von Elektroden die Oxoniumionenkonzentration der Lösung und rechnen sie in den pH-Wert um, der dann auf der Anzeige erscheint.

**Indikatoren als korrespondierende Säure-Base-Paare.** Auch bei den Indikatoren handelt es sich um korrespondierende Säure-Base-Paare. Die Säure besitzt eine andere Farbe als die korrespondierende Base. In wässriger Lösung ergibt sich folgendes Gleichgewicht:

$$HInd \quad + \quad H_2O \rightleftharpoons H_3O^+ \quad + \quad Ind^-$$

Farbe 1 Indikatorsäure     Farbe 2 korrespondierende Indikatorbase

Durch Zugabe von Säure erhöht sich die Oxoniumionenkonzentration, die Gleichgewichtslage verschiebt sich auf die Seite der Indikatorsäure. Bei Zugabe von Hydroxidionen reagieren diese mit Oxoniumionen und die Lage des Gleichgewichtes verschiebt sich auf die Seite der korrespondierenden Base.

**3** Rolle mit Indikatorpapier: Der pH-Wert der Lösung kann mithilfe der Farbskala bestimmt werden.

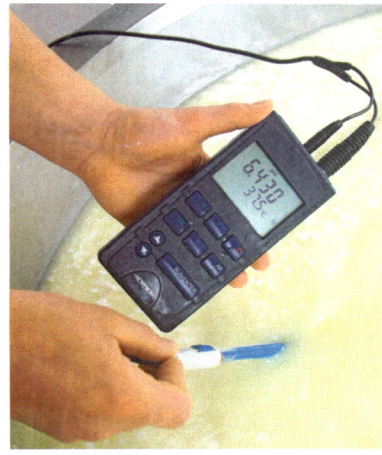

**4** pH-Messung mit einem pH-Meter, der pH-Wert liegt hier bei 6,43.

**Aufgaben**

**1** Berechnen Sie den pH-Wert der Magensäure, wenn die Konzentration an Oxoniumionen, die in 1,65 Liter Magensaft enthalten ist, einen Wert von $2,5 \cdot 10^{-2}$ mol/l besitzt.

**2** Von einer Natronlauge der Konzentration c (NaOH) = 0,85 mol/l werden 3 ml zu einem Liter Wasser hinzugefügt. Ermitteln Sie die Hydroxid- bzw. Oxoniumionenkonzentration und geben Sie den pH-Wert an.

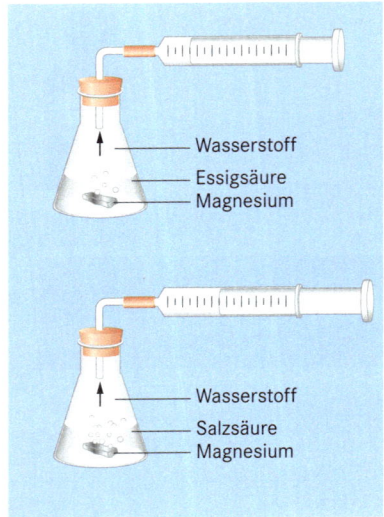

**1** Lässt man Essigsäure und Salzsäure gleicher Konzentration auf Magnesium einwirken, so ist die Wasserstoffentwicklung bei der Salzsäure heftiger: Es entsteht also in der gleichen Zeit mehr Wasserstoff.

**Info**

Bedeutung der Pfeile

⇌ : Gleichgewichtslage auf der Seite der Produkte

⇌ : Gleichgewichtslage auf der Seite der Edukte

**Tab. 1** pK$_S$- und pK$_B$-Werte ausgewählter Säuren und ihrer korrespondierenden Basen

| pK$_S$ | Säure | korr. Base | pK$_B$ |
|---|---|---|---|
| – 7 | HCl | Cl$^-$ | 21 |
| – 3 | H$_2$SO$_4$ | HSO$_4^-$ | 17 |
| – 1,74 | H$_3$O$^+$ | H$_2$O | 15,74 |
| – 1,32 | HNO$_3$ | NO$_3^-$ | 15,32 |
| 2,13 | H$_3$PO$_4$ | H$_2$PO$_4^-$ | 11,87 |
| 4,75 | CH$_3$COOH | CH$_3$COO$^-$ | 9,25 |
| 6,52 | H$_2$CO$_3$ | HCO$_3^-$ | 7,48 |
| 9,25 | NH$_4^+$ | NH$_3$ | 4,75 |
| 15,74 | H$_2$O | OH$^-$ | – 1,74 |
| 17 | C$_2$H$_5$OH | C$_2$H$_5$O$^-$ | – 3 |

## 2.4 Säure- und Basenstärke

**Starke und schwache Säuren und Basen.** Lässt man Essigsäure und Salzsäure gleicher Konzentration auf Magnesium einwirken, ist die Reaktionsgeschwindigkeit bei der Salzsäure wesentlich höher (Abb. 1). Daraus kann gefolgert werden, dass die Oxoniumionenkonzentration der Salzsäure viel größer ist und damit die Lage des Protolysegleichgewichts viel weiter auf der Seite der Produkte liegt als bei der Essigsäure:

$$HCl + H_2O \rightleftharpoons H_3O^+ + Cl^-$$

$$CH_3COOH + H_2O \rightleftharpoons H_3O^+ + CH_3COO^-$$

Man spricht folglich je nach Lage des Protolysegleichgewichtes von *starken* und *schwachen Säuren*. Das gleiche gilt für die Basen.

Starke Säuren und Basen sind im Gegensatz zu schwachen Säuren und Basen in Lösung nahezu vollständig protolysiert.

**Säuren und ihre Säurekonstante.** Um die Stärke verschiedener Säuren zu vergleichen, lässt man sie mit Wasser reagieren. Es stellt sich ein Protolysegleichgewicht ein, welches durch das Massenwirkungsgesetz (→ S. 20) beschrieben werden kann. Für die Essigsäure lautet es:

$$K_c = \frac{c_{GG}(H_3O^+) \cdot c_{GG}(CH_3COO^-)}{c_{GG}(CH_3COOH) \cdot c_{GG}(H_2O)}$$

Da die Konzentration des Wassers in verdünnten Lösungen nahezu konstant bleibt, kann sie mit der Gleichgewichtskonstante K$_c$ zu einer neuen Konstante zusammengefasst werden, der *Säurekonstante K$_S$*:

$$K_S = K_c \cdot c_{GG}(H_2O) = \frac{c_{GG}(H_3O^+) \cdot c_{GG}(CH_3COO^-)}{c_{GG}(CH_3COOH)}$$

Die Säurekonstante ist eine Kenneigenschaft jeder Säure und von der Säurekonzentration unabhängig. Je größer der Zahlenwert von K$_S$ ist, desto weiter liegt das Protolysegleichgewicht auf der Produktseite und desto stärker ist die Säure.

Die Säurekonstante K$_S$ ist ein Maß für die Stärke einer Säure. Je größer der K$_S$-Wert ist, desto stärker ist die Säure.

**pK$_S$-Wert.** Da die K$_S$-Werte schwacher Säuren sehr kleine Zahlenwerte aufweisen, hat man analog dem pH-Wert den *pK$_S$-Wert* eingeführt:

$$pK_S = -\lg K_S$$

Je kleiner der pK$_S$-Wert ist, desto stärker ist die Säure. Einen Überblick über verschiedene pK$_S$-Werte gibt Tabelle 1.

Der pK$_S$-Wert ist der negative dekadische Logarithmus des Zahlenwertes der Säurekonstanten: pK$_S$ = – lg K$_S$. Je kleiner der pK$_S$-Wert ist, desto stärker ist die Säure.

**Basen und ihre Basenkonstante.** Für Basen B kann man in analoger Weise aus dem Protolysegleichgewicht die Basenkonstante $K_B$ ableiten, der $K_B$-Wert kann wiederum in den *pK_B-Wert* umgerechnet werden:

$$B + H_2O \rightleftharpoons BH^+ + OH^-$$

$$K_B = \frac{c_{GG}(BH^+) \cdot c_{GG}(OH^-)}{c_{GG}(B)}$$

$$pK_B = -\lg K_B$$

Je größer der $K_B$-Wert bzw. je kleiner der $pK_B$-Wert ist, desto weiter liegt das Protolysegleichgewicht auf der Produktseite und desto stärker ist die Base. Bei der starken Base Ethanolation (Tab. 1) liegt das Gleichgewicht beispielsweise fast vollständig auf Produktseite, also beim Ethanol.

Der $pK_B$-Wert ist der negative dekadische Logarithmus des Zahlenwertes der Basenkonstanten: $pK_B = -\lg K_B$. Je kleiner der $pK_B$-Wert ist, desto stärker ist die Base.

**Zusammenhang zwischen pK_S- und pK_B-Wert.** Am Beispiel Ammoniumion/Ammoniakmolekül soll der Zusammenhang zwischen $pK_S$- und $pK_B$-Wert eines korrespondierenden Säure-Base-Paares gezeigt werden:

$$NH_4^+ + H_2O \rightleftharpoons NH_3 + H_3O^+ \qquad NH_3 + H_2O \rightleftharpoons NH_4^+ + OH^-$$

$$K_S = \frac{c_{GG}(H_3O^+) \cdot c_{GG}(NH_3)}{c_{GG}(NH_4^+)} \qquad K_B = \frac{c_{GG}(NH_4^+) \cdot c_{GG}(OH^-)}{c_{GG}(NH_3)}$$

Durch Multiplikation von $K_S$ mit $K_B$ erhält man:

$$K_S \cdot K_B = \frac{c_{GG}(H_3O^+) \cdot c_{GG}(NH_3) \cdot c_{GG}(NH_4^+) \cdot c_{GG}(OH^-)}{c_{GG}(NH_4^+) \cdot c_{GG}(NH_3)} =$$

$$= c_{GG}(H_3O^+) \cdot c_{GG}(OH^-) = 10^{-14} \text{ mol}^2/l^2$$

Das Produkt aus $K_S$ und $K_B$ eines Säure-Base-Paares ist somit das Ionenprodukt des Wassers und hat bei 25 °C den Wert $10^{-14}$ mol²/l². Die Summe aus dem $pK_S$-Wert und dem $pK_B$-Wert eines Säure-Base-Paares beträgt somit 14. Je größer der $pK_S$-Wert einer Säure ist, desto kleiner ist der $pK_B$-Wert der korrespondierenden Base und umgekehrt.

Die Summe aus dem $pK_S$-Wert einer Säure und dem $pK_B$-Wert der dazugehörigen korrespondierenden Base ergibt 14: $pK_S + pK_B = 14$.

Das deckt sich mit der Beobachtung, dass bei Anionen schwacher Säuren die Neigung zur Protonenaufnahme besonders ausgeprägt ist. Eine schwache Säure hat somit eine starke korrespondierende Base, eine starke Säure dementsprechend eine schwache korrespondierende Base.

Je stärker eine Säure, umso schwächer ist ihre korrespondierende Base; je stärker die Base, desto schwächer ist ihre korrespondierende Säure.

**Info**

Starke Säuren reagieren mit Wasser praktisch zu 100 Prozent; ihre Lösungen enthalten nahezu ausschließlich die Säure $H_3O^+$ und die entsprechende korrespondierende Base. Somit ist in wässrigen Lösungen starker Säuren das $H_3O^+$-Ion die eigentliche Säure.

Für sehr starke Säuren wie die Schwefelsäure kann daher in wässriger Lösung keine Säurekonstante bestimmt werden; man verwendet andere Lösungsmittel, z. B. konzentrierte Essigsäure.

Analog verhält es sich bei den Basen, auch hier ist das Hydroxidion die stärkste in einer wässrigen Lösung existierende Base.

**Aufgaben**

**1** Begründen Sie, welche Säure stärker ist. Auf welcher Seite liegt jeweils das Protolysegleichgewicht?
$K_S(CH_3COOH) = 1{,}8 \cdot 10^{-5}$ mol/l,
$K_S(H_2CO_3) = 3 \cdot 10^{-7}$ mol/l

**2** Das Carbonation besitzt in einer wässrigen Lösung einen $pK_B$-Wert von 3,60, während ein Hydrogencarbonation einen $pK_B$-Wert von 7,48 aufweist.
   a) Stellen Sie die entsprechenden Protolysegleichungen unter Verwendung von Valenzstrichformeln auf.
   b) Leiten Sie ab, welchen $pK_S$-Wert das Hydrogencarbonation hat. Erstellen Sie zusätzlich die Formelgleichung.

**1** Die Fass- oder Tonnenschnecke ist ein Räuber; sie lähmt ihre Beute durch die starke Säure Schwefelsäure.

## 2.5 pH-Wert-Berechnungen

**Stark oder schwach?** Bei der Unterscheidung zwischen starken und schwachen Säuren gibt es keine strikte Grenze. Das Verhalten der Säure hängt nicht ausschließlich vom $pK_S$-Wert, sondern auch vom Grad der Verdünnung ab. Als Richtwert gilt: Alle Säuren, deren $pK_S$-Werte kleiner als 3,5 sind, werden als starke Säuren, die anderen als schwache Säuren behandelt. Analoges gilt für schwache und starke Basen.

**Der pH-Wert starker Säuren.** Bei starken Säuren wie Wasserstoffchlorid oder Schwefelsäure (Abb. 1) liegt das Protolysegleichgewicht sehr weit auf der Seite der Oxoniumionen (→ S. 52):

$$HCl + H_2O \ \rightleftharpoons \ H_3O^+ + Cl^-$$

Da fast alle Wasserstoffchloridmoleküle zu Oxonium- und Chloridionen reagieren, kann vereinfacht davon ausgegangen werden, dass nach der Reaktion die Oxoniumionen in der Konzentration vorliegen, in der die Säure eingesetzt wurde. Zur Berechnung des pH-Werts kann also die Anfangskonzentration der Säure herangezogen werden:

$$c_{GG}(H_3O^+) = c_0(HCl)$$

$$pH = -\lg c_{GG}(H_3O^+) = -\lg c_0(HCl)$$

Da dies für alle starken Säuren (HA) gilt, kann für eine allgemeine Reaktionsgleichung formuliert werden:

$$HA + H_2O \ \rightleftharpoons \ H_3O^+ + A^-$$

$$pH = -\lg c_{GG}(H_3O^+) = -\lg c_0(HA)$$

Auch bei mehrprotonigen Säuren kann diese Näherungsgleichung angewandt werden. Bei der Schwefelsäure $H_2SO_4$ werden beide Protonen nahezu vollständig abgegeben; daher ist die Konzentration der Oxoniumionen im Gleichgewicht doppelt so groß wie die Ausgangskonzentration der Säure (→ M 4, S. 56)

**Der pH-Wert starker Basen.** Für starke Basen (B) gilt die Überlegung analog. Die Anfangskonzentration der Base entspricht hier der Gleichgewichtskonzentration der Hydroxidionen:

$$B + H_2O \ \rightleftharpoons \ HB^+ + OH^-$$

$$pOH = -\lg c_{GG}(OH^-) = -\lg c_0(B)$$

Da es sich bei den Protolysereaktionen um Gleichgewichtsreaktionen handelt und so niemals alle Säure- oder Basenteilchen reagieren, kommt es durch diese Berechnung zu einer kleinen Abweichung vom realen Wert. Diese ist aber so gering, dass sie vernachlässigt werden kann.

Starke Säuren und Basen sind in Lösung nahezu vollständig protolysiert. Ihr pH-Wert bzw. pOH-Wert berechnet sich näherungsweise als negativer dekadischer Logarithmus der Anfangskonzentration der Säure HA bzw. Base B: $pH = -\lg c_0(HA)$ bzw. $pOH = -\lg c_0(B)$.

**Der pH-Wert schwacher Säuren und Basen.** Je schwächer die Säure ist, desto größer ist der Anteil der Teilchen, die kein Proton abspalten, also kein Oxoniumion bilden. Für schwache Säuren wie die Blausäure (HCN) ist deshalb die bisher besprochene Näherung nicht genau genug. Für die Berechnung muss die Säurekonstante ($\rightarrow$ S. 52) herangezogen werden:

$$HCN + H_2O \rightleftharpoons H_3O^+ + CN^-$$

$$K_S = \frac{c_{GG}(H_3O^+) \cdot c_{GG}(CN^-)}{c_{GG}(HCN)}$$

Aus der Reaktionsgleichung kann man ablesen, dass die Stoffmengen und damit die Konzentrationen der Oxoniumionen und des Säurerests $CN^-$ gleich sein müssen:

$$c_{GG}(H_3O^+) = c_{GG}(CN^-) \Rightarrow K_S = \frac{c_{GG}^2(H_3O^+)}{c_{GG}(HCN)}$$

Da es sich bei Blausäure um eine schwache Säure handelt, liegt das Protolysegleichgewicht auf der Eduktseite: Die Konzentration der Säure im Gleichgewicht ist nur minimal geringer als ihre Ausgangskonzentration. Um die Rechnung zu vereinfachen, setzt man diese Konzentrationen gleich. Der auftretende Fehler ist gering und kann vernachlässigt werden.

$$c_0(HCN) \approx c_{GG}(HCN) \Rightarrow K_S = \frac{c_{GG}^2(H_3O^+)}{c_0(HCN)}$$

Für die Bestimmung des pH-Werts ist die Konzentration der Oxoniumionen ausschlaggebend, der Term muss nach $c(H_3O^+)$ aufgelöst werden:

$$c_{GG}^2(H_3O^+) = K_S \cdot c_0(HCN)$$

$$c_{GG}(H_3O^+) = \sqrt{K_S \cdot c_0(HCN)}$$

Der pH-Wert entspricht dem negativen dekadischen Logarithmus der Oxoniumionenkonzentration:

$$pH = -\lg c_{GG}(H_3O^+) = -\lg \sqrt{K_S \cdot c_0(HCN)}$$

Durch mathematische Umformung erhält man folgenden Term:

$$pH = \frac{1}{2}\left[pK_S - \lg c_0(HCN)\right]$$

Diese Näherungsformel kann allgemein für alle schwachen Säuren (HA) angewendet werden:

$$HA + H_2O \rightleftharpoons H_3O^+ + A^-$$

$$pH = -\lg \sqrt{K_S \cdot c_0(HA)} = \frac{1}{2}\left[pK_S - \lg c_0(HA)\right]$$

Analog wird die Berechnung mit schwachen Basen (B) durchgeführt:

$$pOH = -\lg \sqrt{K_B \cdot c_0(B)} = \frac{1}{2}\left[pK_B - \lg c_0(B)\right]$$

Auch bei schwachen Säuren HA und Basen B kann zur Berechnung des pH- bzw. pOH-Werts eine Näherungsformel herangezogen werden:

$$pH = \frac{1}{2}\left[pK_S - \lg c_0(HA)\right] \text{ bzw. } pOH = \frac{1}{2}\left[pK_B - \lg c_0(B)\right].$$

**2** Bittermandeln, aber auch Aprikosen- oder Pfirsichkerne, enthalten eine Substanz, aus der bei der Verdauung in geringer Menge die schwache Säure Blausäure freigesetzt wird.

**Info**
Hier werden wieder die Rechenregeln zum dekadischen Logarithmus benötigt ($\rightarrow$ Info S. 50):

$$\lg(a \cdot b) = \lg a + \lg b$$
$$\lg \sqrt{a} = \frac{1}{2} \cdot \lg a$$

## M 4 Starke Säuren und Basen – Berechnungen

| So wird's gemacht | Beispiel |
|---|---|
| **Berechnung des pH-Wertes aus gegebener Konzentration einer starken Säure** | Die Konzentration in einer Salzsäure beträgt $4 \cdot 10^{-3}$ mol/l. Berechnen Sie den pH-Wert. |
| 1 Konzentration der starken Säure mit der Oxoniumionenkonzentration gleichsetzen. | $c(HCl) = c(H_3O^+) = 4 \cdot 10^{-3}$ mol/l |
| 2 Den negativen dekadischen Logarithmus des Zahlenwertes von dieser Konzentration berechnen. | $pH = -\lg 4 \cdot 10^{-3} = 2{,}4$ |
| **Berechnung des pH-Wertes aus gegebener Konzentration einer mehrprotonigen starken Säure** | Die Konzentration einer Schwefelsäure beträgt 0,3 mol/l. Berechnen Sie den pH-Wert. ($pK_S(H_2SO_4) = -3$, $pK_S(HSO_4^-) = 1{,}9$) |
| 1 Anzahl der Protolysestufen mit einem $pK_S$-Wert < 3,5 feststellen. | 2 Protolysestufen mit $pK_S$ < 3,5 |
| 2 Die Konzentration der Oxoniumionen unter Berücksichtigung der Anzahl der ermittelten Protolysestufen berechnen. | $c(H_3O^+) = 2 \cdot c(H_2SO_4) = 2 \cdot 0{,}3$ mol/l $= 0{,}6$ mol/l |
| 3 Den negativen dekadischen Logarithmus des Zahlenwertes von dieser Konzentration berechnen. | $pH = -\lg 0{,}6 = 0{,}22$ |
| **Berechnung des pH-Wertes aus gegebener Konzentration einer starken Base** | Die Konzentration einer Kalilauge beträgt 0,5 mol/l. Berechnen Sie den pH-Wert. |
| 1 Konzentration der starken Base mit der Hydroxidionenkonzentration gleichsetzen. | $c(KOH) = c(OH^-) = 0{,}5$ mol/l |
| 2 Den negativen dekadischen Logarithmus des Zahlenwertes von dieser Konzentration berechnen. | $pOH = -\lg 0{,}5 = 0{,}3$ |
| 3 pH-Wert nach der Formel pH = 14 – pOH berechnen. | $pH = 14 - pOH = 14 - 0{,}3 = 13{,}7$ |
| **Berechnung der Konzentration einer starken Säure aus dem pH-Wert** | Der pH-Wert des Magensaftes wurde mithilfe eines pH-Meters bestimmt; die Messung ergab einen Wert von 1,4. Berechnen Sie die Konzentration der Magensäure (HCl) im Magensaft. |
| 1 Die Oxoniumionenkonzentration nach der Formel $c(H_3O^+) = 10^{-pH}$ mol/l berechnen. | $c(H_3O^+) = 10^{-pH}$ mol/l $= 10^{-1{,}4}$ mol/l $= 0{,}04$ mol/l |
| 2 Die Konzentration der starken Säure entspricht der Oxoniumionenkonzentration. | $c(HCl) = c(H_3O^+) = 0{,}04$ mol/l |
| **Berechnung der Konzentration einer mehrprotonigen starken Säure aus dem pH-Wert** | Der pH-Wert einer Schwefelsäurelösung beträgt 1,0. Berechnen Sie die Konzentration der Schwefelsäure. ($pK_S(H_2SO_4) = -3$, $pK_S(HSO_4^-) = 1{,}9$) |
| 1 Anzahl der Protolysestufen mit einem $pK_S$-Wert < 3,5 feststellen. | 2 Protolysestufen mit $pK_S$ < 3,5 |
| 2 Die Oxoniumionenkonzentration nach der Formel $c(H_3O^+) = 10^{-pH}$ mol/l berechnen. | $c(H_3O^+) = 10^{-pH}$ mol/l $= 10^{-1{,}0}$ mol/l $= 0{,}1$ mol/l |
| 2 Die Konzentration der mehrprotonigen Säure entspricht der Oxoniumionenkonzentration geteilt durch die Anzahl der Protolysestufen mit einem $pK_S$ < 3,5. | $c(H_2SO_4) = \dfrac{c(H_3O^+)}{2} = \dfrac{0{,}1 \text{ mol/l}}{2} = 0{,}05$ mol/l |
| **Berechnung der Konzentration einer starken Base aus dem pH-Wert** | Eine Kalilauge hat einen pH-Wert von 11. Berechnen Sie die Konzentration der Lauge. |
| 1 Den pOH-Wert nach der Formel pOH = 14 – pH berechnen | $pOH = 14 - pH = 14 - 11 = 3$ |
| 2 Die Hydroxidionenkonzentration nach der Formel $c(OH^-) = 10^{-pOH}$ mol/l berechnen. | $c(OH^-) = 10^{-pOH}$ mol/l $= 10^{-3}$ mol/l $= 0{,}001$ mol/l |
| 3 Die Konzentration der starken Base entspricht der Hydroxidionenkonzentration. | $c(KOH) = c(OH^-) = 0{,}001$ mol/l |

# Schwache Säuren und Basen – Berechnungen

| So wird's gemacht | Beispiel |
|---|---|
| Berechnung des pH-Wertes einer schwachen Säure aus dem $pK_S$-Wert | Berechnen Sie den pH-Wert einer Blausäurelösung $(pK_S(HCN) = 9{,}4)$ der Konzentration $c_0(HCN) = 0{,}35$ mol/l. |
| 1 Näherungsformel verwenden: $$pH = \frac{1}{2}\,[pK_S - \lg c_0(HA)]$$ | $$pH = \frac{1}{2}\,[pK_S - \lg c_0(HCN)]$$ |
| 2 Gegebene Werte einsetzen und pH-Wert berechnen | $pH = \frac{1}{2}(9{,}4 - \lg 0{,}35) = \frac{1}{2}(9{,}4 + 0{,}456) = 4{,}93$ |
| Berechnung des pH-Wertes einer schwachen Base aus dem $pK_B$-Wert | Berechnen Sie den pH-Wert einer Hydrogencarbonatlösung $(pK_B(HCO_3^-) = 7{,}48)$ der Konzentration $c(HCO_3^-) = 1{,}2$ mol/l. |
| 1 Näherungsformel verwenden: $$pOH = \frac{1}{2}\,[pK_B - \lg c_0(B)]$$ | $$pOH = \frac{1}{2}\,[pK_B - \lg c_0(HCO_3^-)]$$ |
| 2 Gegebene Werte einsetzen und pOH-Wert berechnen | $pOH = \frac{1}{2}(7{,}48 - \lg 1{,}2) = \frac{1}{2}(7{,}48 - 0{,}079) = 3{,}70$ |
| 3 pH-Wert nach der Formel $pH = 14 - pOH$ berechnen | $pH = 14 - 3{,}70 = 10{,}3$ |
| Berechnung der Konzentration einer schwachen Säure aus dem pH-Wert | Berechnen Sie die Konzentration einer Kohlensäurelösung $(pK_S(H_2CO_3) = 6{,}52)$ mit $pH = 4{,}1$. |
| 1 Näherungsformel verwenden: $$K_S = \frac{c_{GG}^2(H_3O^+)}{c_0(HA)} \Rightarrow c_0(HA) = \frac{c_{GG}^2(H_3O^+)}{K_S} = \frac{(10^{-pH})^2}{10^{-pK_S}}$$ | $$c_0(H_2CO_3) = \frac{(10^{-pH})^2}{10^{-pK_S(H_2CO_3)}}$$ |
| 2 Gegebene Werte einsetzen und Zahlenwert der Konzentration berechnen | $$c_0(H_2CO_3) = \frac{(10^{-4{,}1})^2}{10^{-6{,}52}} = 0{,}02$$ |
| 3 Konzentration angeben | $c_0(H_2CO_3) = 0{,}02$ mol/l |

## Aufgaben

1 Berechnen Sie die pH-Werte für die folgenden Oxonium- bzw. Hydroxidionenkonzentrationen und geben Sie an, ob die Reaktion der jeweiligen wässrigen Lösung stark oder schwach sauer bzw. basisch ist:
   a) $c(H_3O^+) = 0{,}25$ mol/l
   b) $c(H_3O^+) = 2{,}5 \cdot 10^{-9}$ mol/l
   c) $c(OH^-) = 3 \cdot 10^{-8}$ mol/l
   d) $c(OH^-) = 0{,}85$ mol/l

2 Berechnen Sie aus den gegebenen pH- bzw. pOH-Werten wässriger Lösungen sowohl die Oxonium- als auch die Hydroxidionenkonzentrationen:
   a) $pH = 12{,}6$   b) $pH = -0{,}30$
   c) $pH = 1$   d) $pOH = 6{,}2$
   e) $pOH = 3{,}8$   f) $pOH = 13{,}3$

3 Ermitteln Sie aus den gegebenen Oxoniumionenkonzentrationen, welche Säuren einen pH-Wert kleiner Null aufweisen:
   Säure A:  $c(H_3O^+) = 0{,}2 \cdot 10^{-1}$ mol in 10 ml
   Säure B:  $c(H_3O^+) = 1{,}3 \cdot 10^{-5}$ mol in 0,1 ml
   Säure C:  $c(H_3O^+) = 0{,}6 \cdot 10^{-3}$ mol in 3 ml

4 Es wird eine Essigsäurelösung der Konzentration $1{,}74 \cdot 10^{-2}$ mol/l hergestellt $(pK_S(CH_3COOH) = 4{,}75)$.
   Berechnen Sie den zu erwartenden pH-Wert der Lösung.

5 Anilin $(C_6H_5NH_2)$ reagiert als schwache Base mit dem $pK_B$-Wert 9,39. Es wird 1 g der Flüssigkeit mit 1000 ml Wasser verdünnt.
   Berechnen Sie den zu erwartenden pH-Wert der Lösung.

## Protolyse

- Reaktion mit Protonenübergang
- korrespondierende Säure-Base-Paare:

Säure-Base-Paar 1

$$Säure\ 1\ +\ Base\ 2\ \rightleftharpoons\ Säure\ 2\ +\ Base\ 1$$

Säure-Base-Paar 2

## Protolyse-gleichgewichte

## Säurestärke

- Bei starken Säuren liegt das Protolyse-gleichgewicht nahezu vollständig auf der Produktseite, z. B. Salzsäure:
  $$HCl\ +\ H_2O\ \rightleftharpoons\ H_3O^+\ +\ Cl^-$$
- Bei schwachen Säuren liegt das Protolyse-gleichgewicht überwiegend auf der Eduktseite, z. B. Essigsäure:
  $$CH_3COOH\ +\ H_2O\ \rightleftharpoons\ H_3O^+\ +\ CH_3COO^-$$

### $K_S$- und $pK_S$-Wert

- Kenngröße für die Säurestärke
  $$HA\ +\ H_2O\ \rightleftharpoons\ H_3O^+\ +\ A^-$$

$$K_S = \frac{c_{GG}(A^-) \cdot c_{GG}(H_3O^+)}{c_{GG}(HA)}$$

$$pK_S = -lg\ K_S$$

- starke Säure: $K_S$ groß, $pK_S$ klein
- schwache Säure: $K_S$ klein, $pK_S$ groß

## Basenstärke

- Bei starken Basen liegt das Protolyse-gleichgewicht nahezu vollständig auf der Produktseite, z. B. Ethanolat:
  $$C_2H_5O^-\ +\ H_2O\ \rightleftharpoons\ C_2H_5OH\ +\ OH^-$$
- Bei schwachen Basen liegt das Protolyse-gleichgewicht überwiegend auf der Eduktseite, z. B. Ammoniak:
  $$NH_3\ +\ H_2O\ \rightleftharpoons\ NH_4^+\ +\ OH^-$$

### $K_B$- und $pK_B$-Wert

- Kenngröße für die Basenstärke
  $$B\ +\ H_2O\ \rightleftharpoons\ BH^+\ +\ OH^-$$

$$K_B = \frac{c_{GG}(BH^+) \cdot c_{GG}(OH^-)}{c_{GG}(B)}$$

$$pK_B = -lg\ K_B$$

- starke Base: $K_B$ groß, $pK_B$ klein
- schwache Base: $K_B$ klein, $pK_B$ groß

### Zusammenhang

- $pK_S + pK_B = 14$
- Säure stark
  ⇒ korrespondierende Base schwach
- Säure schwach
  ⇒ korrespondierende Base stark

## Autoprotolyse des Wassers

- zwei Wassermoleküle reagieren zu einem Oxonium- und einem Hydroxidion:

$$H_2O + H_2O \rightleftharpoons H_3O^+ + OH^-$$

- Gleichgewicht liegt nahezu vollständig auf der Eduktseite

## Ionenprodukt des Wassers

- Konstante für Gleichgewichtsreaktion der Autoprotolyse
- Formel:

$$K_W = c(H_3O^+) \cdot c(OH^-) = 10^{-14}\ mol^2/l^2$$

## Protolysegleichgewichte

## pH-Wert

- negativer dekadischer Logarithmus des Zahlenwertes der Oxoniumionenkonzentration
- Formel:

$$pH = -lg\ c(H_3O^+)$$

## pOH-Wert

- negativer dekadischer Logarithmus des Zahlenwertes der Hydroxidionenkonzentration
- Formel:

$$pOH = -lg\ c(OH^-)$$

### Zusammenhang
$$pH + pOH = 14$$

## Berechnung

- durch Näherungsformeln
- aus der Anfangskonzentration $c_0$ der Säure HA und ihrem $pK_S$-Wert

**starke Säuren**
$$pH = -lg\ c_0(HA)$$

**schwache Säuren**
$$pH = \tfrac{1}{2}\ [pK_S - lg\ c_0(HA)]$$

## Berechnung

- durch Näherungsformeln
- aus der Anfangskonzentration $c_0$ der Base B und ihrem $pK_B$-Wert

**starke Basen**
$$pOH = -lg\ c_0(B)$$

**schwache Basen**
$$pOH = \tfrac{1}{2}\ [pK_B - lg\ c_0(B)]$$

1 Sowohl das Hydrogencarbonat- als auch das Hydrogensulfation können als Ampholyte fungieren. Entscheiden Sie aufgrund der gegebenen $pK_S$-Werte, ob diese Teilchen bevorzugt als Säure oder Base reagieren und formulieren Sie die Reaktionsgleichungen in Valenzstrichformelschreibweise. ($pK_S(HCO_3^-) = 10{,}40$; $pK_S(HSO_4^-) = 1{,}92$)

2 Aminosäuren, die überwiegend als Zwitterionen vorliegen, können auch als Ampholyte reagieren. Erstellen Sie die möglichen Strukturformelgleichungen für das unterschiedliche Verhalten von Valin (2-Amino-3-methylbutansäure) gegenüber Wasser.

3 Eine maximal 4%ige Natronlauge wird in der Bäckerei eingesetzt, um das insbesondere im süddeutschen Raum sowie in Teilen der Schweiz und Österreichs bekannte und beliebte Laugengebäck herzustellen. Dazu wird z. B. die Breze aus Hefeteig vor dem Backen in die Lauge getaucht. Durch das Backen erhält man eine Breze mit einem typischen braunen Glanz und einem besonderen Geschmack (Abb. 1).
Während des Backvorgangs reagiert das durch das Backen aus dem Hefeteig freigesetzte Kohlenstoffdioxid mit der Brezellauge unter Bildung von Natriumhydrogencarbonat und somit verschwindet die ätzende Wirkung der Lauge.
   a) Erklären Sie die Vorgehensweise des Bäckers, der eine 4%ige Brezellauge herstellen will.
   b) Berechnen Sie den pH-Wert dieser 4%-igen Lauge.
   c) Formulieren Sie die Reaktionsgleichung, wodurch die ätzende Wirkung der Lauge verloren geht.

1 Beim Backen von Laugengebäck findet eine Säure-Base-Reaktion statt.

4 Der Säure-Base-Indikator Methylrot ist ein Azofarbstoff, der bei einem pH-Wert unter 4,40 als Säure und in schwach sauren sowie in basischen Lösungen als Base vorliegt. Recherchieren Sie die Valenzstrichformel für Methylrot und formulieren Sie die Grenzstrukturformeln für die Indikatorsäure bzw. die Indikatorbase.

5 Ammoniumsulfat ist ein wichtiger Zusatzstoff in Düngemitteln und kann durch Einleiten von Ammoniak in 80%ige Schwefelsäure gebildet werden.
   a) Erstellen Sie die Reaktionsgleichung und geben Sie die beteiligten Säure-Base-Paare an.
   b) Die Verwendung von Ammoniumsulfat als Düngemittel kann den pH-Wert des Bodens beeinflussen. Erklären Sie die Wirkung von Ammoniumsulfat auf den Boden unter Verwendung von Reaktionsgleichungen.
   c) Erläutern Sie die Nachteile, die sich aus der pH-Veränderung des Bodens ergeben können.

6 Berechnen Sie den pH-Wert für
   a) eine Salzsäure der Konzentration 0,05 mol/l,
   b) eine Schwefelsäure der Konzentration 0,002 mol/l,
   unter der Annahme, dass bei diesen verdünnten Säuren eine vollständige Protolyse stattgefunden hat.

7 Von den folgenden Lösungen sollen die pH-Werte rechnerisch bestimmt werden:
   a) 330 ml einer Salzsäurelösung der Konzentration $c(HCl) = 0{,}125$ mol/l,
   b) 25 ml Salpetersäure der Konzentration $c(HNO_3) = 2{,}5 \cdot 10^{-3}$ mol/l,
   c) 200 ml einer Natronlauge mit der Konzentration $c(NaOH) = 1{,}2$ mol/l.

8 Für die folgenden schwachen Säuren bzw. Basen wurden die folgenden pH-Werte bestimmt:
   a) Methansäure mit pH = 2,2; $pK_S$ = 3,77.
   b) Propansäure mit pH = 3,0; $pK_S$ = 4,88.
   c) Ammoniaklösung mit pH = 10,72; $pK_B$ = 4,75.
   d) Natriumacetatlösung mit pH = 8,88; $pK_B$ = 9,25.
   Errechnen Sie jeweils die Ausgangskonzentrationen der Säuren bzw. Basen aus den bestimmten pH-Werten sowie den gegebenen $pK_S$- bzw. $pK_B$-Werten.

**9** Folgende Lösungen sollen hergestellt werden:
a) Lösung einer starken Base ($B_1$) mit dem pH-Wert 12 sowie
b) Lösung einer schwachen Base ($B_2$; $pK_B$ = 3,60) mit dem pH-Wert 12.
Berechnen Sie die Ausgangskonzentrationen der Basen $c_0(B_1)$ und $c_0(B_2)$.

**10** Die Anfangskonzentration einer Lösung von Ameisensäure (Methansäure) in destilliertem Wasser beträgt $c_0$ = 0,1 mol/l; der pH-Wert der Lösung wurde mit 2,34 bestimmt.
a) Formulieren Sie die Protolyse der Ameisensäure in Wasser und geben Sie die korrespondierenden Säure-Base-Paare an.
b) Berechnen Sie die Gleichgewichtskonzentrationen $c_{GG}$.
c) Berechnen Sie den $K_S$- sowie den $pK_S$-Wert.

**11** Berechnen Sie die Stoffmenge an Oxoniumionen in den folgenden Flüssigkeiten:
a) 75 ml Zitronensaft mit pH = 2,4,
b) 100 ml Essigessenz mit pH = 2,9,
c) 125 ml saure Milch mit pH = 4,5,
d) 150 ml Kalkwasser mit pH = 12,6.

**12** Für eine bestimmte schwache Säure X wurden bei Messungen im Labor folgende Werte erhalten:
a) $c(X)$ = 0,1 mol/l; pH = 2,85
b) $c(X)$ = 0,01 mol/l; pH = 3,40
c) $c(X)$ = 0,001 mol/l; pH = 3,90
Um welche der folgenden Säuren, von denen jeweils der $pK_S$-Wert gegeben ist, könnte es sich bei der im Labor untersuchten Säure X handeln? Gegeben sind die Säuren Ameisensäure (Methansäure, $pK_S$ = 3,77), Essigsäure (Ethansäure, $pK_S$ = 4,75), Propansäure ($pK_S$ = 4,88).

**13** Zur Behandlung von Sodbrennen können Medikamente eingenommen werden, die Magnesiumoxid enthalten. Berechnen Sie die Masse an Magnesiumoxid, die eine Person einnehmen muss, damit der pH-Wert auf 4 ansteigt, wenn ihr Mageninhalt zuvor bei einem Volumen des Magensaftes von 250 ml einen pH-Wert von 1 aufweist.

**14** Zur Therapie von Patienten, deren Magen eine zu geringe Menge Salzsäure produziert, kann Citronensäure verabreicht werden. Ein Patient bekommt eine Gabe von 1 g Citronensäure, wenn er zum Zeitpunkt der Einnahme 500 ml Salzsäure vom pH = 5 im Magen hat.
Berechnen Sie den pH-Wert, der im Magen nach Einnahme der Citronensäure vorliegt (bei Annahme einer vollständigen Dissoziation von zwei Stufen der Citronensäure).

**15** In einem Chemielabor sind die Etiketten von drei Vorratsflaschen verloren gegangen. Von den jeweils weißen Feststoffen ist lediglich bekannt, dass es sich um die Salze Natriumchlorid, Natriumacetat und Ammoniumchlorid handelt. Um die Stoffe identifizieren zu können, stehen Ihnen destilliertes Wasser und ein Universalindikatorpapier zur Verfügung.
a) Erläutern und begründen Sie Ihre Vorgehensweise zur eindeutigen Identifizierung der Stoffe in den drei Gefäßen und belegen Sie Ihre Überlegungen mit den entsprechenden Reaktionsgleichungen.
b) Berechnen Sie den pH-Wert einer Ammoniumchloridlösung mit der Anfangskonzentration $c_0$ = 0,001 mol/l ($pK_S(NH_4^+)$ = 9,25).

**16** Nicht nur bei Wasser ist eine Autoprotolyse zu beobachten. Auch in nichtwässrigen Systemen, wie z. B. in flüssigem Ammoniak oder in wasserfreier Schwefelsäure, kann eine Eigendissoziation von Teilchen auftreten, wobei der Dissoziationsgrad jedoch noch wesentlich niedriger als der von Wasser ist.
Formulieren Sie die Gleichungen für die Autoprotolyse von flüssigem Ammoniak bzw. wasserfreier Schwefelsäure.

## Säuren im menschlichen Körper

Im menschlichen Körper sind Säuren unterschiedlicher Stärke und Konzentration enthalten.

**1** Der Magensaft beispielsweise besteht zu einem großen Teil aus Salzsäure, im leeren Magen wird so ein pH-Wert von 1 erreicht.
Dieses stark saure Milieu ist notwendig, um die enzymatische Aufspaltung der Proteine und Kohlenhydrate zu ermöglichen, und sorgt außerdem dafür, dass Keime und Krankheitserreger abgetötet werden.
Ist die Säureproduktion im Magen zu stark, kann dies zu Magenschmerzen oder gar zu Krankheitserscheinungen wie Magengeschwüren führen. Dagegen werden Antazida (Abb. 1) eingesetzt, die die überschüssige Säure abfangen.

### Zusammensetzung

1 Tablette enthält:
– 680 mg Calciumcarbonat
– 80 mg schweres, basisches Magnesiumcarbonat
– Saccharose
– Kartoffelstärke
– Maisstärke, vorverkleistert
– Magnesiumdistearat
– Talkum
– Paraffin, dünnflüssiges
– Pfefferminzaroma
– Zitronenaroma

**1** Zusammensetzung eines Antazidums

   a) Berechnen Sie die Konzentration an Salzsäure im leeren Magen.

   b) Begründen Sie anhand der Zusammensetzung des Antazidums (Abb. 1) seine Wirkungsweise und formulieren Sie die zugrunde liegende Reaktion.

**2** Auch in der Muskulatur kann sich Säure anreichern. Bei intensiver Belastung stellt der Körper auf anaeroben Glucoseabbau um, was zur Produktion von Milchsäure führt, die anschließend zum Säurerest Lactat reagiert.

$$H_3C - CH - COOH$$
$$|$$
$$OH$$

Milchsäure

Der Normalwert für die Lactatkonzentration im Blut beträgt ca. 1 mmol/l. Bei extremer Belastung kann dieser Wert aber auf bis zu 20 mmol/l ansteigen.

   a) Beim Milchsäuremolekül treten verschiedene Formen von Isomerie auf. Erläutern Sie begründet, um welche Formen es sich handelt. Benennen Sie außerdem das Milchsäuremolekül nach den IUPAC-Regeln.

   b) Berechnen Sie den pH-Wert des Blutes bei Normalwerten und bei extremer Belastung. Gehen Sie vereinfacht davon aus, dass der pH-Wert des Blutes nur durch die Milchsäure ($pK_S = 3{,}9$) beeinflusst wird. Diskutieren Sie diese Annahme.

**3** Auch die Aminosäuren als Bausteine der Proteine können als Säuren oder Basen reagieren. Am Beispiel Asparaginsäure ist zu erkennen, dass mehrere funktionelle Gruppen für eine Säure-Base-Reaktion infrage kommen.

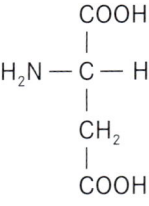

$$COOH$$
$$|$$
$$H_2N - C - H$$
$$|$$
$$CH_2$$
$$|$$
$$COOH$$

Asparaginsäure

   a) Erklären Sie anhand des Asparaginsäuremoleküls die Bedeutung des Begriffes „Ampholyt".

   b) Zur Ausbildung von Proteinen werden Aminosäuren durch eine charakteristische Peptidbindung verknüpft.
Formulieren Sie die vollständige Reaktionsgleichung zur Bildung eines Dipeptids aus zwei Asparaginsäuremolekülen. Benutzen Sie dazu jeweils die Strukturformeln.

   c) Die Asparaginsäure besitzt zwei $K_S$-Werte ($K_{S1} = 1{,}32 \cdot 10^{-2}$ mol/l; $K_{S2} = 2{,}24 \cdot 10^{-4}$ mol/l). Ordnen Sie die beiden $K_S$-Werte begründet der jeweiligen funktionellen Gruppe zu. Berechnen Sie den pH-Wert einer wässrigen Lösung der Aminosäure der Konzentration 0,1 mol/l.

# 3 Bedeutung von Protolysegleichgewichten

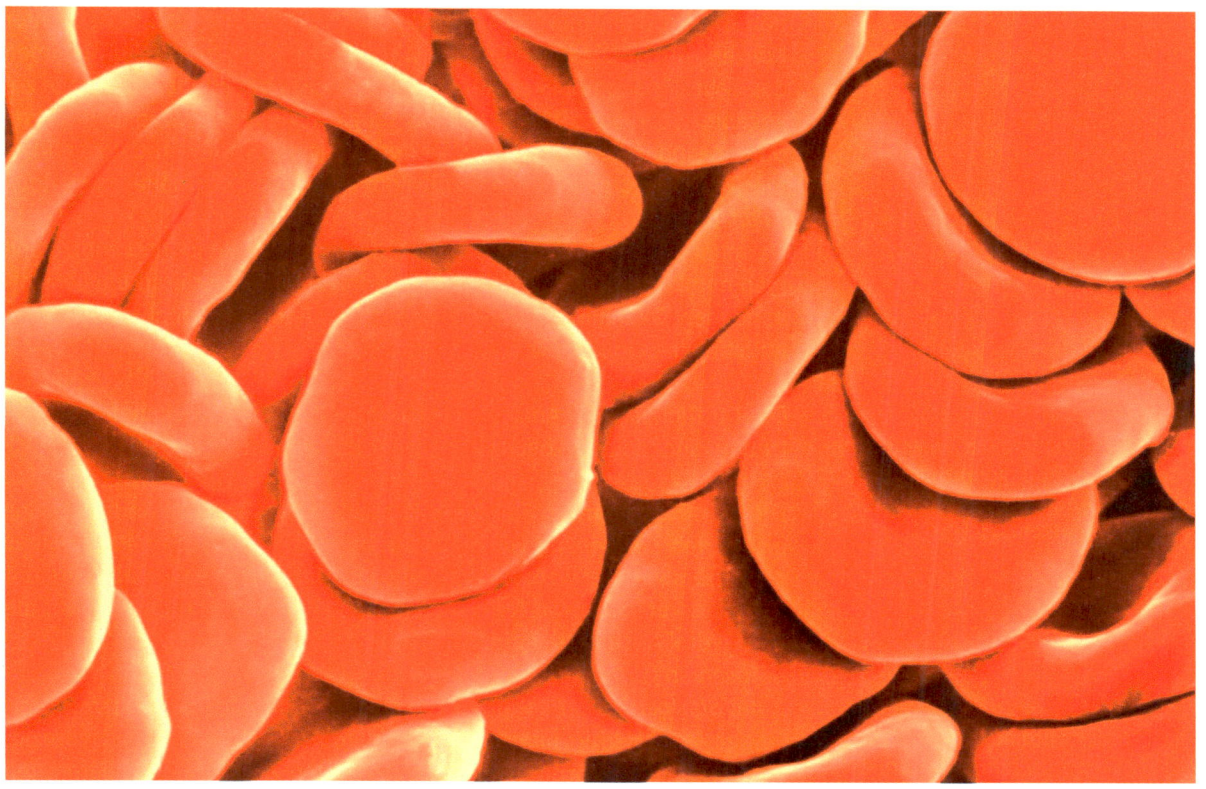

Säure-Base-Reaktionen spielen in allen Bereichen unseres Lebens eine herausragende Rolle. In biologischen Organismen, z. B. in unserem Magen, können extreme pH-Werte erreicht werden. Häufig ist es für das Lebewesen aber von essenzieller Bedeutung, den pH-Wert nahe zu konstant zu halten, z. B. in unserem Blut. Auch bei vielen chemischen Produktionsvorgängen ist eine Kontrolle des pH-Wertes entscheidend. Um dies alles zu verstehen, ist es wichtig, die Säure-Base-Reaktionen als Gleichgewichtsreaktionen zu erkennen.

1 Bei einer Titration wird die Maßlösung mithilfe einer Bürette langsam zur Probe (gelb) zugetropft,
bis der Äquivalenzpunkt erreicht
ist (Farbumschlag).

**Info**

Die Titration wird neben der Säure-
Base-Chemie noch in vielen anderen
Teilbereichen eingesetzt. So kann
sie beispielsweise auch bei Redox-
oder Fällungsreaktionen angewandt
werden. Es muss lediglich gewährleistet sein, dass der Punkt, an dem
die Stoffmenge der eingebrachten
Maßlösung gleich der Stoffmenge des
zu bestimmenden Stoffes ist, von
außen gut zu erkennen ist. Meist wird
dies über optische Merkmale gewährleistet, der Äquivalenzpunkt kann
aber auch durch Messungen bestimmt
werden.

## 3.1 Die Säure-Base-Titration

**Prinzip der Säure-Base-Titration.** Die Konzentration an Oxoniumionen
in einer Lösung kann durch eine Neutralisationsreaktion bestimmt werden. Dazu befüllt man eine Bürette (Abb. 1) mit einer Lauge bekannter
Konzentration. Diese *Maßlösung* wird nun einem bestimmten Volumen
der Säurelösung unbekannter Konzentration – der *Probe* – so lange zugegeben, bis alle Oxoniumionen reagiert haben. Bei einprotonigen
Säuren sind neue Stoffmengen der vorgelegten Probe und der zugeführten Maßlösung gleich oder äquivalent – man spricht daher vom *Äquivalenzpunkt*.
Da man die Stoffmenge der eingebrachten Hydroxidionen kennt, kann
man mithilfe der Formel $c = n/V$ die Konzentration der ursprünglich vorhandenen Oxoniumionen berechnen. Der Äquivalenzpunkt wird meist
mithilfe eines Indikators bestimmt.

Die Titration ist eine Analysenmethode, mit der die unbekannte Konzentration einer sauren Lösung oder einer Lauge bestimmt werden kann.

**Die Titration starker Säuren mit starken Basen.** Die Änderung des
pH-Wertes der Lösung während der Titration kann auch mithilfe eines
pH-Meters verfolgt werden. Wird eine starke Säure wie die Salzsäure mit
einer starken Base wie Natronlauge titriert, erhält man eine Kurve, die
sich in drei Abschnitte einteilen lässt (Abb. 2 a):
– *Abschnitt* ①
Am *Startpunkt* liegt der pH-Wert stark im Sauren, da nur Salzsäure vorliegt. Der pH-Wert nimmt langsam zu, da die eingebrachten Hydroxidionen mit den vorhandenen Oxoniumionen zu Wasser reagieren, die
Konzentration der Oxoniumionen nimmt also ab. Natrium- und Chloridionen liegen als gelöstes Salz vor.
– *Abschnitt* ②
Der pH-Wert nimmt nun bei gleich bleibender Volumenzunahme deutlich schneller zu als in Abschnitt 1. Dies kommt durch die Definition
des pH-Werts als negativer dekadischer Logarithmus der Oxoniumionenkonzentration zustande.
Bei pH = 7 ist der *Äquivalenzpunkt* erreicht: Die Stoffmenge der ursprünglich vorgelegten Oxoniumionen entspricht nun der Stoffmenge
der zugetropften Hydroxidionen. Dies ist in der Titrationskurve als
*Wendepunkt* zu erkennen. Wird weiterhin Maßlösung zugetropft,
erhöhen die eingebrachten überschüssigen Hydroxidionen den pH-
Wert weiter.
– *Abschnitt* ③
Nun steigt der pH-Wert wieder langsamer an, da die Zunahme der
Hydroxidionen aufgrund der logarithmischen Definition den pH-Wert
weniger stark verändert. Die Titrationskurve nähert sich immer mehr
dem pH-Wert der Maßlösung an.

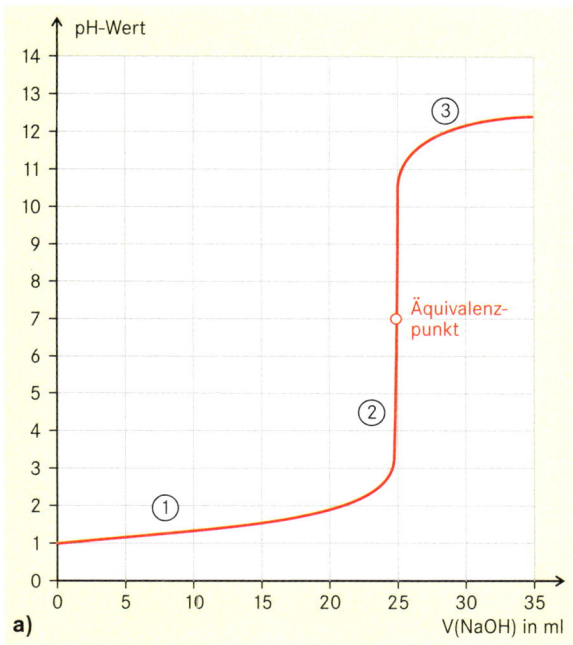

a)

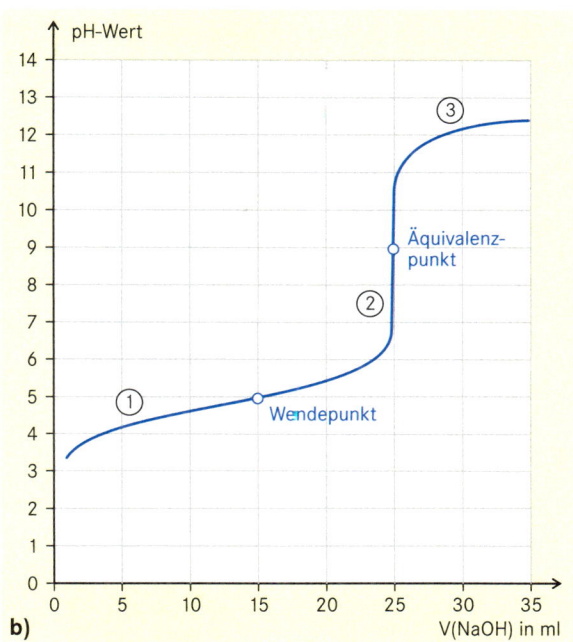

b)

**2** Beispiele für die Titration gleich-konzentrierter Lösungen von Salzsäure (a) und Essigsäure (b) mit Natronlauge

**Die Titration schwacher Säuren mit starken Basen.** Wird eine schwache Säure wie die Essigsäure mit der starken Base Natronlauge titriert, erhält man folgenden Graphen (Abb. 2 b):

– *Abschnitt* ①

Da nun eine schwache Säure titriert wird, beginnt der Graph bei gleicher Säurekonzentration bei einem höheren pH-Wert. Der erste Abschnitt der Titrationskurve enthält nun ebenfalls einen Wendepunkt. Dieser entsteht, da durch Reaktion der Essigsäuremoleküle mit der zugesetzten Base Acetationen gebildet werden, die als starke Base reagieren:

$$CH_3COO^- + H_2O \longrightarrow CH_3COOH + OH^-$$

– *Abschnitt* ②

Genau wie bei der Titrationskurve einer starken Säure nimmt die Veränderung des pH-Werts bei gleich bleibender Volumenzunahme nun stärker zu. Der pH-Sprung fällt diesmal aber kürzer aus und ist ins basische Milieu verschoben. Dies ist durch die schwächere Protolyse der Essigsäure und den basischen Charakter des entstehenden Acetat-ions zu erklären.

– *Abschnitt* ③

Die Steigung des Graphen nimmt wieder ab, was durch die logarith-mische Definition des pH-Werts zu erklären ist.

**Titration einer Base mit einer starken Säure.** Analog können eine starke oder eine schwache Base mit einer starken Säure titriert werden. Die Kurven verlaufen vom basischen ins saure Milieu, der Äquivalenz-

**Aufgaben**

**1** Zeichnen Sie mit den Zahlenwerten der Tabelle unten ein Diagramm. Geben Sie an, welche Arten von Lösungen als Probe und als Maßlösung eingesetzt wurden und begründen Sie Ihre Antwort.

| V(Maß-lösung) in ml | pH-Wert | V(Maß-lösung) in ml | pH-Wert |
|---|---|---|---|
| 1 | 11,1 | 49 | 6,7 |
| 5 | 10,2 | 50 | 5,3 |
| 10 | 10,0 | 51 | 3,2 |
| 20 | 9,3 | 53 | 2,7 |
| 30 | 9,0 | 55 | 2,0 |
| 40 | 8,8 | 60 | 1,8 |
| 45 | 8,6 | 70 | 1,7 |
| 47 | 8,0 | | |

**2** Die schwache Säure Blausäure ($pK_S$(HCN) = 9,4; c(HCN) = 0,5 mol/l) wird mit Kalilauge der Konzentration c(KOH) = 0,2 mol/l titriert. Berechnen Sie die pH-Werte der Probe und der Maßlösung und geben Sie begründet an, welcher Indikator eingesetzt werden kann.

**3** Der Umschlagsbereich des gewählten Indikators muss dem Äquivalenzpunkt der Titration möglichst nahe sein.

punkt befindet sich bei einer starken Base im neutralen, bei einer schwachen Base im sauren Bereich. Die Abschnitte der Titrationskurve sind ansonsten identisch.

**Die Wahl des Indikators.** Wird eine Titration nicht grafisch ausgewertet, sondern unter Zuhilfenahme eines Indikators durchgeführt, ist die Wahl des Indikators von entscheidender Bedeutung. Da der Äquivalenzpunkt einer Titration bei verschiedenen pH-Werten liegen kann (→ S. 65), muss ein passender Indikator gewählt werden. Sein Umschlagsbereich muss dem Äquivalenzpunkt möglichst nahe liegen, um ein exaktes Ergebnis zu erhalten. Demnach muss man drei Fälle unterscheiden:
– *Starke Säure/starke Base:*
  Wird eine starke Säure mit einer starken Base titriert oder umgekehrt eine starke Base mit einer starken Säure, liegt der Äquivalenzpunkt im neutralen Bereich. Als Indikator bietet sich Bromthymolblau an (Abb. 3).
– *Schwache Säure/starke Base:*
  Titriert man eine schwache Säure mit einer starken Base, verschiebt sich, wie in Abbildung 3 zu sehen ist, der Äquivalenzpunkt in den basischen Bereich. Nun muss ein Indikator gewählt werden, dessen Umschlagspunkt in diesem Bereich liegt – z. B. Phenolphthalein.
– *Schwache Base/starke Säure:*
  Titriert man eine schwache Base mit einer starken Säure, liegt der Äquivalenzpunkt im sauren Bereich, man wählt also einen Indikator, dessen Umschlagspunkt im Sauren liegt – z. B. Methylorange.

Bei einer Titration muss der Indikator so gewählt werden, dass sein Umschlagsbereich möglichst nahe am Äquivalenzpunkt liegt. Bei der Titration einer starken Säure mit einer starken Base und umgekehrt liegt dieser im neutralen, einer schwachen Säure mit einer starken Base im basischen und einer schwachen Base mit einer starken Säure im sauren Milieu.

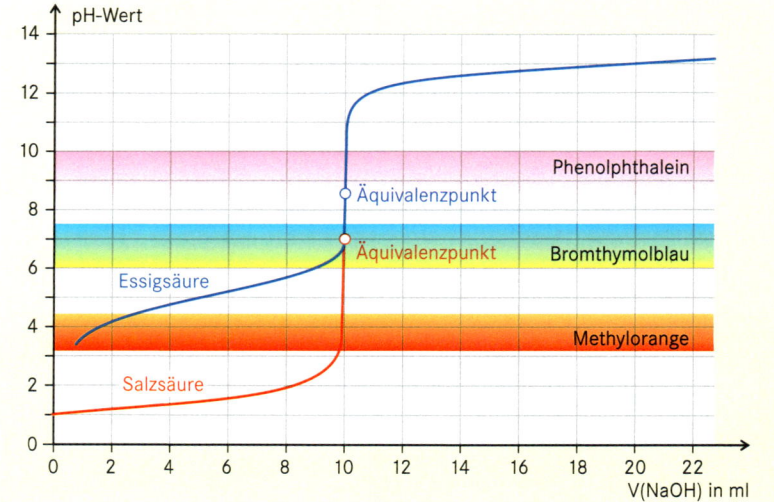

# 3.2 pK$_S$-Wert-Bestimmung durch Halbtitration

Liegt eine unbekannte Säure vor, muss zur Bestimmung der Eigenschaften auch die Säurestärke gemessen werden. Es wäre vorteilhaft, wenn der K$_S$- bzw. pK$_S$-Wert der Säure durch ein einfaches Experiment bestimmt werden könnte.

**Zusammenhang zwischen pK$_S$- und pH-Wert schwacher Säuren.** Betrachtet man beispielsweise das Massenwirkungsgesetz für die Protolysereaktion der schwachen Säure Ethansäure, so ergibt sich folgende Beziehung:

$$CH_3COOH + H_2O \rightleftharpoons H_3O^+ + CH_3COO^-$$

$$K_S = \frac{c_{GG}(H_3O^+) \cdot c_{GG}(CH_3COO^-)}{c_{GG}(CH_3COOH)}$$

Da die Konzentration der Oxoniumionen über den pH-Wert sehr leicht bestimmt werden kann, sind im Term nur die Konzentrationen von Säure und Säurerest unbekannt. Ist genau die Hälfte der vorgelegten Ethansäure neutralisiert, sind diese Konzentrationen identisch und können aus dem Massenwirkungsgesetz gekürzt werden:

$$c_{GG}(CH_3COOH) = c_{GG}(CH_3COO^-)$$

$$\Rightarrow K_S = c_{GG}(H_3O^+)$$

$$\Rightarrow pK_S = pH$$

Durch Messen des pH-Werts kann also der pK$_S$-Wert der schwachen Säure Ethansäure bestimmt werden.

**Das Verfahren der Halbtitration.** In der Praxis nutzt man diesen Zusammenhang im Verfahren der *Halbtitration* aus. Will man den pK$_S$-Wert einer schwachen Säure bestimmen, titriert man zunächst eine Probe der Säure bis zum Äquivalenzpunkt und bestimmt das Volumen an verbrauchter Lauge. Anschließend führt man einen neuen Ansatz durch, indem man zum gleichen Volumen an Säure die halbe Menge an Lauge zugibt. Mit dieser Menge Lauge ist also die Säure genau zur Hälfte neutralisiert; daher bezeichnet man diesen Punkt als *Halbäquivalenzpunkt*. Bestimmt man am Halbäquivalenzpunkt den pH-Wert der Lösung, entspricht dieser dem pK$_S$-Wert der eingesetzten Säure.

Der pK$_S$-Wert schwacher Säuren kann durch Halbtitration bestimmt werden. Am Halbäquivalenzpunkt gilt: pH = pK$_S$.

### Aufgabe

**1** Die Ameisensäure (HCOOH) reagiert als schwache Säure zum Formiation. Führt man eine Halbtitration mit der Ameisensäure durch, misst man am Halbäquivalenzpunkt einen pH-Wert von 3,77. Formulieren Sie die vollständige Gleichung der Protolysereaktion und berechnen Sie den K$_B$-Wert des Formiations.

## M 5  Auswertung einer Titrationskurve

### Computerauswertung

Eine computergestützte Auswertung einer Titration kann erfolgen, wenn kein Indikator eingesetzt wird, sondern der pH-Wert permanent durch ein pH-Meter bestimmt wird.

Werden die Daten an einen Computer übertragen, wird noch während der Titration eine Titrationskurve erstellt. Aus dieser kann der Computer anschließend den Verbrauch an Maßlösung bis zum Äquivalenzpunkt ermitteln.

### Grafische Auswertung

Ohne Computer kann dieselbe Auswertung vorgenommen werden, indem alle gemessenen pH-Werte in einer Tabelle aufgelistet und anschließend in ein Diagramm eingetragen werden.

In der Abbildung unten wird am Beispiel der Titration einer unbekannten schwachen Säure mit einer starken Base aufgezeigt, wie der Äquivalenzpunkt und der Halbäquivalenzpunkt bestimmt werden.

– *Äquivalenzpunktbestimmung:*
Zunächst werden die linearen Bereiche der Titrationskurve verlängert und so die Tangenten an die Kurve konstruiert (blaue Linien). Die beiden Schnittpunkte der drei Linien werden auf die x-Achse projiziert (senkrechte grüne Linien).
Der Mittelwert der beiden Zahlen (rechte rote Linie) entspricht dem Äquivalenzpunkt.
Aus dem Verbrauch an Maßlösung am Äquivalenzpunkt lässt sich die Konzentration der unbekannten Säure berechnen.

– *$pK_S$-Wert-Bestimmung:*
Zieht man die Hälfte des bis zum Äquivalenzpunkt verbrauchten Volumens an Maßlösung heran und projiziert nun wieder nach oben bis zum Schnittpunkt des Graphen (linke rote Linie), kann man den pH-Wert am Halbäquivalenzpunkt ablesen und hat so den $pK_S$-Wert der Säure bestimmt.

### Aufgabe

**1** Im genannten Beispiel sei die Konzentration der Maßlösung $c\,(NaOH) = 0,1$ mol/l und das Volumen der Probe $V\,(Säure) = 20$ ml.
Bestimmen Sie mithilfe der Abbildung die Konzentration der unbekannten Säure und ihren $pK_S$-Wert. Um welche Säure handelt es sich?

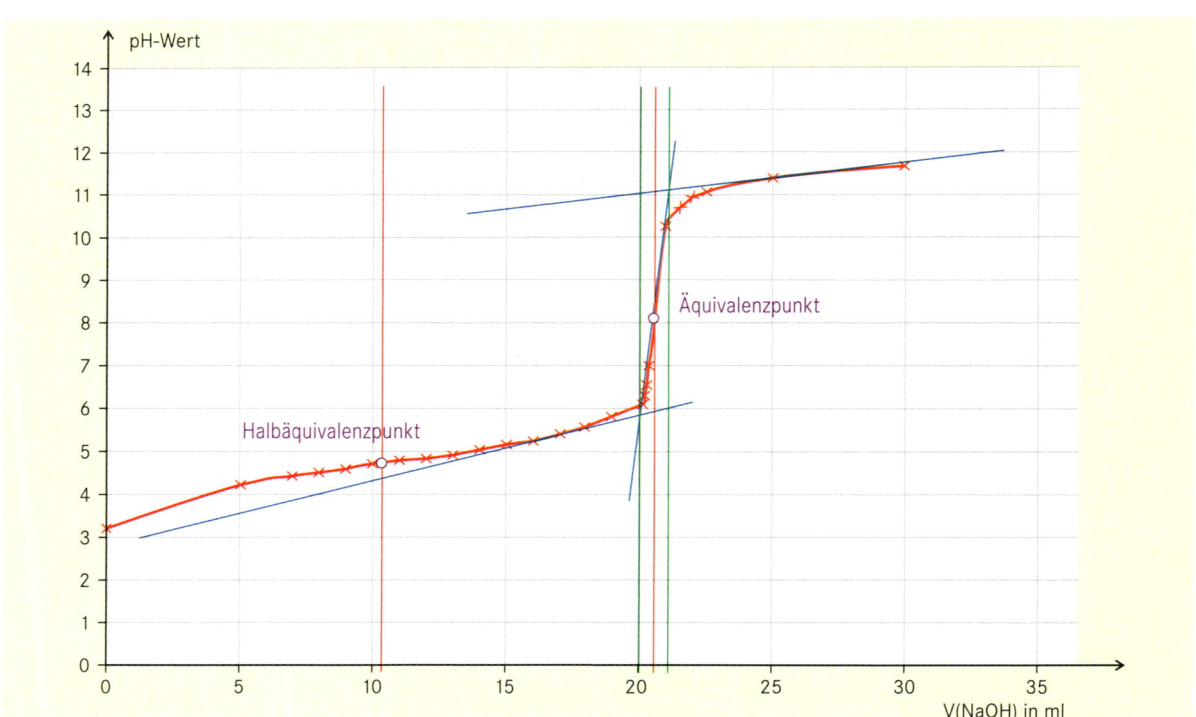

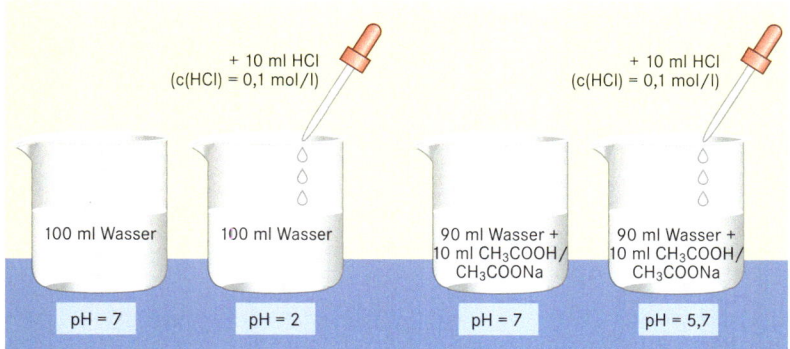

**1** Bei Zugabe von Säure verhalten sich reines Wasser und eine Lösung von Essigsäure und Natriumacetat unterschiedlich: Bei Wasser (links) fällt der pH-Ausschlag viel stärker aus als bei dem Gemisch (rechts).

## 3.3 Puffersysteme

**Puffersysteme.** Mischt man Essigsäure ($CH_3COOH$) mit Natriumacetat ($Na^+ CH_3COO^-$) in gleicher Stoffmenge miteinander, kann man folgendes beobachten: Bei Zugabe von Säure oder auch von Lauge bleibt der pH-Wert der Lösung jeweils nahezu unverändert; gibt man die gleiche Menge Säure oder Lauge zu destilliertem Wasser, ändert sich der pH-Wert dagegen stärker (Abb. 1).

Auf Teilchenebene laufen dabei folgende Reaktionen ab: Bei Zugabe von Oxoniumionen reagieren diese mit vorhandenen Acetationen, bei Zugabe von Hydroxidionen reagieren diese mit den Essigsäuremolekülen:

$$+ H_3O^+ \qquad\qquad\qquad + OH^-$$
$$CH_3COO^-/CH_3COOH$$
$$\text{Puffersystem}$$
$$CH_3COOH + H_2O \qquad\qquad CH_3COO^- + H_2O$$

Eine solche Lösung, deren pH-Wert nahezu konstant bleibt, auch wenn durch Reaktionen Protonen freigesetzt bzw. verbraucht werden, oder wenn Säuren bzw. Basen der Lösung zugegeben werden, bezeichnet man als *Puffersystem*.

Puffersysteme bestehen meist aus einer schwachen Säure und ihrer korrespondierenden Base. Diese Kombination ist in der Lage, sowohl mit Oxonium- als auch mit Hydroxidionen zu reagieren, beeinflusst aber selbst den pH-Wert kaum, da die Reaktivität der beiden Bestandteile zu gering ist.

Puffersysteme bestehen meist aus einer schwachen Säure und der zugehörigen korrespondierenden Base. Sie gewährleisten, dass auch bei Zugabe von Säure oder Lauge der pH-Wert kaum verändert wird.

**Aufgabe**

**1** Auch beim Trennverfahren „Elektrophorese" werden häufig Puffer eingesetzt, um den pH-Wert konstant zu halten. Erläutern Sie mithilfe einer Skizze das Prinzip der Elektrophorese. Begründen Sie, warum insbesondere bei der Trennung von Aminosäuren ein Puffersystem notwendig ist.

**Aufgabe**

**2** Geben Sie an, welchen pH-Wert ein äquimolarer Blausäure-Cyanid-Puffer besitzt ($pK_S$(HCN) = 9,4). Formulieren Sie die Reaktionsgleichungen für die Zugabe von saurer Lösung und Lauge.

| Puffer | Puffer-bereich |
|---|---|
| Ammonium-Ammoniak-Puffer $NH_4^+/NH_3$ | 9 – 10 |
| Dihydrogenphosphat-Hydrogenphosphat-Puffer $H_2PO_4^-/HPO_4^{2-}$ | 7 – 8 |
| Kohlensäure-Hydrogen-carbonat-Puffer $H_2CO_3/HCO_3^-$ | 6 – 7 |
| Essigsäure-Acetat-Puffer $CH_3COOH/CH_3COO^-$ | 4 – 5 |

**Tab. 1** Puffersysteme arbeiten in verschiedenen Pufferbereichen

**Info**
Puffersysteme können auch aus nicht korrespondierenden Säuren und Basen bestehen. Dies findet man häufig in biologischen Systemen.

**Der pH-Wert einer Pufferlösung.** Jedes Puffersystem wirkt in einem anderen pH-Bereich. Der pH-Wert einer Pufferlösung aus der Säure HA und der Base A$^-$ lässt sich aus dem Massenwirkungsgesetz berechnen:

$$K_S = \frac{c(H_3O^+) \cdot c(A^-)}{c(HA)} \Rightarrow c(H_3O^+) = K_S \cdot \frac{c(A^-)}{c(HA)}$$

Durch mathematische Umformung erhält man die *Puffergleichung*, auch *Henderson-Hasselbalch-Gleichung* genannt:

$$pH = pK_S + \lg\frac{c(A^-)}{c(HA)}$$

Werden Puffersäure und Pufferbase in gleicher Konzentration eingesetzt, vereinfacht sich der Term stark:

$$c(HA) = c(A^-) \Rightarrow pH = pK_S + \lg 1 \Rightarrow pH = pK_S$$

Ist ein Puffersystem aus Säure und korrespondierender Base äquimolar (besteht also aus gleichen Stoffmengen), so liegt der pH-Wert der Lösung genau beim $pK_S$-Wert der Säure.

**Die Pufferkapazität.** Bei Zugabe zu großer Mengen an Säure oder Lauge kann der Puffer den Effekt nicht mehr abfangen, die Pufferkapazität ist erschöpft. Dies ist dann der Fall, wenn in unserem Beispiel alle Essigsäuremoleküle bereits mit Hydroxidionen reagiert haben. Eine weitere Zugabe von Lauge kann dann nicht mehr abgepuffert werden, der pH-Wert verändert sich stark. Die Kapazität eines Puffersystems hängt von der Konzentration der enthaltenen schwachen Säure und deren korrespondierenden Base ab. In der Regel kann ein pH-Bereich von ±1 um den äquimolaren Zustand abgedeckt werden.

Der pH-Wert eines Puffersystems entspricht ungefähr dem $pK_S$-Wert der beteiligten schwachen Säure. Der Puffer deckt in der Regel einen pH-Bereich von ±1 um den äquimolaren Zustand ab.

**Verschiedene Puffersysteme.** Die meisten Puffersysteme bestehen aus einer schwachen Säure und der korrespondierenden Base (Tab. 1). Ein typischer Vertreter ist der Phosphat-Puffer, der beispielsweise in der Medizin eingesetzt wird. Er besteht aus der schwachen Säure Dihydrogenphosphat und der korrespondierenden Base Hydrogenphosphat und hat einen Pufferbereich um den pH-Wert 7,2.

**Puffersysteme in der Industrie.** Puffer finden in der chemischen Industrie zahlreiche Einsatzgebiete. Sie sind bei vielen Produktionsprozessen von Bedeutung, z. B. bei der Herstellung von fotografischem Material oder von Farbstoffen. Nur bei gleichbleibenden und stabilen Bedingungen können qualitativ hochwertige Produkte hergestellt werden (Abb. 2). Durch Galvanisieren können Werkstücke mittels elektrolytischer Abscheidung mit Metallen überzogen werden. So können z. B. Fahrzeugteile mit einer Chromschicht versehen werden, die für Schutz und Glanz sorgt (→ S. 110). Um qualitativ hochwertige Ergebnisse zu erzielen, ist es wichtig, dass während des ganzen Prozesses der pH-Wert im Elektrolytbad konstant bleibt, was durch Puffersysteme sichergestellt wird.

**2** Produktionsstätte für Farbstoffe

**3** Unser Blut (im Bild: rote Blut-körperchen) besitzt ein effektives Puffersystem.

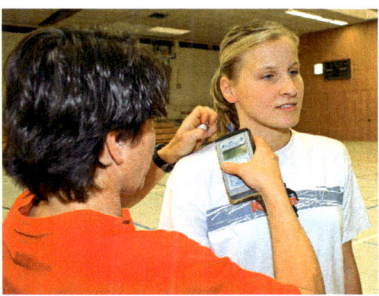

**4** Durch die Messung des Lactat-wertes im Blut können Leistungs-sportler ihren Leistungsstand richtig einschätzen und ihr Training sinnvoll planen.

**Die Pufferwirkung des Bodens.** Durch sauren Regen kann das Milieu von Böden so stark verändert werden, dass dies Auswirkungen auf die Flora und Fauna hat. In den 1980er Jahren führte dieses Problem zu Waldsterben, von dem weitreichende Areale betroffen waren.

Viele Böden besitzen Puffersysteme, die derartige Effekte verhindern können. Insbesondere Kohlensäure-Carbonat-Puffer in kalkreichen Böden sorgen für einen effektiven Schutz. Ist der Boden über längere Zeit saurem Regen ausgesetzt, kann aber auch hier die Pufferkapazität erreicht sein und es können schwerwiegende Schäden an den Wurzeln der Pflanzen auftreten. Bei einer längerfristigen Veränderung des Milieus stirbt die Pflanze ab.

Andere Böden wie Silicatböden besitzen kaum funktionsfähige Puffer-systeme. Sie sind deshalb noch anfälliger gegenüber saurem Regen.

**Biologische Puffersysteme.** Nahezu alle biologischen Organismen ver-fügen über verschiedenste Puffersysteme. Für Lebewesen ist die Ein-haltung strikter pH-Grenzen von besonderer Bedeutung, da Leben zum großen Teil auf der Funktionalität von Enzymen beruht. In ungünstigem Milieu können diese Proteine denaturieren und so funktionsunfähig wer-den. In unserem Blut (Abb. 3) wirken mehrere Puffersysteme neben-einander. So kann gewährleistet werden, dass auch bei Säure- oder Basenzufuhr stets ein pH-Wert von 7,40 erhalten bleibt. Bereits kleine Abweichungen ($\pm$0,05) außerhalb dieses Bereichs führen zum Tod.

Auch in der Muskulatur ist das Einhalten bestimmter pH-Grenzen uner-lässlich. Insbesondere bei einer Überbelastung der Muskulatur, wenn die Muskelzellen auf anaerobe Glucoseverarbeitung umstellen, kann sich die dabei gebildete Milchsäure anreichern, die mit Wasser zu Oxonium-ionen und Lactat weiter reagiert (Abb. 4). Die entstehenden Oxonium-ionen müssen sofort abgepuffert werden, um den pH-Wert stabil zu halten. Im Muskel befinden sich mehrere Stoffe mit dieser Aufgabe. Dipeptide wie Carnosin und Anserin reagieren mit freigesetzten $H_3O^+$-Ionen, aber auch die Proteine, aus denen die Muskulatur besteht, wirken als Puffer.

Sowohl in der Natur als auch in der Technik finden Puffersysteme sehr vielseitige Anwendung. Häufig werden dabei mehrere Puffer nebenein-ander eingesetzt, um die Wirkung zu erhöhen.

**Aufgabe**

**3** Führt man die Titration einer starken Säure mit einer starken Lauge in einem Puffersystem mit $pK_S = 7$ durch, erhält man eine veränderte Titrations-kurve. Zeichnen Sie die Kurven mit und ohne Puffersystem und erklären Sie den Unterschied.

## Prinzip

- Analysenmethode zur Bestimmung der Konzentration einer sauren Lösung oder Lauge

## Durchführung

- Probe:
  zu bestimmende Basen- oder Säurelösung unbekannter Konzentration
- Maßlösung:
  eingesetzte Säure- oder Basenlösung bekannter Konzentration
- Äquivalenzpunkt:
  bei einprotonigen Säuren sind die Stoffmengen der vorgelegten Probe und der zugeführten Maßlösung identisch

## Titration

## Auswertung

- aus der Stoffmenge an verbrauchter Maßlösung kann die Konzentration der Probe berechnet werden

## Indikatoren

Umschlagsbereich des Indikators und Äquivalenzpunkt müssen möglichst nah beieinander liegen

- starke Säure/starke Base:
  neutraler Bereich
- schwache Säure/starke Base:
  basischer Bereich
- starke Säure/schwache Base:
  saurer Bereich

## Halbtitration

- Verfahren zur Bestimmung des $pK_S$-Wertes von schwachen Säuren
- am Halbäquivalenzpunkt entspricht der pH-Wert der Lösung dem $pK_S$-Wert der Säure

## Titrationskurven

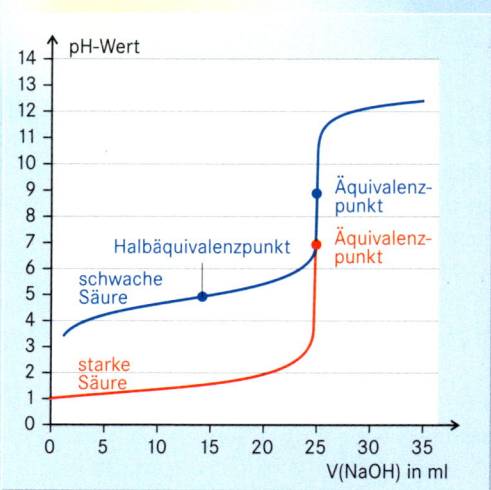

## Prinzip

- können sowohl mit Oxonium- als auch mit Hydroxidionen reagieren
- bei Zugabe geringer Mengen von Säure oder Lauge verändert sich daher der pH-Wert der Lösung kaum

## pH-Wert

- Puffergleichung:

$$pH = pK_s + \lg \frac{c(A^-)}{c(HA)}$$

- werden Puffersäure und Pufferbase äquimolar eingesetzt, gilt:

$$pH = pK_s(HA)$$

## Puffersysteme

- meist äquimolare Mischung aus schwacher Säure HA und ihrer korrespondierenden Base $A^-$

## Bedeutung

- spielen eine Rolle, wenn es wichtig ist, dass der pH-Wert innerhalb enger Grenzen konstant bleibt
- z. B. in biologischen Systemen, in technischen Prozessen

## Pufferkapazität

- wird zu viel Säure oder Lauge zugegeben, reicht die Pufferkapazität nicht aus
- meist ±1 pH-Einheit um den pH-Wert des äquimolaren Zustands

## Beispiele

- Essigsäure-Acetat-Puffer: pH = 4,8
- Kohlensäure-Hydrogencarbonat-Puffer: pH = 6,5
- Dihydrogenphosphat-Hydrogenphosphat-Puffer: pH = 7,2

**1** In einer Titration werden 25 ml Salzsäurelösung unbekannter Konzentration mit Natronlauge der Konzentration 0,1 mol/l umgesetzt. Der Verbrauch an Maßlösung am Äquivalenzpunkt beträgt 23,5 ml. Berechnen Sie die Konzentration der vorgelegten Salzsäurelösung.

**2** Zu 10 g einer kalkhaltigen Bodenprobe werden 50 ml einer Salzsäurelösung der Konzentration 2 mol/l gegeben. Ein Teil der Säure reagiert mit dem in der Bodenprobe enthaltenen Kalk (Calciumcarbonat). Bei der Reaktion entstehen Kohlenstoffdioxid, Wasser und Calciumchlorid. Die unverbrauchte Salzsäure wird anschließend mit Natronlauge der Konzentration 1 mol/l titriert. Bis zum Äquivalenzpunkt werden 8 ml verbraucht.
   a) Formulieren Sie die Reaktionsgleichungen aller ablaufenden Reaktionen.
   b) Berechnen Sie die Masse an Kalk, die ursprünglich in der Bodenprobe enthalten war.

**3** In einer Titration werden 12 ml Bariumhydroxidlösung mit Phosphorsäure der Konzentration 0,2 mol/l zur Reaktion gebracht. Der Verbrauch bis zum Äquivalenzpunkt beträgt 20 ml. Erstellen Sie die Reaktionsgleichung und berechnen Sie die Konzentration der Bariumhydroxidlösung.

**4** Um die Konzentration einer Schwefelsäurelösung zu bestimmen, sollen 50 ml der Lösung mit einer frisch angesetzten Natriumhydroxidlösung titriert werden. Dazu werden 20 g festes Natriumhydroxid in 500 ml Wasser gelöst. Bis zum Äquivalenzpunkt werden 60 ml dieser Natronlauge verbraucht. Formulieren Sie die Reaktionsgleichung der ablaufenden Reaktion und berechnen Sie die Konzentration der Schwefelsäurelösung.

**5** In einer Titration werden 25 ml Essigsäure unbekannter Konzentration mit Natronlauge der Konzentration 0,1 mol/l umgesetzt. Bis zum Äquivalenzpunkt werden 45 ml der Maßlösung verbraucht. Berechnen Sie die Konzentration der Essigsäurelösung.

| $V(NaOH)$ in ml | pH-Wert | $c(H_3O^+)$ in mol/l | $c(OH^-)$ in mol/l |
|---|---|---|---|
| 0,0 | ? | ? | ? |
| 0,1 | ? | ? | ? |
| 0,5 | 2,3 | $5 \cdot 10^{-3}$ | $2 \cdot 10^{-12}$ |
| 0,9 | ? | ? | ? |
| 0,99 | ? | ? | ? |
| 1 | ? | ? | ? |
| 1,1 | ? | ? | ? |
| 2 | ? | ? | ? |

**Tab. 1** Wertetabelle zu Aufgabe 6

**6** In einer Titration werden 100 ml Salzsäure der Konzentration 0,01 mol/l mit Natronlauge der Konzentration 1 mol/l umgesetzt. Während der Titration wird der pH-Wert regelmäßig mit einem pH-Meter gemessen und in eine Tabelle eingetragen. Anschließend wird eine Titrationskurve gezeichnet.
   a) Füllen Sie eine Wertetabelle (Tab. 1) mit den zu erwartenden Zahlen.
   b) Zeichnen Sie die zu erwartende Titrationskurve.

**7** Ein Laborant erhält den Auftrag, einen äquimolaren Kohlensäure-Hydrogencarbonat-Puffer herzustellen. Ihm stehen dabei 100 ml einer Kohlensäurelösung der Konzentration 0,1 mol/l und festes Natriumhydrogencarbonat zur Verfügung.
   a) Berechnen Sie die Masse an Natriumhydrogencarbonat, die eingewogen werden muss.
   b) Erläutern Sie, wie aus dem $pK_S$-Wert der Kohlensäure ($pK_S = 6{,}52$) mithilfe des Massenwirkungsgesetzes der pH-Wert der Pufferlösung berechnet werden kann. Formulieren Sie dazu die Protolysegleichung der Kohlensäure in Wasser.
   c) Erklären Sie mithilfe von Reaktionsgleichungen, warum die vorgelegte Konstellation die Zugabe von Säure und Lauge abpuffern kann.

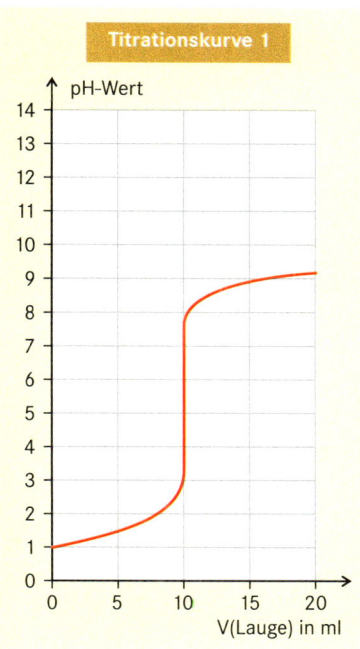

**Titrationskurve 1**

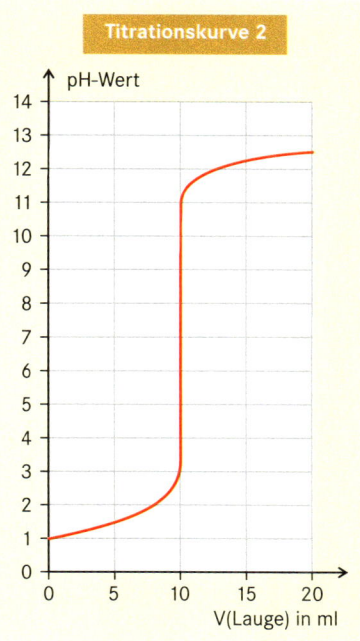

**Titrationskurve 2**

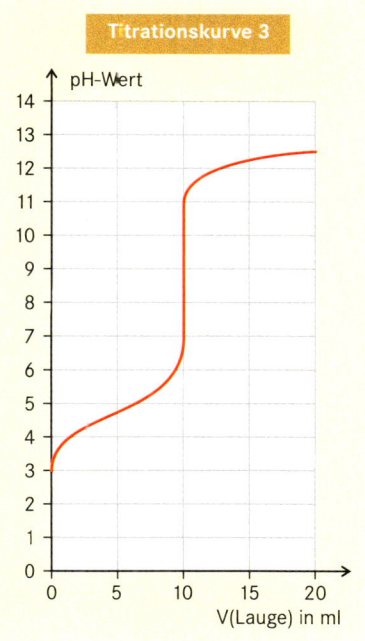

**Titrationskurve 3**

**1** Titrationskurven der unterschiedlichen Ansätze in Aufgabe 8

**8** Abbildung 1 zeigt die Titrationskurven 1–3 dreier unterschiedlicher Ansätze:
Ansatz A: starke Säure – starke Base
Ansatz B: starke Säure – schwache Base
Ansatz C: schwache Säure – starke Base
a) Ordnen Sie die drei Ansätze A, B und C der jeweils richtigen Kurve 1, 2 und 3 zu und begründen Sie Ihre Entscheidung.
b) Wählen Sie für jede Titration einen passenden Indikator und begründen Sie Ihre Entscheidung.
c) Diskutieren Sie, welcher dieser drei Ansätze nicht praxistauglich ist.

**9** Zur Bestimmung des Äquivalenzpunktes einer Titration werden meist Indikatoren eingesetzt. Erklären Sie, warum es wichtig ist, dass nur wenige Tropfen des Indikators zugegeben werden.

**10** Eine unbekannte Säurelösung der Konzentration 0,1 mol/l ergibt den pH-Wert 3,96.
Berechnen Sie den $pK_S$-Wert der Säure.
Recherchieren Sie, um welche Säure es sich handeln könnte.

**11** Abbildung 2 zeigt die Titrationskurve einer starken Säure mit einer starken Base bei Anwesenheit eines Puffersystems mit $pK_S = 7$. Erklären Sie, welche Unterschiede zum Kurven-verlauf ohne Puffersystem zu erkennen sind und wie diese zustande kommen.

**2** Titrationskurve bei Anwesenheit eines Puffersystems

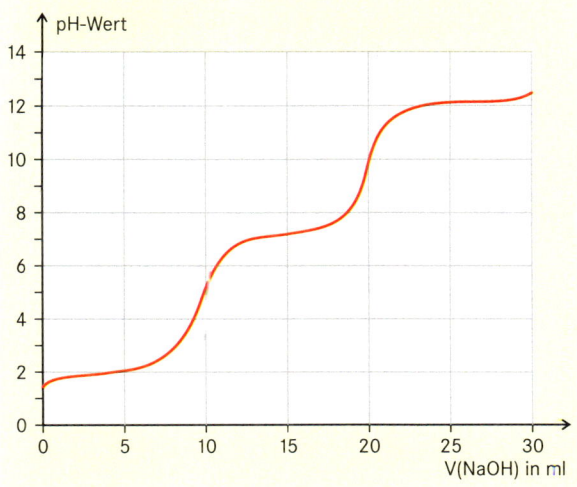

## Die Korrosion von Eisen

**1** Man geht nach Schätzungen davon aus, dass weltweit jährlich über 25 Milliarden Euro Schaden durch Rost entsteht. In Haushalten können durch diesen Rostvorgang Wasserleitungen beschädigt werden (Abb. 1), was zu einem Wasserrohrbruch mit enormen Kosten führen kann.
Das Rosten, also die Korrosion von Eisen, beruht auf einer Redoxreaktion von Eisen mit dem Sauerstoff der Luft. Bei diesem Vorgang entsteht unter anderem das rotbraune Eisen(III)-hydroxid.
Von einem verrosteten Rohrstück wird auf einer Länge von 1 cm der Rost vollständig abgekratzt und in 100 ml Wasser gelöst. 50 ml dieser Lösung werden mit Salzsäure der Konzentration 0,3 mol/l bis zum Äquivalenzpunkt titriert. Der Verbrauch der Salzsäure beträgt 40 ml.
Zusätzlich wird der pH-Wert während der kompletten Titration gemessen und an einen Computer weitergeleitet.

a) Formulieren Sie die Reaktionsgleichung (Gesamt- und Teilgleichungen) des Rostvorgangs. Gehen Sie dabei von Eisen und Sauerstoff als Edukte und Eisen(III)-hydroxid als Produkt aus.

b) Formulieren Sie die Reaktionsgleichung der Titrationsreaktion. Berechnen Sie nachvollziehbar die Masse an Eisen(III)-hydroxid, die auf einem 1 m langen Rohrstück zu erwarten ist.

c) Skizzieren Sie die durch die Computeranalyse zu erwartende Titrationskurve. Geben Sie die pH-Werte für Start- und Äquivalenzpunkt der Titration an.

**1** Wasserrohrbruch durch Rost

**2** Zur Bestimmung des Äquivalenzpunktes in Aufgabe 1 kann der Säure-Base-Indikator Lackmus verwendet werden.
Das Lackmusmolekül zeigt einen komplexen Aufbau (Abb. 2). Mehrere Regionen des Moleküls sind am Farbumschlag beteiligt. Während der Farbveränderung reagiert unter anderem der Orceinrest, der mehrfach im Lackmusmolekül vorkommt.

a) Erläutern Sie das Phänomen der Farbigkeit am Beispiel des Orcein-Molekülrestes.

b) Erklären Sie die Farbänderung bei unterschiedlichem Milieu und gehen Sie dabei auf das Prinzip des kleinsten Zwanges ein.

**3** „Jeder Säure-Base-Indikator ist auch ein Puffersystem."
Erläutern Sie diese Aussage. Erklären Sie dabei die Wirkungsweise und die Bedeutung von Puffersystemen.

**2** Strukturformel des Lackmusmoleküls

*Orceinrest*

*Orceinrest*

n = 3 – 5

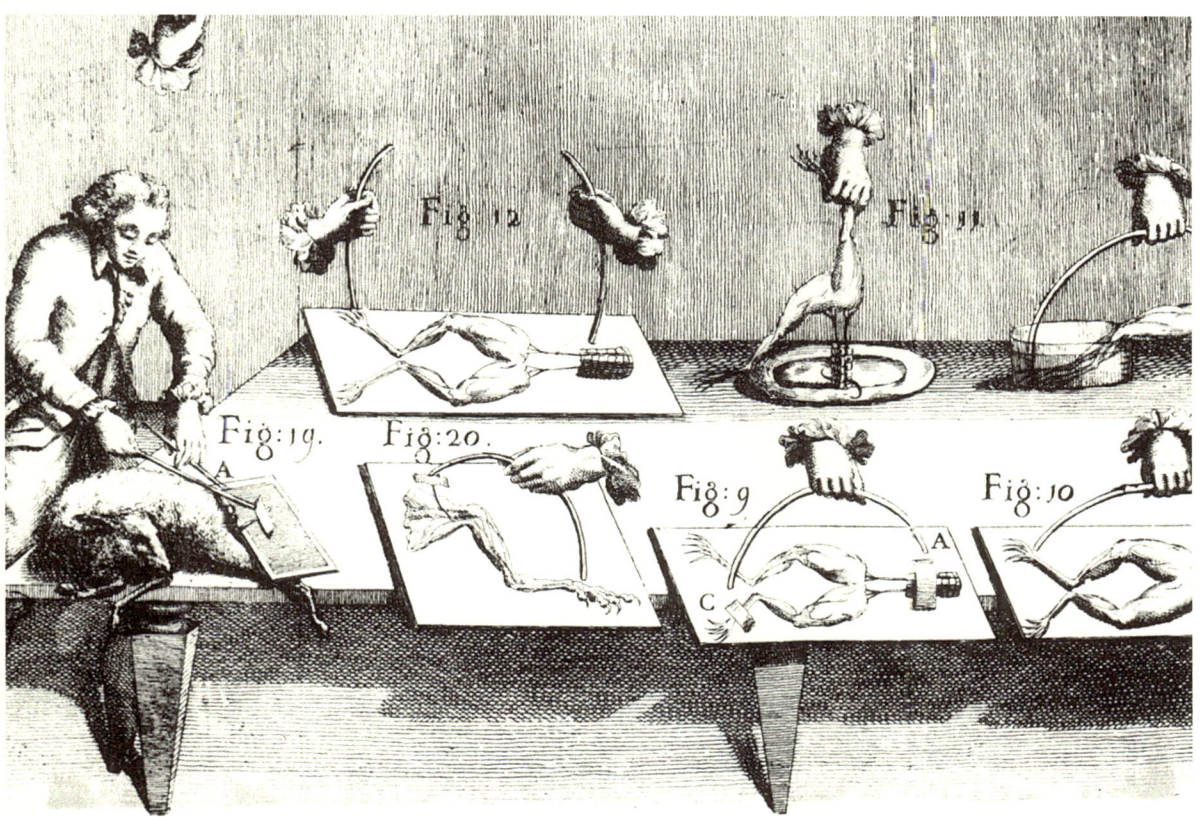

Redoxreaktionen können als Gleichgewichtsreaktionen beschrieben werden.
Die Kenntnis der Gleichgewichtslage
ermöglicht eine Voraussage über die
Richtung des Elektronenüberganges.
In galvanischen Zellen können Elektronen-
übergänge zur Umwandlung von
chemischer Energie in elektrische Energie
genutzt werden.
Durch Elektrolyse kann elektrische Energie
wieder in chemische Energie umgewandelt
werden.

  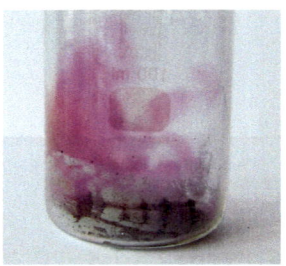 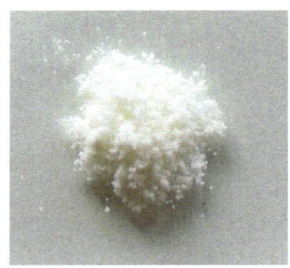

**1** a) Graublaues, matt schimmerndes Zinkpulver (links) wird mit grauschwarzen, metallisch glänzenden Iodplättchen (rechts) vermischt und zur Aktivierung der Reaktion mit etwas Wasser versetzt.

b) Iod und Zink reagieren nach der Aktivierung heftig unter Entwicklung violetter Ioddämpfe.

c) Wird die entstandene farblose Lösung eingedampft, bleibt ein weißes Salz zurück.

## 4.1 Redoxreaktionen sind umkehrbar

**Reaktion von Zink mit Iod.** Das Metall Zink reagiert mit dem Halogen Iod unter Wärmefreisetzung (Abb. 1). Es entsteht das Salz Zink(II)-iodid, das durch die Verhältnisformel $ZnI_2$ beschrieben wird. Die Reaktionsgleichung für die beschriebene Stoffumwandlung lautet:

$$Zn + I_2 \longrightarrow \underbrace{Zn^{2+} + 2\,I^-}_{ZnI_2}$$

Die Zinkatome geben jeweils zwei Elektronen ab und werden zu zweifach positiv geladenen Zinkionen. Die Elektronen werden von den Iodmolekülen aufgenommen, wobei Iodidionen entstehen (Abb. 2). Dieser Reaktionstyp, bei dem Elektronen von einem Reaktionspartner, dem *Elektronendonator*, auf einen anderen, den *Elektronenakzeptor*, übergehen, ist als *Redoxreaktion* bekannt. Zur besseren Veranschaulichung stellt man diesen Elektronenübergang mit Teilgleichungen dar: Die Oxidation ist der Teilvorgang der Elektronenabgabe, die Reduktion bezeichnet die Elektronenaufnahme:

| Oxidation: | $Zn$ | $\longrightarrow Zn^{2+} + 2\,e^-$ |
|---|---|---|
| Reduktion: | $I_2 + 2\,e^-$ | $\longrightarrow 2\,I^-$ |
| Redoxreaktion: | $Zn + I_2$ | $\longrightarrow Zn^{2+} + 2\,I^-$ |

Gemeinsames Merkmal aller Redoxreaktionen ist der Elektronenübergang von einem Elektronendonator auf einen Elektronenakzeptor. Die Oxidation ist der Teilvorgang der Elektronenabgabe, die Reduktion der Teilvorgang der Elektronenaufnahme.

### Aufgaben

1 Vergleichen Sie Redoxreaktion und Protolysereaktion miteinander.

2 Bei komplizierteren Redoxreaktionen reicht es nicht aus, nur die übertragenen Elektronenzahlen zu ermitteln. Erstellen Sie mithilfe des Grundwissens die Teilgleichungen für folgende Redoxreaktionen: Permanganationen $MnO_4^-$ und Ethanol reagieren in basischer Lösung zu Braunstein $MnO_2$ und Ethanal.

**2** Auf der Teilchenebene kann die Stoffumwandlung von Zink und Iod zu Zinkiodid gedeutet werden: Zinkatome geben jeweils zwei Elektronen ab, die von Iodmolekülen aufgenommen werden.

Zinkatome im Metallgitter + Iodmoleküle → Zinkionen und Iodidionen im Ionengitter

**Zerlegung von Zinkiodid.** Taucht man zwei Elektroden in eine wässrige Zinkiodidlösung und legt eine Gleichspannung an, so bilden sich an der positiv geladenen Elektrode rotbraune Schlieren aus elementarem Iod, während sich an der negativ geladenen Elektrode graublaues Zink abscheidet (Abb. 3).

Auch hier findet eine Redoxreaktion statt: Zinkionen nehmen an der negativ geladenen Elektrode Elektronen auf und werden zu elementarem Zink reduziert, während Iodidionen Elektronen an die positiv geladene Elektrode abgeben und zu elementarem Iod oxidiert werden:

| | | |
|---|---|---|
| Oxidation: | $2\,I^-$ | $\longrightarrow I_2 + 2\,e^-$ |
| Reduktion: | $Zn^{2+} + 2\,e^-$ | $\longrightarrow Zn$ |
| Redoxreaktion: | $Zn^{2+} + 2\,I^-$ | $\longrightarrow Zn + I_2$ |

Diese Reaktion läuft im Gegensatz zur vorher beschriebenen Reaktion von Zink mit Iod nur bei Energiezufuhr ab.

**Korrespondierende Redoxpaare.** Die endotherme Zerlegung von Zinkiodid mithilfe des elektrischen Stroms stellt die Umkehrung seiner exothermen Entstehung aus Zink und Iod dar. Auch Redoxreaktionen sind also grundsätzlich umkehrbar, d. h. die Teilchen, die durch Elektronenabgabe entstehen, können ebenso wieder Elektronen aufnehmen:

$$\text{Elektronendonator} \xrightleftharpoons[\text{Reduktion}]{\text{Oxidation}} \text{Elektronenakzeptor} + \text{Elektron(en)}$$

Solche Teilchenpaare aus Elektronendonator und zugehörigem Elektronenakzeptor werden in Anlehnung an korrespondierende Säure-Base-Paare (→ S. 47) als *korrespondierende Redoxpaare* bezeichnet.

An einer Redoxreaktion sind immer zwei korrespondierende Redoxpaare beteiligt, da die Elektronenabgabe durch ein Redoxpaar stets mit einer Elektronenaufnahme durch ein anderes Redoxpaar gekoppelt sein muss.

Redoxreaktionen sind grundsätzlich umkehrbare Reaktionen. An jeder Redoxreaktion sind zwei korrespondierende Redoxpaare beteiligt.

Die an der Bildung bzw. Zerlegung von Zinkiodid beteiligten korrespondierenden Redoxpaare von Zink und Iod werden so formuliert, dass zunächst der Elektronendonator aufgeführt wird, dann der Gleichgewichtspfeil, danach der Elektronenakzeptor und die Zahl der Elektronen:

$$Zn \rightleftharpoons Zn^{2+} + 2\,e^- \qquad 2\,I^- \rightleftharpoons I_2 + 2\,e^-$$

Oft werden die Redoxpaare auch nur in Kurzschreibweise angeben, wobei der Pfeil durch einen Schrägstrich ersetzt wird und die Elektronen weggelassen werden, also $Zn/Zn^{2+}$ oder $I^-/I_2$.

In der Gleichung findet man die Redoxpaare so:

┌──── korrespondierendes Redoxpaar ────┐

$$Zn + I_2 \rightleftharpoons Zn^{2+} + 2\,I^-$$

└──── korrespondierendes Redoxpaar ────┘

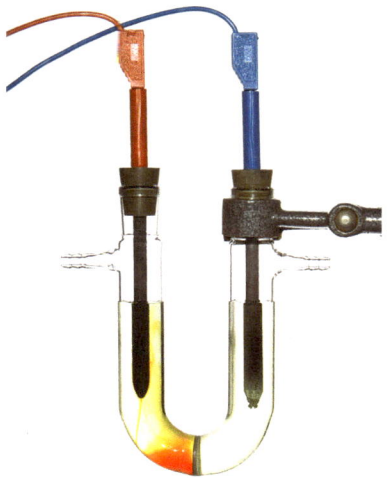

**3** Bei der Zerlegung einer farblosen Zinkiodidlösung mithilfe von elektrischem Strom bildet sich am Minuspol metallisches Zink, während sich am Pluspol der Batterie die Lösung durch gelöstes Iod rotbraun färbt.

**Aufgaben**

**3** Formulieren Sie für folgende Elemente das korrespondierende Redoxpaar: Natrium, Calcium, Aluminium, Brom, Schwefel, Sauerstoff.

**4** Auch bei vielen Stoffwechselvorgängen treten Redoxreaktionen auf. Formulieren Sie die Reaktionsgleichung der Zellatmung und zeigen Sie mithilfe von Oxidationszahlen, dass es sich hierbei um einen Redoxvorgang handelt.

**5** Formulieren Sie die Redoxgleichung der Bildung und der Elektrolyse von Magnesiumchlorid über Teilgleichungen.

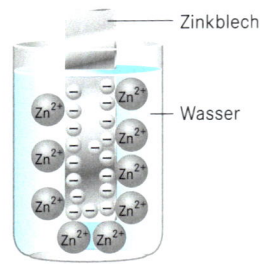

Zinkblech

Wasser

**1** An der Phasengrenze zwischen Metall und wässriger Lösung stellt sich ein Gleichgewicht zwischen Zinkatomen und Zinkionen ein.

**Info**

Das Wort Potenzial leitet sich aus dem Lateinischen ab; lat. potentia: Macht, Kraft, Leistung.

$$Li \rightleftharpoons Li^+ + e^-$$
$$Al \rightleftharpoons Al^{3+} + 3\,e^-$$
$$2\,I^- \rightleftharpoons I_2 + 2\,e^-$$
$$Ag \rightleftharpoons Ag^+ + e^-$$

**2** Die Tendenz zur Elektronenabgabe ist bei verschiedenen korrespondierenden Redoxpaaren unterschiedlich. Dies kann durch unterschiedliche Längen der Gleichgewichtspfeile dargestellt werden.

**3** Redoxreihe für einige korrespondierende Redoxpaare: Die Neigung zur Elektronenabgabe nimmt von oben nach unten ab.

sinkende Neigung zur Elektronenabgabe

$$Mg \rightleftharpoons Mg^{2+} + 2\,e^-$$
$$Zn \rightleftharpoons Zn^{2+} + 2\,e^-$$
$$Fe \rightleftharpoons Fe^{2+} + 2\,e^-$$
$$H_2 + 2\,H_2O \rightleftharpoons 2\,H_3O^+ + 2\,e^-$$
$$Cu \rightleftharpoons Cu^{2+} + 2\,e^-$$
$$2\,I^- \rightleftharpoons I_2 + 2\,e^-$$
$$Ag \rightleftharpoons Ag^+ + e^-$$
$$2\,Cl^- \rightleftharpoons Cl_2 + 2\,e^-$$

## 4.2 Redoxpotenzial und Redoxreihe

**Unterschiedliche Tendenz zur Elektronenabgabe.** Stellt man ein Zinkblech in Wasser, so lassen sich Zinkionen nachweisen. Dies beruht darauf, dass einige Zinkatome unter Elektronenabgabe Zinkionen bilden. Die Elektronen verbleiben im Metall. Die positiv geladenen Zinkionen lagern sich aufgrund der elektrostatischen Anziehung auf der Metalloberfläche an (Abb. 1). Dort können sie auch wieder Elektronen aufnehmen und zu Zinkatomen reagieren. Dieses Prinzip der gleichzeitig stattfindenden Hin- und Rückreaktion ist als chemisches Gleichgewicht bekannt. In wässriger Lösung stellt sich zwischen Elektronendonator und Elektronenakzeptor des $Zn/Zn^{2+}$-Redoxpaares ein solches Gleichgewicht ein:

$$Zn \rightleftharpoons Zn^{2+} + 2\,e^-$$

Führt man den beschriebenen Versuch mit einem Kupferblech durch, so stellt sich ein Gleichgewicht zwischen Kupferatomen und Kupferionen ein. Es sind jedoch nur sehr wenige Kupferionen vorhanden. Das Gleichgewicht liegt beim korrespondierenden Redoxpaar $Cu/Cu^{2+}$ stärker auf der Seite des Metalls als beim korrespondierenden Redoxpaar $Zn/Zn^{2+}$:

$$Cu \rightleftharpoons Cu^{2+} + 2\,e^-$$

**Das Redoxpotenzial.** Die Tendenz zur Elektronenabgabe ist also in den beiden Redoxpaaren verschieden stark ausgeprägt. Auch bei anderen korrespondierenden Redoxpaaren ist die Neigung zur Elektronenabgabe unterschiedlich (Abb. 2). Das Bestreben zur Elektronenabgabe wird als *Redoxpotenzial E* eines Redoxpaares bezeichnet.

Die Tendenz zur Elektronenabgabe ist bei verschiedenen korrespondierenden Redoxpaaren unterschiedlich und wird als Redoxpotenzial E bezeichnet.

**Die Redoxreihe.** Ordnet man die verschiedenen korrespondierenden Redoxpaare nach ihrem Redoxpotenzial, so ergibt sich die sogenannte Redoxreihe (Abb. 3). Oben in dieser Reihe stehen die korrespondierenden Redoxpaare, die leicht Elektronen abgeben, weiter unten die Paare mit einer geringeren Tendenz zur Elektronenabgabe. Die Neigung zur Elektronenabgabe sinkt in der Redoxreihe also von oben nach unten.

**Anwendung der Redoxreihe.** Gibt man ein Zinkblech in eine wässrige Lösung mit Kupfer(II)-Ionen, bilden sich elementares Kupfer und Zinkionen (Abb. 4), denn Zink gibt Elektronen an Kupferionen ab. Kupferblech in einer Zink(II)-Ionenlösung zeigt jedoch keine Reaktion (Abb. 5).

Kupfer reagiert also nicht freiwillig mit Zinkionen. Bei beiden Versuchen sind die korrespondierenden Redoxpaare $Zn/Zn^{2+}$ und $Cu/Cu^{2+}$ beteiligt. Die Stellung dieser Paare in der Redoxreihe zeigt, dass Zink eine größere Neigung zur Elektronenabgabe hat als Kupfer. Umgekehrt heißt dies für die Elektronenakzeptoren, dass Kupfer(II)-Ionen eine größere Neigung zur Elektronenaufnahme haben als Zinkionen.

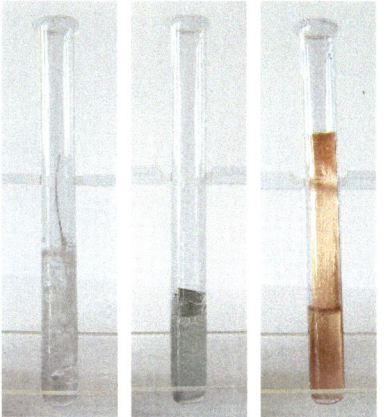

**4** In einer blauen Kupfersulfatlösung scheidet sich an einem Zinkblech Kupfer ab, das zunächst schwarz erscheint. Die Lösung entfärbt sich langsam.

**5** Ein Kupferblech in farbloser Zinksulfatlösung bleibt unverändert.

**6** Unedle Metalle wie Magnesium (links) und Zink (Mitte) reagieren in verdünnter Salzsäure unter Wasserstoffentwicklung. Ein edles Metall wie Kupfer (rechts) zeigt keine Reaktion.

Eine freiwillige Elektronenabgabe ist daher nur von dem höher in der Redoxreihe stehenden Elektronendonator an einen tiefer in der Redoxreihe stehenden Elektronenakzeptor möglich und nicht umgekehrt:

$$Zn \longrightarrow Zn^{2+} + 2\,e^- \qquad\qquad Zn \xleftarrow{\;\;} Zn^{2+} + 2\,e^-$$
$$\downarrow \qquad\qquad\qquad\qquad\qquad\qquad \uparrow$$
$$Cu \longleftarrow Cu^{2+} + 2\,e^- \qquad\qquad Cu \xrightarrow{\;\;} Cu^{2+} + 2\,e^-$$

Die Redoxreihe informiert darüber, welche Redoxreaktionen freiwillig ablaufen. Elektronendonatoren können nur an in der Redoxreihe weiter unten stehende Elektronenakzeptoren freiwillig Elektronen abgeben.

**Edle und unedle Metalle.** Metalle zeigen in verdünnten sauren Lösungen ein unterschiedliches Verhalten (Abb. 6): Eisen, Zink oder Magnesium reagieren mit Oxoniumionen unter Wasserstoffentwicklung zu den entsprechenden Metallionen, man bezeichnet diese Metalle als *unedel*, z. B.:

Oxidation: $Zn \longrightarrow Zn^{2+} + 2\,e^-$
Reduktion: $2\,H_3O^+ + 2\,e^- \longrightarrow H_2 + 2\,H_2O$

*Edle* Metalle wie Gold, Silber oder Kupfer reagieren in verdünnten sauren Lösungen nicht.
Auch für dieses Phänomen liefert die Position der korrespondierenden Redoxpaare in der Redoxreihe die Erklärung. Redoxpaare unedler Metalle stehen in der Redoxreihe über dem Redoxpaar $H_2/H_3O^+$ (Abb. 3). Redoxpaare edler Metalle hingegen stehen darunter; daher geben diese Metalle ihre Elektronen nicht freiwillig an die Oxoniumionen ab.

Unedle Metalle werden in sauren Lösungen unter Wasserstoffentwicklung oxidiert, edle Metalle zeigen dieses Verhalten nicht.

**Info**
Das Redoxpotenzial eines Metalls hängt v. a. von dessen Ionisierungsenergie und der Hydratationsenergie der gebildeten Ionen ab. Es gilt: Je weniger Energie zur Bildung der Ionen aufzuwenden ist und je mehr Energie beim Lösen dieser Ionen in Wasser frei wird, desto größer ist das Bestreben zur Elektronenabgabe. Eine Aussage über das Redoxpotenzial auf dieser Basis ist aber kaum möglich, da beide Energien eine gegenläufige Abhängigkeit von der Ladung des Ions zeigen. Daher werden Redoxpotenziale experimentell bestimmt (→ S. 86 f.).

**Aufgabe**
1 Zinn reagiert freiwillig mit Blei(II)-Ionen unter Bildung von Zinn(II)-Ionen und elementarem Blei. Blei hingegen reagiert nicht mit Zinn(II)-Ionen. Formulieren Sie die beiden beteiligten Redoxpaare und treffen Sie anhand der gegebenen Informationen eine Aussage über die Stellung dieser Redoxpaare in der Redoxreihe.

**1** Der britische Chemiker John Frederic Daniell (1790 – 1845) entwickelte die Zink-Kupfer-Zelle als elektrische Spannungsquelle.

**Info**

Das Wort Diaphragma leitet sich aus dem Griechischen ab; gr. diaphragma: Zwischenwand.

# 4.3 Galvanische Zellen

**Elektrischer Strom durch Redoxreaktionen.** Reaktionen mit Elektronenübergang, die freiwillig und unter Energieabgabe verlaufen, bilden die Basis von elektrochemischen Spannungsquellen wie Batterien (→ S. 102).
Der britische Chemiker John Frederic Daniell entwickelte bereits 1836 eine solche Spannungsquelle (Abb. 1): Grundlage bildet ein Redoxsystem aus Zink und Kupfer. Bei direktem Kontakt zwischen einem Zinkblech und Kupfersulfatlösung reagieren die Kupfer(II)-Ionen entsprechend ihrer Stellung in der Redoxreihe freiwillig mit den Zinkatomen. Es kommt zu einem Elektronenübergang, bei dem Zinkatome zwei Elektronen abgeben, die von den Kupferionen aufgenommen werden. Erkennbar ist dies an der Abscheidung von elementarem rotbraunem Kupfer auf dem Zinkblech.

**Das Daniell-Element.** John Frederic Daniell trennte die Reaktionspartner dieser Redoxreaktion räumlich voneinander, sodass die Elektronen nicht direkt übertragen, sondern über einen elektrischen Leiter abgeführt werden konnten.
Bei dieser als *Daniell-Element* bekannten Versuchsanordnung taucht ein Zinkblech in eine wässrige Zinksulfatlösung und ein Kupferblech in eine Kupfer(II)-sulfatlösung (Abb. 2). Die beiden Metalle Zink und Kupfer sind elektrisch leitend miteinander verbunden und bilden die Elektroden des Daniell-Elements. Die beiden Salzlösungen sind nur durch eine poröse Tonwand, auch *Diaphragma* genannt, getrennt. Diese verhindert eine schnelle Durchmischung der Lösungen, ist jedoch für Ionen durchlässig.

**2** Aufbau des Daniell-Elements

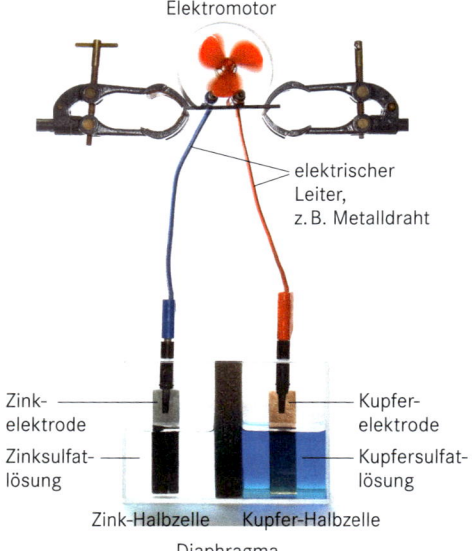

Elektromotor

elektrischer Leiter, z. B. Metalldraht

Zink-elektrode

Zinksulfat-lösung

Kupfer-elektrode

Kupfersulfat-lösung

Zink-Halbzelle   Kupfer-Halbzelle

Diaphragma

**3** Reaktionsabläufe im Daniell-Element: Zink ist der Elektronendonator, die Kupfer(II)-Ionen sind Elektronenakzeptoren.

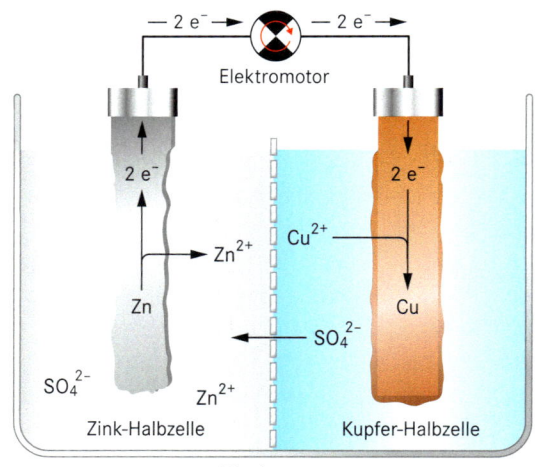

$2\,e^-$   Elektromotor   $2\,e^-$

$2\,e^-$   $2\,e^-$

$Cu^{2+}$

$Zn^{2+}$

$Zn$   $Cu$

$SO_4^{2-}$

$SO_4^{2-}$   $Zn^{2+}$

Zink-Halbzelle   Kupfer-Halbzelle

Diaphragma

Durch diese spezielle Anordnung wird eine räumliche Trennung der beiden beteiligten Redoxpaare $Zn/Zn^{2+}$ und $Cu/Cu^{2+}$ erreicht. Die dabei entstehenden Reaktionsräume werden als *Halbzellen* bezeichnet.

Eine Halbzelle entsteht durch Eintauchen eines Metalls in seine Salzlösung und stellt somit ein korrespondierendes Redoxpaar dar.

**Vorgänge im Daniell-Element.** Der Elektronenübergang kann in dieser Anordnung nur über die elektrisch leitende Verbindung stattfinden.
Zink reagiert unter Elektronenabgabe zu Zink(II)-Ionen, die in Lösung gehen. Die Zinkelektrode zersetzt sich aufgrund dieses Vorgangs langsam (Abb. 3). Die abgegebenen Elektronen wandern durch den elektrischen Leiter zum Kupferblech. An dessen Oberfläche können Kupfer(II)-Ionen aus der Lösung die Elektronen aufnehmen und zu metallischem Kupfer reagieren, das sich auf dem Blech ablagert:

| | | |
|---|---|---|
| Oxidation: | $Zn$ | $\longrightarrow Zn^{2+} + 2\,e^-$ |
| Reduktion: | $Cu^{2+} + 2\,e^-$ | $\longrightarrow Cu$ |
| Redoxreaktion: | $Zn + Cu^{2+}$ | $\longrightarrow Zn^{2+} + Cu$ |

Die im elektrischen Leiter fließenden Elektronen können als elektrischer Strom einen dazwischengeschalteten Elektromotor antreiben. Das Diaphragma schließt den Stromkreis, indem es eine Ionenwanderung ermöglicht. Ohne diese leitende „Verbindung" würden die in Lösung gehenden Zinkionen die Zink-Halbzelle positiv aufladen, die Kupfer-Halbzelle würde sich durch die Reaktion der Kupfer(II)-Ionen zu Kupfer negativ aufladen. Durch das Diaphragma können die negativ geladenen Sulfationen aus der Kupfer-Halbzelle in die Zink-Halbzelle wandern und so einen Ladungsausgleich bewirken.

★**Elektrische Leiter.** Stoffe, die frei bewegliche Ladungsträger besitzen und somit zum Transport geladener Teilchen genutzt werden können, nennt man elektrische Leiter.
Im Daniell-Element treten zwei Arten solcher elektrischer Leiter auf (Abb. 4): Metalle und Elektrolyte. Beim elektrischen Stromfluss durch Metalle wird die Ladung durch frei bewegliche Elektronen transportiert. In Elektrolyten liegen frei bewegliche Ionen vor, welche einen Ladungstransport ermöglichen. Die elektrolytische Leitung erfolgt daher in erster Linie in Salzlösungen oder Salzschmelzen.

**Aufgabe**

**1** Erklären Sie, warum sich die beiden Salzlösungen des Daniell-Elements nicht vermischen dürfen.

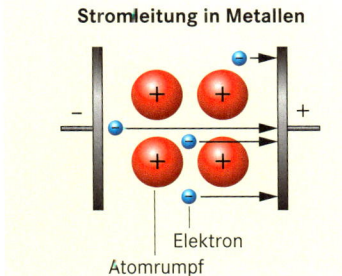
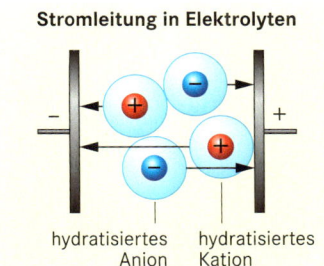

**4** In Metallen erfolgt die Leitung des elektrischen Stroms durch die Bewegung von Elektronen (links), in Salzlösungen wandern hydratisierte Ionen (rechts).

**Galvanische Zellen.** Zu solchen elektrochemischen Spannungsquellen lassen sich prinzipiell alle korrespondierenden Redoxpaare als Halbzellen kombinieren. Zu Ehren des Entdeckers elektrochemischer Phänomene, Luigi Galvani (→ S. 85), werden solche Kombinationen als *galvanische Zellen* bezeichnet.

Durch die räumliche Trennung der beiden Teilreaktionen einer Redoxreaktion wird in einer galvanischen Zelle chemische Energie, die in den Ausgangsstoffen der Redoxreaktion steckt, in elektrische Energie umgewandelt.

Galvanische Zellen sind Kombinationen zweier Halbzellen, die als elektrochemische Spannungsquellen dienen.

**Der Partner bestimmt die Richtung.** Eine weitere galvanische Zelle erhält man, wenn die Zink-Halbzelle des Daniell-Elements durch eine Silber-Halbzelle ersetzt wird, bei der ein Silberblech in eine Silbernitratlösung taucht (Abb. 5). Der zwischengeschaltete Elektromotor dreht sich jedoch bei dieser Anordnung im Vergleich zum Daniell-Element in die entgegengesetzte Richtung: Da das Kupfer-Redoxpaar in der Redoxreihe über dem Silber-Redoxpaar steht, wirkt hier Kupfer als Elektronendonator; die Elektronen fließen von der Kupfer-Halbzelle zur Silber-Halbzelle:

| Oxidation: | $Cu$ | $\longrightarrow$ | $Cu^{2+} + 2\,e^-$ | |
|---|---|---|---|---|
| Reduktion: | $Ag^+ + e^-$ | $\longrightarrow$ | $Ag$ | $\mid \cdot 2$ |
| Redoxreaktion: | $Cu + 2\,Ag^+$ | $\longrightarrow$ | $Cu^{2+} + 2\,Ag$ | |

Die Elektroden in einem galvanischen Element werden entsprechend der dort ablaufenden Teilreaktionen bezeichnet: Der Ort der Oxidation wird als *Anode* bezeichnet, die Elektrode, an der die Reduktion abläuft, nennt man *Kathode*.

In einer galvanischen Zelle wirkt die Halbzelle als Elektronendonator (Anode), deren Redoxpaar weiter oben in der Redoxreihe steht. Das tiefer stehende Redoxpaar wirkt als Elektronenakzeptor (Kathode).

**Info**
Für galvanische Elemente ist folgende Kurzschreibweise üblich:

$Zn/Zn^{2+}$ $\quad//\quad$ $Cu^{2+}/Cu$
Metall/Ion $\quad//\quad$ Ion/Metall

Anode  Diaphragma  Kathode

**Aufgabe**

2 Erstellen Sie eine beschriftete Skizze des galvanischen Elements aus einer Silber- und einer Eisen-Halbzelle.

5 In einem Silber-Kupfer-Element wirkt Kupfer als Elektronendonator, die Silberionen wirken als Elektronenakzeptor.

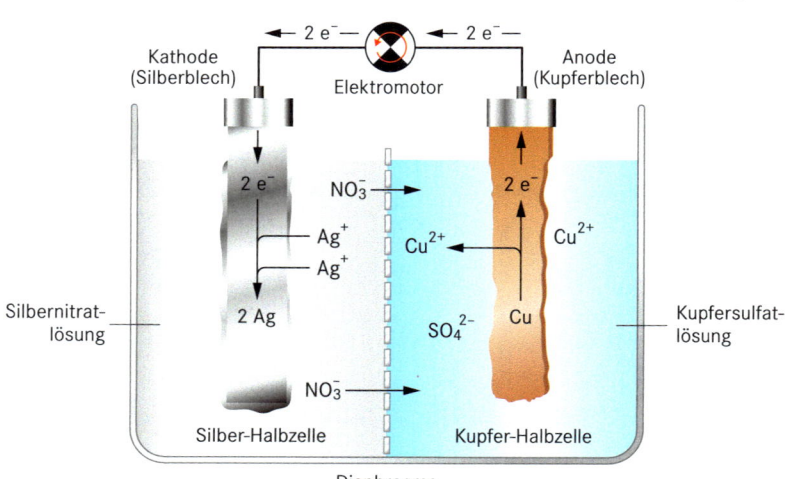

Diaphragma

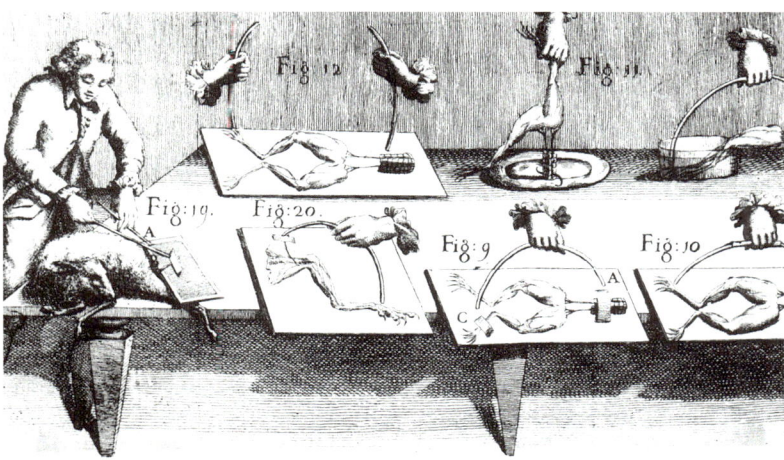

**1** Galvani führt ein Froschschenkelexperiment durch.

**2** Der italienische Arzt und Forscher Luigi Galvani (1737–1798) gilt als Begründer der Elektrochemie.

# ★ 4.4  Die Anfänge der Elektrochemie

**Galvanis Entdeckung.** Der italienische Arzt, Anatom und Biophysiker Luigi Galvani (Abb. 2) untersuchte im Jahr 1780 in Bologna die Nerven eines toten Frosches. Er beobachtete, dass tote Frösche, die er in der Nähe einer Elektrisiermaschine lagerte, zu zucken begannen, als er sie mit einem Messer berührte (Abb. 1).

Da Galvani annahm, dass auch bei Abwesenheit einer Elektrisiermaschine solche Erscheinungen auftreten können, befestigte er am Rückenmark eines toten Frosches einen Messinghaken und legte das Präparat neben das eiserne Geländer seiner Terrasse: „Wenn das Häkchen mit dem Finger gegen die eiserne Fläche gedrückt wurde, wurden die Frösche bewegt ... Ich versuchte also gleich das nämliche mit anderen Metallen, aber der Erfolg war immer derselbe, außer, dass die Zusammenziehungen nach der Verschiedenheit der Metalle auch verschieden waren, mit einigen heftiger mit anderen schwächer."

Die Reaktionen auf Galvanis Veröffentlichung im Jahr 1789 zeigten die große Bedeutung seiner Entdeckung: „Man kann sagen, wo es Frösche gab, und wo sich zwei Stücke ungleichartigen Metalls erschwingen ließen, wollte Jedermann sich von der wunderbaren Wiederbelebung der Frösche ... überzeugen."

Galvani glaubte, eine neue „animalische Elektrizität" gefunden zu haben, die durch Vorgänge im Gehirn und in den Nerven entstand. Er erkannte nicht, dass er selbst eine Spannung erzeugt hatte, auf die der Frosch lediglich reagierte.

**Voltas Deutung.** Galvanis Experimente wurden von Alessandro Volta (Abb. 3), damals Professor in Padua wiederholt. Ihm kamen bald Zweifel an Galvanis Deutung. Der Frosch schien ihm nur ein besonders empfindlicher „Elektrizitätsmesser" zu sein. Er folgerte richtig, dass die Elektrizität aus der Berührung zweier Metalle hervorging, wenn diese in Elektrolytlösungen, z. B. Gewebsflüssigkeit, getaucht werden.

**Info**
Galvani hatte mit seiner Vorstellung der „tierischen Elektrizität" nicht ganz unrecht. Mit heutigen Messmethoden kann man nachweisen, dass zwischen dem Inneren der Nervenzellen und ihrer Umgebung eine elektrische Spannung besteht.

**3** Alessandro Volta (1745–1827) deutete Galvanis Entdeckung richtig. Ihm zu Ehren wird die Einheit der elektrischen Spannung mit Volt bezeichnet.

# 4.5 Die elektrochemische Spannungsreihe

**Welche Spannung liefert eine galvanische Zelle?** Kombiniert man verschiedene korrespondierende Redoxpaare jeweils zu galvanischen Zellen und baut anstelle eines Elektromotors ein Spannungsmessgerät in den Stromkreis ein, kann man die elektrischen Spannungen U messen, die diese Zellen liefern (Abb. 1).
Da Spannungsmessgeräte einen sehr großen Innenwiderstand besitzen, findet bei dieser Anordnung nahezu kein Stromfluss statt. Die so gemessene Spannung bezeichnet man daher als *Leerlaufspannung*.

Die Leerlaufspannung ist die Spannung einer galvanischen Zelle, die in nahezu stromlosem Zustand gemessen wird.

Es zeigt sich, dass bei gleichen Versuchsbedingungen, wie Temperatur und Ionenkonzentrationen der Salzlösungen, die unterschiedlichen Redoxpaar-Kombinationen jeweils unterschiedliche Leerlaufspannungen liefern (Tab. 1).
Vergleicht man die gemessenen Spannungen mit der Stellung der beteiligten Redoxpaare in der Redoxreihe (→ S. 80, Abb. 3), so fällt auf: Je weiter diese Paare in der Redoxreihe auseinander stehen, desto größer ist die Spannung. So liefert die galvanische Zelle aus einer Zink- und einer Silber-Halbzelle eine deutlich höhere Spannung als die Kombination von $Zn/Zn^{2+}$ mit dem weiter oben in der Redoxreihe stehenden $Cu/Cu^{2+}$.

**Spannung als Redoxpotenzialdifferenz.** Die elektrische Spannung U ist als Potenzialdifferenz definiert. Bei galvanischen Zellen, also elektrochemischen Spannungsquellen, ist dies die *Redoxpotenzialdifferenz* $\Delta E$, die zwischen den beteiligten Redoxpaaren auftritt. Vereinbarungsgemäß wird zur Berechnung der Redoxpotenzialdifferenz $\Delta E$ das Redoxpotenzial der Anode von dem der Kathode abgezogen.

Die Spannung in einer galvanischen Zelle ergibt sich aus der Differenz der Redoxpotenziale $\Delta E$ der beteiligten Redoxpaare:

$$U = \Delta E = E(\text{Kathode}) - E(\text{Anode}).$$

Je größer die Spannung einer galvanischen Zelle ist, desto größer ist also die Redoxpotenzialdifferenz der beiden beteiligten Redoxpaare. Da das Redoxpotenzial E die Neigung eines Redoxpaares zur Elektronenabgabe wiedergibt und damit dessen Position in der Redoxreihe bestimmt, erklärt sich auch das Phänomen der immer größer werdenden Spannung bei größerem Abstand der Redoxpaare in der Redoxreihe.

**Die Standard-Wasserstoff-Halbzelle.** Da man einzelne Redoxpotenziale nicht isoliert messen kann, können für E keine absoluten Werte angegeben werden. Ähnlich wie bei der Bestimmung der geografischen Höhe (Abb. 2) benötigt man daher einen Bezugspunkt: Man setzt das Redoxpotenzial E einer Bezugshalbzelle gleich Null und misst die Spannung jedes Redoxpaares gegen diese Bezugshalbzelle.

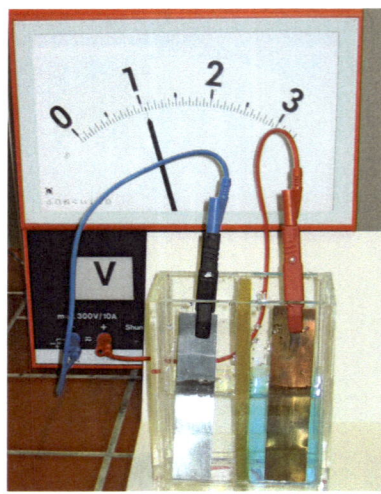

**1** Spannungsmessung an einem Daniell-Element

| galvanische Zelle | Spannung (in V) |
|---|---|
| $Zn/Zn^{2+} /\!/ Fe^{2+}/Fe$ | 0,35 |
| $Zn/Zn^{2+} /\!/ Cu^{2+}/Cu$ | 1,1 |
| $Zn/Zn^{2+} /\!/ Ag^{+}/Ag$ | 1,56 |

**Tab. 1** Elektrische Spannungen, die zwischen verschiedenen Redoxpaaren bei 25 °C und Ionenkonzentrationen von 1 mol/l gemessen werden

**2** Bei der Messung geografischer Höhen wird als Bezugspunkt der Meeresspiegel verwendet und die Höhen relativ zu dieser als 0 m gesetzten Bezugshöhe NHN angegeben.

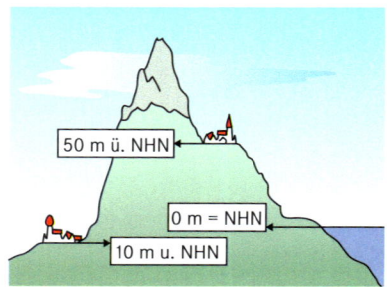

Nach internationaler Übereinkunft wird das Redoxpaar

$$H_2 + 2\,H_2O \rightleftharpoons 2\,H_3O^+ + 2\,e^-$$

als Bezugspunkt zur Bestimmung der Redoxpotenziale verwendet. Experimentell erhält man eine solche *Wasserstoff-Halbzelle*, indem man in eine saure wässrige Lösung Wasserstoffgas einleitet, das eine Platin-Elektrode umspült (Abb. 3). Die Messung erfolgt jeweils unter Standard-Bedingungen, d. h. bei einer Temperatur von 25 °C, einem Druck von 1013 hPa und Ionenkonzentrationen von 1 mol/l. Die Redoxpotenziale, die bei solchen Standard-Bedingungen bestimmt werden, werden als *Standard-Redoxpotenziale* oder kurz *Standardpotenziale E°* bezeichnet. Das Standardpotenzial der Wasserstoff-Halbzelle erhält den Wert 0 V.

Als Bezugshalbzelle zur Bestimmung der Redoxpotenziale wird die Standard-Wasserstoff-Halbzelle verwendet. Ihr Standardpotenzial E° ist 0 V.

**Die Bestimmung von Standardpotenzialen.** Kombiniert man eine Standard-Wasserstoff-Halbzelle mit einer Standard-Zink-Halbzelle, misst man eine Spannung von 0,76 V (Abb. 4). Die Zink-Halbzelle wirkt entsprechend ihrer höheren Position in der Redoxreihe als Anode und Elektronendonator, die Wasserstoff-Halbzelle als Kathode und damit Elektronenakzeptor. Das Standardpotenzial $E°(Zn/Zn^{2+})$ der Zink-Halbzelle beträgt:

$$U \qquad = E°(H_2/H_3O^+) - E°(Zn/Zn^{2+})$$
$$0,76\,V = 0\,V \qquad\quad - E°(Zn/Zn^{2+}) \quad \Rightarrow \quad E°(Zn/Zn^{2+}) = -0,76\,V$$

Die Standardpotenziale der Redoxpaare, die in Bezug zur Standard-Wasserstoff-Halbzelle als Elektronendonator wirken, tragen damit ein negatives Vorzeichen.
Eine Standard-Kupfer-Halbzelle wirkt gegenüber der Standard-Wasserstoff-Halbzelle als Elektronenakzeptor. Zwischen beiden Halbzellen kann eine Spannung von 0,34 V gemessen werden. Das Standardpotenzial $E°(Cu/Cu^{2+})$ der Kupfer-Halbzelle ist daher:

$$U \qquad = E°(Cu/Cu^{2+}) - E°(H_2/H_3O^+)$$
$$0,34\,V = E°(Cu/Cu^{2+}) - 0\,V \quad \Rightarrow \quad E°(Cu/Cu^{2+}) = +0,34\,V$$

Die Standardpotenziale der Redoxpaare, die in Bezug zur Standard-Wasserstoff-Halbzelle als Elektronenakzeptor wirken, haben also ein positives Vorzeichen.

Redoxpaare, die in Kombination mit der Standard-Wasserstoff-Halbzelle als Elektronendonator wirken, haben ein negatives Standardpotenzial, Redoxpaare, die als Elektronenakzeptoren wirken, ein positives.

Mithilfe der so bestimmten Standardpotenziale E° kann die Spannung galvanischer Zellen bei Standard-Bedingungen berechnet werden. Für das Daniell-Element ergibt sich folgende Spannung:

$$U = E°(Kathode) - E°(Anode) = E°(Cu/Cu^{2+}) - E°(Zn/Zn^{2+}) =$$
$$= +0,34\,V \qquad - (-0,76\,V) \quad = 1,1\,V$$

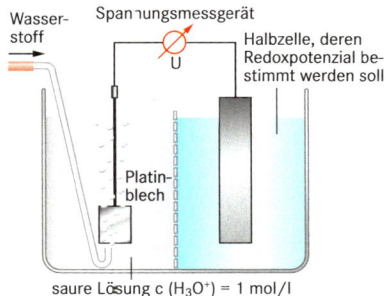

**3** Durch Kombination der Standard-Wasserstoff-Halbzelle (links) mit anderen Standard-Halbzellen (rechts) zu einem galvanischen Element wird deren Standardpotenzial experimentell bestimmt.

**Info**

Die Standard-Wasserstoff-Halbzelle enthält eine Platin-Elektrode, deren Oberfläche durch fein verteiltes Platin stark vergrößert ist. Hierdurch kann das eingeleitete Wasserstoffgas gut adsorbiert werden.

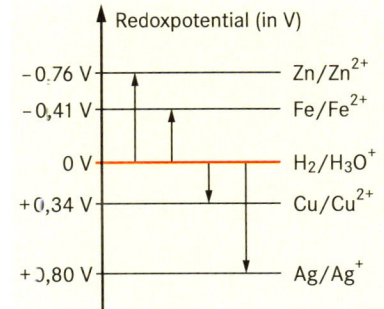

**4** Die Zahlenwerte der Redoxpotenziale werden relativ zur Standard-Wasserstoff-Halbzelle bestimmt.

**Die Spannungsreihe.** Ordnet man die korrespondierenden Redoxpaare nach ihren Standardpotenzialen, erhält man die sogenannte *Spannungsreihe* (Tab. 2), welche mit der Redoxreihe identisch ist. Die Tendenz zur Elektronenabgabe ist umso größer, je negativer das Standardpotenzial des Redoxpaares ist, d.h. je weiter oben das Redoxpaar in der Spannungsreihe steht.

In der Spannungsreihe sind die Redoxpaare entsprechend dem Zahlenwert ihrer Standardpotenziale $E°$ aufgelistet.

**Tab. 2** Ausschnitt aus der Spannungsreihe

| Elektronendonator | ⇌ | Elektronenakzeptor | + z Elektronen | $E°$ |
|---|---|---|---|---|
| $Li$ | ⇌ | $Li^+$ | $+ e^-$ | $-3,04$ V |
| $K$ | ⇌ | $K^+$ | $+ e^-$ | $-2,92$ V |
| $Ca$ | ⇌ | $Ca^{2+}$ | $+ 2 e^-$ | $-2,87$ V |
| $Na$ | ⇌ | $Na^+$ | $+ e^-$ | $-2,71$ V |
| $Mg$ | ⇌ | $Mg^{2+}$ | $+ 2 e^-$ | $-2,36$ V |
| $Al$ | ⇌ | $Al^{3+}$ | $+ 3 e^-$ | $-1,68$ V |
| $Zn$ | ⇌ | $Zn^{2+}$ | $+ 2 e^-$ | $-0,76$ V |
| $S^{2-}$ | ⇌ | $S$ | $+ 2 e^-$ | $-0,48$ V |
| $Fe$ | ⇌ | $Fe^{2+}$ | $+ 2 e^-$ | $-0,41$ V |
| $Sn$ | ⇌ | $Sn^{2+}$ | $+ 2 e^-$ | $-0,14$ V |
| $Pb$ | ⇌ | $Pb^{2+}$ | $+ 2 e^-$ | $-0,13$ V |
| $Fe$ | ⇌ | $Fe^{3+}$ | $+ 3 e^-$ | $-0,04$ V |
| $H_2 + 2 H_2O$ | ⇌ | $2 H_3O^+$ | $+ 2 e^-$ | $0,00$ V |
| $Cu^+$ | ⇌ | $Cu^{2+}$ | $+ e^-$ | $+0,15$ V |
| $Cu$ | ⇌ | $Cu^{2+}$ | $+ 2 e^-$ | $+0,34$ V |
| $4 OH^-$ | ⇌ | $O_2 + 2 H_2O$ | $+ 4 e^-$ | $+0,40$ V |
| $Cu$ | ⇌ | $Cu^+$ | $+ e^-$ | $+0,52$ V |
| $2 I^-$ | ⇌ | $I_2$ | $+ 2 e^-$ | $+0,54$ V |
| $Fe^{2+}$ | ⇌ | $Fe^{3+}$ | $+ e^-$ | $+0,77$ V |
| $Ag$ | ⇌ | $Ag^+$ | $+ e^-$ | $+0,80$ V |
| $Mn_2O_3 + 3 H_2O$ | ⇌ | $2 MnO_2 + 2 H_3O^+$ | $+ 2 e^-$ | $+1,04$ V |
| $2 Br^-$ | ⇌ | $Br_2$ | $+ 2 e^-$ | $+1,07$ V |
| $Pt$ | ⇌ | $Pt^{2+}$ | $+ 2 e^-$ | $+1,20$ V |
| $2 Cl^-$ | ⇌ | $Cl_2$ | $+ 2 e^-$ | $+1,36$ V |
| $Au$ | ⇌ | $Au^{3+}$ | $+ 3 e^-$ | $+1,50$ V |
| $Mn^{2+} + 12 H_2O$ | ⇌ | $MnO_4^- + 8 H_3O^+$ | $+ 5 e^-$ | $+1,51$ V |
| $2 F^-$ | ⇌ | $F_2$ | $+ 2 e^-$ | $+2,87$ V |

**Aufgabe**

1 Berechnen Sie die Leerlaufspannung, die eine galvanische Zelle aus folgenden Halbzellen bei Standard-Bedingungen liefert:
   a) Magnesium- und Blei-Halbzelle,
   b) $Fe/Fe^{3+}$- und Silber-Halbzelle.

# 4.6 Redoxpotenzial und Konzentration

**Einfluss der Ionenkonzentration.** Eine galvanische Zelle aus einer Zink- und einer Kupfer-Halbzelle liefert bei Standard-Bedingungen eine Spannung von 1,1 V. Verwendet man anstelle einer Lösung mit $c(Zn^{2+})$ = 1 mol/l eine mit $c(Zn^{2+})$ = 0,1 mol/l, so liefert diese Zelle eine Spannung von 1,16 V. Aufgrund der geringeren Zinkionenkonzentration ändert sich in der Zink-Halbzelle die Gleichgewichtslage:

$$Zn \rightleftharpoons Zn^{2+} + 2e^-$$

Gemäß dem Prinzip von Le Chatelier ($\rightarrow$ S. 30) verschiebt sich die Gleichgewichtslage auf die Seite der Zinkionen. Die Tendenz zur Elektronenabgabe wird hierdurch erhöht, d.h. das Redoxpotenzial der Halbzelle wird negativer. Die Redoxpotenzialdifferenz, also die Spannung zwischen der Zink- und Kupfer-Halbzelle wird somit größer.

Die Ionenkonzentration in einer Halbzelle beeinflusst die Gleichgewichtslage des Redoxpaares und damit sein Redoxpotenzial.

**1** Der deutsche Chemiker Walther Nernst (1864 – 1941) entwickelte eine Formel zur Berechnung des Redoxpotenzials in Abhängigkeit von der Konzentration der Redoxpartner.

**Die Nernstsche Gleichung.** Liegen keine Standard-Ionenkonzentrationen von 1 mol/l vor, müssen für die Spannungsberechnung einer galvanischen Zelle die Redoxpotenziale der Halbzellen bei der jeweiligen Ionenkonzentration bekannt sein. Eine Berechnung dieser Redoxpotenziale ist mit der nach Walther Nernst (Abb. 1) benannten *Nernstschen Gleichung* möglich.
Für das Redoxpaar Elektronendonator $\rightleftharpoons$ Elektronenakzeptor + $ze^-$ gilt:

$$E(\text{Redoxpaar}) = E°(\text{Redoxpaar}) + \frac{0{,}059\text{ V}}{z} \cdot \lg \frac{c(\text{Elektronenakzeptor})}{c(\text{Elektronendonator})}$$

Mit der Nernstschen Gleichung kann das Redoxpotenzial eines Redoxpaares in Abhängigkeit von der Konzentration der Redoxpartner berechnet werden.

**Info**
Logarithmen können nur aus Zahlenwerten gebildet werden. Deshalb setzt man bei allen Konzentrationsangaben nur den Zahlenwert ohne die Einheit mol/l ein.
Konzentrationen von reinen Feststoffen, Flüssigkeiten und Gasen sind konstant und bereits in den Tabellenwerten der elektrochemischen Potenziale einbezogen ($\rightarrow$ S. 21).

**Berechnung des Redoxpotenzials.** Für eine Zink-Halbzelle mit der Zinkionenkonzentration von 0,01 mol/l ergibt sich das Redoxpotenzial:

$$E(Zn/Zn^{2+}) = E°(Zn/Zn^{2+}) + \frac{0{,}059\text{ V}}{2} \cdot \lg \frac{c(Zn^{2+})}{c(Zn)} =$$
$$= -0{,}76\text{ V} + \frac{0{,}059\text{ V}}{2} \cdot \lg 0{,}01 = -0{,}82\text{ V}.$$

Die Spannung zwischen dieser Zink-Halbzelle und der Standard-Kupfer-Halbzelle berechnet sich dann aus der Differenz der Redoxpotenziale; die Anode ist die Halbzelle mit dem kleineren Redoxpotenzial:

$$
\begin{aligned}
U = \Delta E &= E(\text{Kathode}) &&- E(\text{Anode}) &&= \\
&= E°(Cu/Cu^{2+}) &&- E(Zn/Zn^{2+}) &&= \\
&= +0{,}34\text{ V} &&- (-0{,}82\text{ V}) &&= 1{,}16\text{ V}
\end{aligned}
$$

**Aufgaben**
1 Berechnen Sie das Redoxpotenzial einer Silber-Halbzelle bei einer Silberionenkonzentration von 2,5 mol/l.
2 Berechnen Sie das Redoxpotenzial einer Chlor-Halbzelle bei einer Chloridionenkonzentration von 0,1 mol/l.
3 Berechnen Sie für eine galvanische Zelle aus einer Zink- und einer Kupfer-Halbzelle die Spannung ($c(Cu^{2+})$ = 0,2 mol/l, $c(Zn^{2+})$ = 0,35 mol/l).

**2** In einer Konzentrationszelle – bestehend aus zwei Kupfer-Halbzellen mit unterschiedlicher Kupferionenkonzentration – fließt Strom. Der Elektronenfluss erfolgt von der Halbzelle mit der geringeren Ionenkonzentration zur Halbzelle mit der höheren Ionenkonzentration.

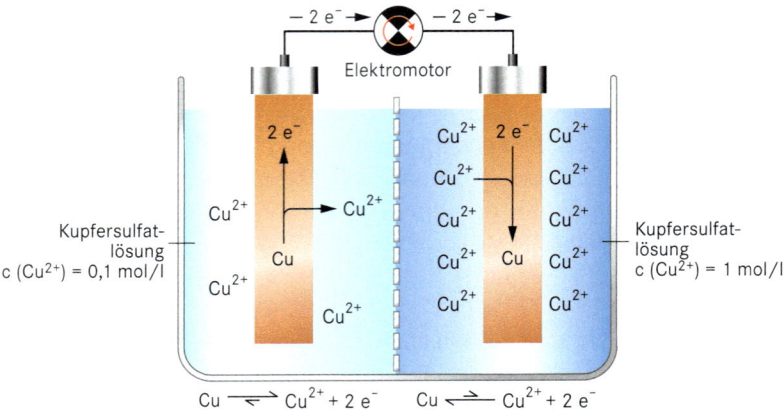

**Info**
Im Quotienten der Nernstschen Gleichung erhalten die Konzentrationen einen Exponenten, der dem stöchiometrischen Faktor in der Teilgleichung entspricht.

**Aufgabe**
**4** Für das Redoxpaar $H_2/H_3O^+$ kann folgende Gleichung angegeben werden:
$E(H_2/H_3O^+) = -0,059\ V \cdot pH$
Leiten Sie diese Formel aus der Nernstschen Gleichung her.

**3** Im geregelten Katalysator (hier: aufgeschnitten) wird der Sauerstoffgehalt im Motorabgas mithilfe einer Konzentrationszelle, der Lambdasonde, festgestellt.

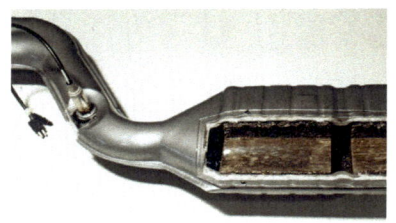

**pH-Abhängigkeit von Redoxpotenzialen.** Bei manchen Redoxreaktionen treten in der Reaktionsgleichung auch Oxoniumionen oder Hydroxidionen auf. Da diese Ionen ebenfalls die Gleichgewichtslage beeinflussen, müssen bei der Berechnung des Redoxpotenzials ihre Konzentrationen berücksichtigt werden (→ M 6, S. 91 und Info). Das Redoxpotenzial solcher Redoxpaare ist daher auch pH-Wert-abhängig.

**Konzentrationszellen.** Kombiniert man zwei Kupfer-Halbzellen zu einer galvanischen Zelle, so besteht zwischen ihnen bei gleicher Konzentration der Kupfersulfatlösungen keine Spannung, da keine Redoxpotenzialdifferenz auftritt. Verwendet man jedoch unterschiedliche Konzentrationen der Kupfersulfatlösungen in beiden Halbzellen, findet ein Stromfluss statt (Abb. 2); eine Spannung kann gemessen werden.
Aufgrund der unterschiedlichen Ionenkonzentrationen, die von den Standard-Bedingungen abweichen, ergeben sich unterschiedliche Gleichgewichtslagen in den beiden Halbzellen. Dies führt dazu, dass der Elektronenfluss von der Halbzelle mit der geringeren $Cu^{2+}$-Ionenkonzentration (= Anode) zur Halbzelle mit der höheren Ionenkonzentration (= Kathode) erfolgt.
Eine solche Kombination aus zwei gleichartigen Halbzellen mit unterschiedlicher Ionenkonzentration nennt man *Konzentrationszelle*. Diese spezielle galvanische Zelle liefert so lange eine elektrische Spannung, bis die Ionenkonzentrationen auf beiden Seiten ausgeglichen sind.

In einer Konzentrationszelle aus zwei gleichartigen Halbzellen unterschiedlicher Ionenkonzentration bildet die Halbzelle mit der geringeren Ionenkonzentration die Anode.

**Anwendung von Konzentrationszellen.** Praktische Anwendung findet eine solche Konzentrationszelle im Fahrzeugkatalysator (Abb. 3). Ein Messgerät, die Lambdasonde, berechnet den aktuellen Sauerstoffgehalt im Abgas über die Spannung, die zwischen Außenluft und Abgas bezüglich des Redoxpaares $O^{2-}/O_2$ herrscht (vgl. S. 98).
Nur wenn der Sauerstoffgehalt optimal eingestellt ist, können die Schadstoffe am Katalysator vollständig umgesetzt werden.

# M 6 Anwendungen der Nernstschen Gleichung

Mithilfe der Nernstschen Gleichung und der Spannungsberechnung für galvanische Zellen lassen sich Vorhersagen über die Leerlaufspannung zwischen verschiedensten Halbzellen machen.
Dabei ist zu beachten, dass die jeweils herrschenden Bedingungen, d. h. vor allem die Ionenkonzentrationen, die Spannung beeinflussen können und deshalb bei der Berechnung berücksichtigt werden müssen.

**Beispiel**

In einer Halbzelle aus dem Redoxpaar $Mn^{2+}/MnO_4^-$ liegen folgende Konzentrationen vor:
$c(MnO_4^-) = 0,2$ mol/l und $c(Mn^{2+}) = 0,002$ mol/l.
Diese Halbzelle soll mit einer Standard-Chlor-Halbzelle kombiniert werden, wobei in Versuch A ein pH von 1 und in Versuch B ein pH von 4 in der $Mn^{2+}/MnO_4^-$-Halbzelle herrscht. Für beide Versuche soll jeweils die Spannung berechnet werden.

| So wird's gemacht | Beispiel |
|---|---|
| 1 Die korrespondierenden Redoxpaare mit ihrer Teilgleichung formulieren: Dabei beachten, dass der Elektronendonator links, der Elektronenakzeptor rechts steht. | $2\,Cl^- \rightleftharpoons Cl_2 + 2\,e^-$ <br> $Mn^{2+} + 12\,H_2O \rightleftharpoons MnO_4^- + 5\,e^- + 8\,H_3O^+$ |
| 2 Die Redoxpotenziale der beiden Redoxpaare für die gegebenen Bedingungen bestimmen: Dabei beachten, dass die Konzentrationen von Oxoniumionen oder Hydroxidionen über den pH-Wert berechnet werden können. Es gilt: pH + pOH = 14 $c(H_3O^+) = 10^{-pH}$ mol/l, $c(OH^-) = 10^{-pOH}$ mol/l | **$Cl^-/Cl_2$:** <br> Da eine Standard-Chlor-Halbzelle vorliegt, kann das Standardpotenzial aus der Spannungsreihe entnommen werden $E(Cl^-/Cl_2) = E°(Cl^-/Cl_2) = +1,36$ V <br><br> **$Mn^{2+}/MnO_4^-$:** <br> Da in dieser Halbzelle keine Standard-Bedingungen vorliegen, muss das Redoxpotenzial mithilfe der Nernstschen Gleichung berechnet werden: $$E(Mn^{2+}/MnO_4^-) = E°(Mn^{2+}/MnO_4^-) + \frac{0,059\ V}{5} \cdot \lg \frac{c(MnO_4^-) \cdot c^8(H_3O^+)}{c(Mn^{2+})}$$ $$= +1,51\ V + \frac{0,059\ V}{5} \cdot \lg \frac{0,2 \cdot c^8(H_3O^+)}{0,002}$$ *Bei pH = 1:* $$E(Mn^{2+}/MnO_4^-) = +1,51\ V + \frac{0,059\ V}{5} \cdot \lg \frac{0,2 \ (10^{-1})^8}{0,002} = +1,44\ V$$ *Bei pH = 4:* $$E(Mn^{2+}/MnO_4^-) = +1,51\ V + \frac{0,059\ V}{5} \cdot \lg \frac{0,2 \cdot (10^{-4})^8}{0,002} = +1,16\ V$$ |
| 3 Kathode und Anode über den Wert des Redoxpotenzials bestimmen: Anode ist immer die Halbzelle, die das vom Wert her kleinere Redoxpotenzial besitzt. | **Versuch A:** <br> Anode: $Cl^-/Cl_2$, Kathode: $Mn^{2+}/MnO_4^-$ <br> **Versuch B:** <br> Anode: $Mn^{2+}/MnO_4^-$, Kathode: $Cl^-/Cl_2$ |
| 4 Die Leerlaufspannung als Differenz der Redoxpotenziale berechnen: U = E(Kathode) – E(Anode) | **Versuch A:** <br> $U = E(Mn^{2+}/MnO_4^-) - E(Cl^-/Cl_2) = +1,44\ V - (+1,36\ V) = 0,08\ V$ <br> **Versuch B:** <br> $U = E(Cl^-/Cl_2) - E(Mn^{2+}/MnO_4^-) = +1,36\ V - (+1,16) = 0,20\ V$ |

## Aufgabe

1 Bestimmen Sie das Redoxpotenzial in einer $Mn^{2+}/MnO_4^-$-Halbzelle bei pH = 5 und $c(Mn^{2+}) = 0,5$ mol/l sowie $c(MnO_4^-) = 0,9$ mol/l.

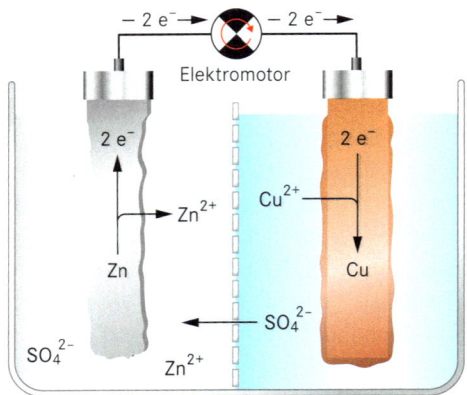

**1** Die Vorgänge im Daniell-Element …

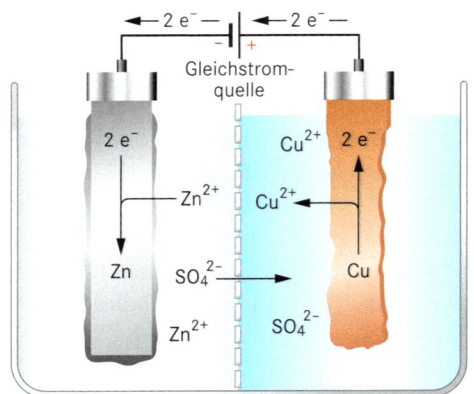

**2** … werden bei der Elektrolyse umgekehrt.

## 4.7 Die Elektrolyse

**Erzwungene Redoxreaktionen.** Die in einer galvanischen Zelle (→ S. 82) freiwillig ablaufenden Redoxreaktionen können durch Anlegen einer äußeren Gleichspannung umgekehrt werden. So kann die Redoxreaktion zwischen Zink und Kupfer(II)-Ionen, durch die in einem Daniell-Element ein elektrischer Stromfluss entsteht (Abb. 1), durch Anlegen einer Gegenspannung umgekehrt werden (Abb. 2).

Die Gegenspannung erzwingt die Umkehrung des Elektronenflusses: An der mit dem negativen Pol der Spannungsquelle verbundenen Zink-Elektrode entstehen aus Zinkionen durch Elektronenaufnahme Zinkatome; die Zink-Elektrode wird somit zur Kathode. An der mit dem positiven Pol der Spannungsquelle verbundenen Kupfer-Elektrode werden den Kupferatomen Elektronen entzogen und Kupferionen gehen in Lösung; die Kupfer-Elektrode wird zur Anode.

**Umwandlung elektrischer in chemische Energie.** Der Vorgang einer durch Stromzufuhr erzwungenen Redoxreaktion wird als *Elektrolyse* bezeichnet. Die zugeführte elektrische Energie wird als chemische Energie in den Produkten der Reaktion gespeichert. Reagiert Zink in einer galvanischen Zelle mit Kupferionen, wird diese gespeicherte Energie wieder frei gesetzt (Abb. 3).

Eine Elektrolyse ist eine erzwungene Redoxreaktion, die unter Einwirkung von elektrischem Gleichstrom abläuft.

**Die Zersetzungsspannung.** Die Elektrolyse einer galvanischen Zelle erfordert eine bestimmte Mindestspannung. Wird im Daniell-Element bei Standard-Bedingungen eine variable Gleichspannungsquelle gegengeschaltet und die Gegenspannung kontinuierlich erhöht, stellt man fest, dass der Stromfluss im Stromkreis stetig abnimmt. Ist die Gegenspannung genau 1,1 V, d. h. genauso groß wie die Leerlaufspannung des Daniell-Elements, so ist kein Stromfluss messbar. Erst bei einer Gegen-

**3** Die Vorgänge, die in einer galvanischen Zelle elektrische Energie liefern, können durch die Zufuhr elektrischer Energie im Vorgang der Elektrolyse umgekehrt werden.

**Aufgabe**

**1** Erstellen Sie eine beschriftete Skizze für die Elektrolyse von geschmolzenem Natriumchlorid, die die Vorgänge auf Teilchenebene enthält.

spannung von etwas über 1,1 V ist wieder ein Stromfluss messbar, wobei die Stromrichtung sich umkehrt. Ab dieser Gegenspannung findet eine Elektrolyse statt. Man nennt diese Spannung *Zersetzungsspannung $U_Z$*.

*Die Zersetzungsspannung ist die Mindestspannung, ab der eine Elektrolyse erfolgt. Sie ist etwas größer als die Leerlaufspannung der entsprechenden galvanischen Zelle.*

Auch bei der Elektrolyse einer einfachen Salzlösung, z. B. einer Zinkiodidlösung, ist eine Mindestspannung erforderlich, um die Ionen zur Elektronenaufnahme bzw. -abgabe zu zwingen. Diese entspricht der Leerlaufspannung des entsprechenden galvanischen Elements und beträgt für eine Zinkiodidlösung bei Standard-Bedingungen 1,30 V. Misst man in Abhängigkeit von der an der Zinkiodidlösung angelegten Spannung die Stromstärke, so ergibt sich daher ab 1,30 V ein starker Anstieg (Abb. 4), da erst dann die Elektrolyse einsetzt.

**Das Phänomen der Überspannung.** Bei der Elektrolyse einer wässrigen Zinkchloridlösung mit Graphitelektroden kommt es an der Kathode zur Bildung von elementarem Zink, während an der Anode Chlorgas entsteht. Aus den Standardpotenzialen der beiden Redoxpaare $Zn/Zn^{2+}$ und $Cl^-/Cl_2$ errechnet sich eine Zersetzungsspannung von 2,12 V. Es kann jedoch erst ab einer Spannung von ca. 2,2 V eine Bildung von Zink und Chlorgas nachgewiesen werden.
Diesen Unterschied zwischen der theoretisch errechneten und der tatsächlich gemessenen Zersetzungsspannung bezeichnet man als *Überspannung*. Ursache für dieses Phänomen ist das Auftreten eines gasförmigen Stoffes bei dieser Elektrolyse: An der Anode entsteht Chlorgas, das sich an der Elektrode anheftet (= adsorbiert). Diese Schicht adsorbierten Gases behindert die Elektronenabgabe weiterer Chloridionen (Abb. 5). Nur durch zusätzliche elektrische Energie, d. h. höhere Spannung, lässt sich die Elektronenabgabe erzwingen.
Das Phänomen der Überspannung tritt immer dann auf, wenn sich gasförmige Reaktionsprodukte an den Elektroden anheften können.

*Die Überspannung ist die Differenz zwischen der tatsächlichen Zersetzungsspannung und der berechneten Redoxpotenzialdifferenz der an einer Elektrolyse beteiligten Redoxpaare. Dieses Phänomen zeigt sich besonders beim Entstehen gasförmiger Reaktionsprodukte.*

Tritt bei einem Redoxpaar das Phänomen der Überspannung auf, so wird diese zusätzlich benötigte Spannung als sogenanntes Überpotenzial zum Redoxpotenzial des Redoxpaares addiert. Nur so ist es möglich, die tatsächlich nötige Zersetzungsspannung zwischen zwei Redoxpaaren als Potenzialdifferenz berechnen zu können.
Wie Tabelle 1 zeigt, richtet sich die Höhe des Überpotenzials nicht nur nach der Art des abgeschiedenen Stoffes, sondern hängt u. a. auch vom Elektrodenmaterial ab. Das Überpotenzial der Gase, die sich an der Kathode der Elektrolyse abscheiden, hat ein negatives Vorzeichen.

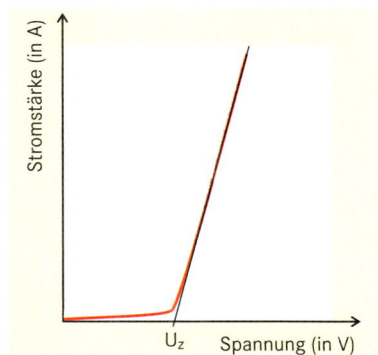

**4** Aus der Stromstärke-Spannungs-Kurve einer Zinkiodidlösung lässt sich die Zersetzungsspannung $U_Z$ grafisch ermitteln, indem man den aufsteigenden Kurvenast geradlinig extrapoliert. Der Schnittpunkt mit der Abszisse entspricht der Zersetzungsspannung.

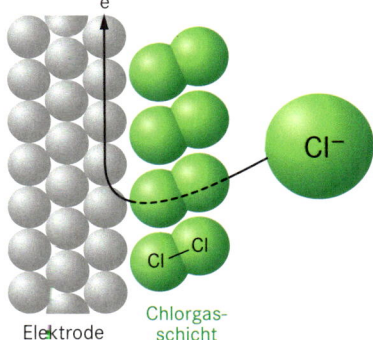

**5** Modellvorstellung zur Entstehung der Überspannung

**Tab. 1** Überpotenziale verschiedener Redoxpaare an unterschiedlichen Elektroden bei einer Stromdichte von 0,1 A/cm²

| Gas | Elektroden-material | Überpotenzial (in V) |
|-----|---------------------|----------------------|
| $H_2$ | Platin | – 0,35 |
| | Graphit | – 0,99 |
| | Zink | – 1,10 |
| $O_2$ | Platin | + 1,28 |
| | Graphit | + 1,09 |
| $Cl_2$ | Platin | + 0,05 |
| | Graphit | + 0,25 |

## Nernstsche Gleichung

- Berechnung eines Redoxpotenzials in Abhängigkeit von der Konzentration der Redoxpartner
- Formel:

$$E(\text{Redoxpaar}) = E°(\text{Redoxpaar}) + \frac{0{,}059 \text{ V}}{z} \cdot \lg \frac{c(\text{Elektronenakzeptor})}{c(\text{Elektronendonator})}$$

## korrespondierende Redoxpaare

Teilchenpaare aus Elektronendonator und zugehörigem Elektronenakzeptor:
Elektronendonator $\rightleftharpoons$ Elektronenakzeptor + $z\,e^-$

## Redoxpotenzial

- das Redoxpotenzial E gibt die Neigung eines Redoxpaares zur Elektronenabgabe an
- das Standardpotenzial E° wird bei Standardbedingungen gegen eine Standard-Wasserstoff-Halbzelle gemessen

## Spannungsreihe

- Auflistung der Redoxpaare entsprechend dem Zahlenwert ihrer Standardpotenziale E°

### galvanische Zelle

- Umwandlung von chemischer Energie in elektrische Energie
- Kombination zweier Halbzellen, die als elektrochemische Spannungsquelle dient

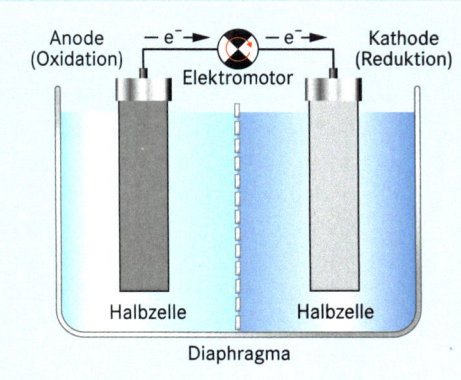

Anode (Oxidation) — e⁻ → Elektromotor — e⁻ → Kathode (Reduktion)

Halbzelle   Halbzelle

Diaphragma

### Leerlaufspannung

- Spannung U einer galvanischen Zelle, die in nahezu stromlosem Zustand gemessen wird
- Spannungsberechnung:
  $U = \Delta E = E(\text{Kathode}) - E(\text{Anode})$

### Konzentrationszelle

- Kombination aus zwei gleichartigen Halbzellen unterschiedlicher Ionenkonzentration
- die Halbzelle mit der geringeren Ionenkonzentration bildet die Anode

### Elektrolyse

- Umwandlung von elektrischer Energie in chemische Energie
- erzwungene Redoxreaktion, die unter Einwirkung von elektrischem Gleichstrom abläuft

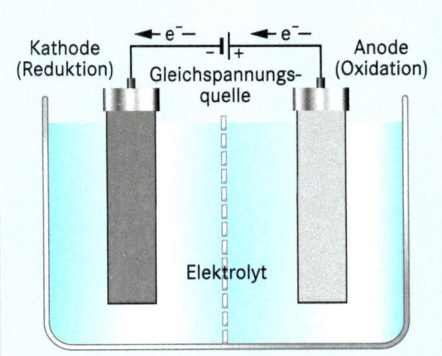

Kathode (Reduktion) — e⁻ → Gleichspannungsquelle — e⁻ → Anode (Oxidation)

Elektrolyt

### Zersetzungsspannung

- Mindestspannung, ab der eine Elektrolyse erfolgt
- etwas größer als die Spannung der entsprechenden galvanischen Zelle

### Überspannung

- Differenz zwischen der tatsächlichen Zersetzungsspannung und der berechneten Redoxpotenzialdifferenz der an einer Elektrolyse beteiligten Redoxpaare
- Phänomen, das sich besonders beim Entstehen gasförmiger Reaktionsprodukte zeigt

**1** Folgende Redoxreaktionen laufen freiwillig ab:
a) $3\,V + 2\,Cr^{3+} \longrightarrow 3\,V^{2+} + 2\,Cr$
b) $Ni + Sn^{2+} \longrightarrow Ni^{2+} + Sn$
c) $2\,Cr + 3\,Ni^{2+} \longrightarrow 2\,Cr^{3+} + 3\,Ni$
Stellen Sie für die an diesen Reaktionen beteiligten Redoxpaare eine Redoxreihe auf und leiten Sie daraus ab, welche der folgenden Reaktionen freiwillig ablaufen können:
① $2\,Cr + 3\,Sn^{2+}$
② $Ni + V^{2+}$
③ $V + Sn^{2+}$

**2** Chlor reagiert freiwillig mit Bromidionen bzw. Iodidionen, indem es von diesen Elektronen aufnimmt. Dabei entstehen Chloridionen und Brom bzw. Iod. Mit Fluoridionen reagiert Chlor nicht freiwillig. Bromidionen geben ihre Elektronen freiwillig nur an Chlor und Fluor, nicht aber an Iod ab. Formulieren Sie die korrespondierenden Redoxpaare dieser Halogene und erstellen Sie aus den Angaben im Text eine Redoxreihe für diese Redoxpaare der Halogene.

**3** Eine große Menge Salzsäure soll in einem metallischen Tank gelagert werden. Als Material für diesen Tank stehen folgende Stoffe zur Verfügung: Zink, Kupfer, Silber, Zinn oder Eisen. Wählen Sie begründet das geeignetste Metall für einen solchen Tank aus.

**4** Das Standardpotenzial des $Ag/Ag^+$-Redoxpaares soll experimentell bestimmt werden. Erstellen Sie eine Skizze der Versuchsanordnung und erläutern Sie die Vorgehensweise.

**5** Eine galvanische Zelle besteht aus einer Standard-Blei-Halbzelle, die mit einer Blei-Halbzelle unbekannter Stoffmengenkonzentration verbunden ist. Die Spannung zwischen den Halbzellen beträgt 0,25 V. Die Standard-Blei-Halbzelle bildet hierbei die Akzeptor-Halbzelle. Berechnen Sie die unbekannte Stoffmengenkonzentration der Blei(II)-Ionen.

**6** Eine Konzentrationszelle besteht aus zwei Aluminium-Halbzellen mit $Al^{3+}$-Konzentrationen von 0,1 und 0,01 mol/l. Erstellen Sie eine beschriftete Skizze dieser Zelle und berechnen Sie die Spannung.

**1** a) Ein Ein-Cent-Stück liegt in Silbernitratlösung,
   b) ein Eisennagel taucht in Kupfersulfatlösung.

**7** Legt man ein Ein-Cent-Stück in eine farblose wässrige Silbernitratlösung (Abb. 1 a), so bildet sich auf diesem ein silbriger Überzug und die Lösung verfärbt sich hellblau.
Gibt man einen Eisennagel in hellblaue Kupfer(II)-sulfatlösung, so scheidet sich ein rotbrauner Feststoff auf dem Nagel ab und die hellblaue Farbe verschwindet. In der Lösung sind Eisen(II)-Ionen nachweisbar (Abb. 1 b).
Erklären Sie diese Beobachtungen mithilfe der Spannungsreihe unter Verwendung von Reaktionsgleichungen.

**8** Die folgenden drei $Zn/Zn^{2+}$-Halbzellen werden jeweils miteinander zu einer Konzentrationszelle kombiniert (A und B, A und C, B und C):
A: $c(Zn^{2+}) = 0,1$ mol/l
B: $c(Zn^{2+}) = 0,0005$ mol/l
C: $c(Zn^{2+}) = 0,002$ mol/l
Begründen Sie, zwischen welchen beiden Halbzellen die größte Spannung auftreten wird.

**9** Für besonders kleine elektrische Geräte gibt es auch kleine Batterien, die Knopfzellen (Abb. 2). Die Zink-Silberoxid-Knopfzelle wird z. B. in kleinen Taschenlampen verwendet und besteht aus einer Zink/Zink(II)-Ionen-Halbzelle und einer Silber/Silber(I)-oxid-Halbzelle. Der Elektrolyt besteht aus Kalilauge KOH(aq), sodass ein basisches Milieu vorherrscht.
[$E^0(Zn/Zn^{2+}) = -0,76$ V, $E^0(Ag/Ag_2O) = +0,34$ V]

**2** Knopfzellen dienen als netzunabhängige Spannungsquellen in besonders kleinen elektrischen Geräten.

a) Formulieren Sie die Teilvorgänge bei Stromfluss unter der Voraussetzung, dass das Zink
oxidiert und Silberoxid reduziert wird.
b) Berechnen Sie die Spannung, die eine solche
Knopfzelle liefert, wenn die Kalilauge einen
pH-Wert von 10 aufweist und ansonsten
Standard-Bedingungen vorliegen.
c) Erstellen Sie eine beschriftete Skizze dieser
galvanischen Zelle, in der Sie vereinfachend
davon ausgehen, dass Silber(I)-oxid als Paste
um ein Silberblech angeordnet ist und von
Kalilauge umgeben wird.
Bezeichnen Sie in der Skizze auch die Elektroden und kennzeichnen Sie die Richtung des
Stromflusses bei der Stromentnahme.

**10** Das Alkalimetall Natrium wird beim Downs-Ver-
fahren durch Elektrolyse von geschmolzenem
Natriumchlorid (bei ca. 600 °C) gewonnen.
Abbildung 3 zeigt schematisch den Aufbau einer
solchen Elektrolysezelle.
Erstellen Sie einen Text, der die Abläufe in dieser
Elektrolysezelle beschreibt.

**3** Aufbau einer Elektrolysezelle beim Downs-Verfahren

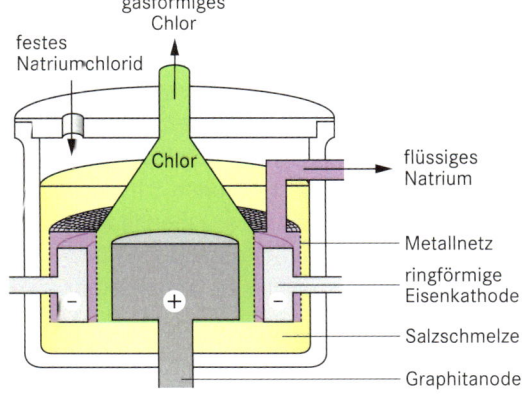

**11** Die Spannung in einer galvanischen Zelle beträgt
0,5 V. Sie besteht aus einer Standard-Zink-Halbzelle, die als Anode wirkt, und einer Halbzelle aus
einer Platin-Elektrode, die in eine saure Lösung
unbekannter Oxoniumionenkonzentration ein-
taucht. Diese zweite Halbzelle stellt somit eine
Wasserstoff-Halbzelle dar. Eine solche Anordnung
kann als elektrochemisches Messgerät für den
pH-Wert von Lösungen verwendet werden,
da über die Spannung der pH-Wert der sauren
Lösung bestimmt werden kann.
a) Erklären Sie anhand der Angaben im Text,
weshalb in der Wasserstoff-Halbzelle auf eine
$H_2$-Einleitung verzichtet werden kann.
b) Berechnen Sie den pH-Wert der sauren
Lösung.

**12** Verdünnte Salzsäure wird elektrolysiert. Dabei
werden drei verschiedene Versuchsansätze mit
unterschiedlichem Kathodenmaterial (Quecksilber
Hg, Platin Pt bzw. Kohle C) durchgeführt. Die
Anode besteht in allen drei Versuchen aus Graphit. Bei diesen Elektrolysen wird die angelegte
Gleichspannung in kleinen Schritten erhöht und
jeweils die Stromstärke gemessen. Es ergeben
sich folgende Messwerte:

| Spannung (in V) | Stromstärke (in mA) bei Kathodenmaterial | | |
|---|---|---|---|
| | Hg | Pt | C |
| 0,5 | 0 | 0 | 0 |
| 1,0 | 0 | 0 | 0 |
| 1,3 | 0 | 2 | 0 |
| 1,4 | 0 | 6 | 0 |
| 1,5 | 0 | 10 | 0 |
| 2,0 | 0 | 56 | 2 |
| 2,2 | 1 | 76 | 4 |
| 2,4 | 2 | – | 10 |
| 2,6 | 6 | – | 20 |
| 2,8 | 14 | – | 30 |
| 3,0 | 30 | – | 52 |
| 3,2 | 53 | – | – |

a) Erstellen Sie mithilfe dieser Messwerte
Stromstärke-Spannungs-Kurven für die drei
Versuchsanordnungen in einem Diagramm.
b) Bestimmen Sie aus diesen Kurven die Zersetzungsspannung für die jeweiligen Elektroden-
materialien.

## Der Fahrzeugkatalysator

Im ungereinigten Fahrzeugabgas befinden sich unter anderem folgende Schadstoffe:
- Kohlenstoffmonooxid, ein starkes Atemgift,
- Stickoxide, z. B. Stickstoffmonooxid und Stickstoffdioxid, die u. a. mitverantwortlich sind für den sauren Regen,
- Kohlenwasserstoffe $C_xH_y$ aus nicht vollständig verbranntem Kraftstoff, die als Feinstaub in die Luft gelangen.

Der Fahrzeugkatalysator soll die schädlichen Abgase in weniger schädliche Stoffe umsetzen. Hierzu gibt es drei mögliche Reaktionswege:
- die Umsetzung von Stickstoffoxiden, z. B. Stickstoffmonooxid, mit Kohlenstoffmonooxid zu Stickstoff und Kohlenstoffdioxid,
- die Reaktion von Kohlenstoffmonooxid mit Sauerstoff zu Kohlenstoffdioxid und
- die Umwandlung von Kohlenwasserstoffen, z. B. $C_8H_{18}$, mit Sauerstoff zu Kohlenstoffdioxid und Wasser.

Im geregelten Dreiwege-Katalysator ist ein Messinstrument, die sogenannte λ-Sonde enthalten. Diese misst auf elektrochemischem Wege das Verbrennungsluftverhältnis λ:

$$\lambda = \frac{\text{tatsächlich zugeführte Luftmenge}}{\text{benötigte Luftmenge für vollständige Verbrennung}}$$

Bei λ < 1 spricht man von einem fetten Gemisch aus Kraftstoff und Luft im Motor, bei λ > 1 von einem mageren Gemisch. In Abb. 1 ist das Verbrennungsluftverhältnis λ gegen den Konvertierungsgrad aufgezeichnet. Letzterer gibt an, wie viel Prozente der Schadstoffe in weniger gefährliche Stoffe umgewandelt werden. Der optimale Wert von λ liegt ungefähr bei 1.

**1** Verbrennungsluftverhältnis λ in Abhängigkeit vom Konvertierungsgrad der Abgase

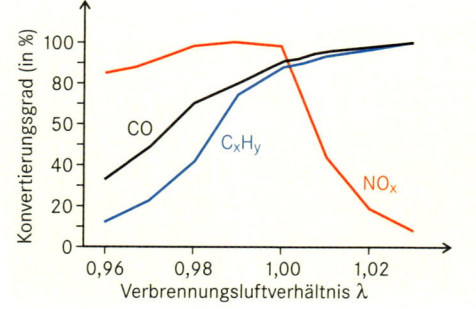

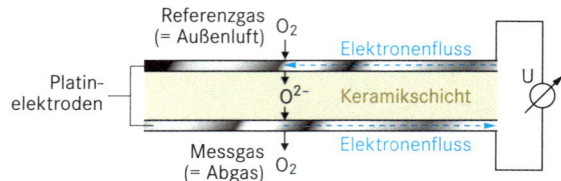

**2** Übersichtsskizze der λ-Sonde, die das Verbrennungsluftverhältnis λ im Abgas misst

Über die λ-Sonde wird das Verbrennungsluftverhältnis λ im Abgas gemessen. Abb. 2 zeigt den schematischen Aufbau einer solchen Sonde. Sie besteht aus zwei Platinelektroden, die durch eine für Oxidionen durchlässige Keramikschicht getrennt sind, die dem Diaphragma einer Konzentrationszelle entspricht. Das zugrunde liegende Redoxpaar ist $O^{2-}/O_2$.
An einer der beiden Platinelektroden strömt das Abgas (= Messgas) vorbei, an der anderen Außenluft (= Referenzgas). Die beiden Platinelektroden sind elektrisch leitend verbunden, ein Messgerät im Stromkreis misst die Spannung.
Die Sauerstoffmenge im Referenzgas ist immer höher als die Sauerstoffmenge im Abgas, sodass die Referenzgasseite die Kathode der Konzentrationszelle bildet. Die Sauerstoffkonzentration im Referenzgas ist immer konstant, die im Abgas variiert. So stellt sich je nach Sauerstoffmenge im Abgas eine neue Spannung ein. Über die gemessene Spannung, die die Sauerstoffmenge im Abgas wiedergibt, wird in einem angeschlossenen Regelungssystem der Luftgehalt in der Einspritzanlage im Motor geregelt, sodass die Kraftstoff-Luft-Mischung im Motor optimiert werden kann.

**1** Formulieren Sie die chemischen Gleichungen der drei im Katalysator ablaufenden Reaktionswege.
**2** Begründen Sie anhand der Grafik in Abb. 1, weshalb der optimale Wert von λ = 1 ist.
**3** Erklären Sie mithilfe der Reaktionsgleichungen aus Aufgabe 1 die entgegengesetzten Kurvenverläufe von $NO_x$ im Vergleich zu CO und $C_xH_y$.
**4** Formulieren Sie das korrespondierende Redoxpaar für $O^{2-}/O_2$ und begründen Sie, weshalb in der Konzentrationszelle der λ-Sonde die Referenzgasseite (Abb. 2) immer die Kathode bildet.
**5** Wenn die Sauerstoffmenge im Abgas abnimmt, steigt die Spannung in der λ-Sonde. Erklären Sie diesen Sachverhalt.

# 5 Redoxgleichgewichte in Alltag und Technik

*Redoxgleichgewichte* spielen in Alltag und Technik eine große Rolle. Mobile, netzunabhängige Spannungsquellen wie *Batterien*, *Akkumulatoren* und *Brennstoffzellen* unterstützen die moderne Gesellschaft. Chemische Grundlage hierfür sind galvanische Zellen, die so einen Beitrag zur Lösung aktueller technologischer und umweltrelevanter Herausforderungen liefern.

Das Verfahren der *Elektrolyse* wird in der Großtechnik eingesetzt, um z. B. Grundstoffe für die chemische Industrie herzustellen.

Von hoher wirtschaftlicher Bedeutung ist der Redoxvorgang der *Korrosion* sowie die Maßnahmen zum Schutz vor Korrosion.

**1** Weißer Rohstoff: Durch Elektrolyse wird aus Kochsalz, das z. B. aus Meerwasser gewonnen wird, Chlor, Wasserstoff und Natronlauge erzeugt.

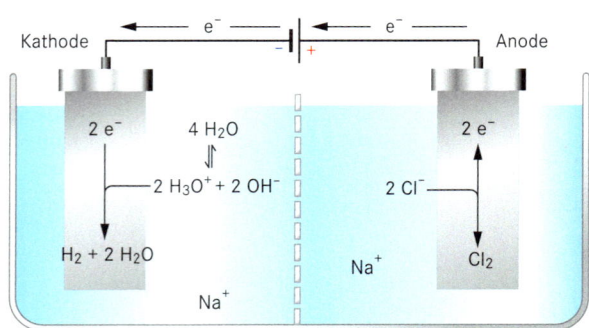

**2** Bei der Elektrolyse einer wässrigen Natriumchloridlösung entsteht an der Kathode Wasserstoffgas und an der Anode Chlorgas.

# 5.1 Gewinnung von Chlor und Natronlauge

| Stoff | Verwendung |
|---|---|
| Chlor | Bleichmittel, Desinfektionsmittel, Herstellung von PVC |
| Natronlauge | Seifenherstellung, Glasproduktion, Aluminiumgewinnung |
| Wasserstoff | Fetthärtung, Energieträger, Ammoniaksynthese |

**Tab. 1** Produkte der Chlor-Alkali-Elektrolyse und ihre Verwendung

**Die Chlor-Alkali-Elektrolyse.** Die Elektrolyse einer wässrigen Natriumchloridlösung führt nicht zur Bildung von Natrium und Chlorgas, sondern liefert Wasserstoffgas, Chlorgas und Natronlauge:

$$2\,NaCl + 2\,H_2O \longrightarrow H_2 + Cl_2 + 2\,NaOH$$

Dieses Verfahren wird daher auch als *Chlor-Alkali-Elektrolyse* bezeichnet. Die drei aus einer wässrigen Kochsalzlösung (Abb. 1) gewonnenen Produkte sind wichtige Ausgangsstoffe für die chemische Industrie (Tab. 1).

**Die Reihenfolge der Ionenentladung.** Bei der Chlor-Alkali-Elektrolyse entsteht bei entsprechend hoher Zersetzungsspannung an der Anode wie erwartet Chlorgas (Abb. 2). An der Kathode kommt es jedoch nicht zur Bildung von elementarem Natrium. Vielmehr setzt die Entwicklung eines Gases ein, welches als Wasserstoffgas nachgewiesen werden kann.

Anode:      $2\,Cl^- \longrightarrow Cl_2 + 2\,e^-$

Kathode:  $2\,H_3O^+ + 2\,e^- \longrightarrow H_2 + 2\,H_2O$

Um diese Beobachtung erklären zu können, müssen die Redoxpotenziale der vorliegenden Redoxpaare verglichen werden. Neben den Paaren $Na/Na^+$ und $Cl^-/Cl_2$ liegen in einer wässrigen Lösung auch $H_2/H_3O^+$ und $OH^-/O_2$ als mögliche Redoxpaare vor, da aufgrund der Autoprotolyse in Wasser immer auch eine geringe Menge an $H_3O^+$ und $OH^-$-Ionen existieren (→ S. 48). Die Redoxpotenziale dieser Redoxpaare sind in Abb. 3 zusammengefasst.

Die beiden reagierenden Redoxpaare sind mit $H_2/H_3O^+$ und $Cl^-/Cl_2$ die Paare, deren Redoxpotenzial 0 V am nächsten ist. Ein solches Redoxpotenzial bedeutet, dass diese Redoxpaare leichter Elektronen aufnehmen bzw. abgeben können als die anderen Redoxpaare.

Bei mehreren möglichen Elektrodenvorgängen reagiert jeweils das Redoxpaar zuerst, dessen Redoxpotenzial 0 V am nächsten ist.

**3** Redoxpotenziale der an der Chlor-Alkali-Elektrolyse beteiligten Redoxpaare bei pH = 7 (inkl. Überpotenzial)

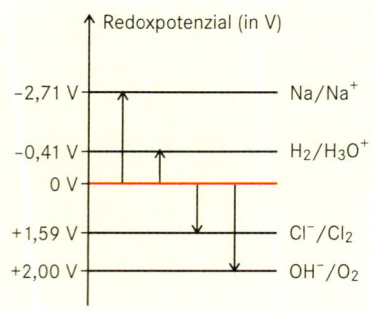

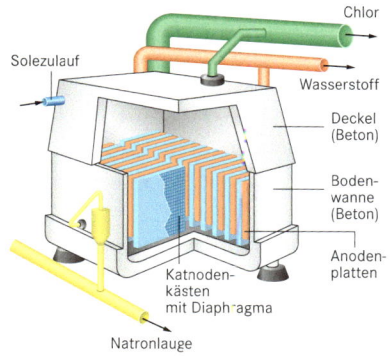

**4** Schematische Darstellung einer Diaphragma-Zelle

**5** Blick in den Zellensaal einer Membran-Anlage zur Chlor-Alkali-Elektrolyse

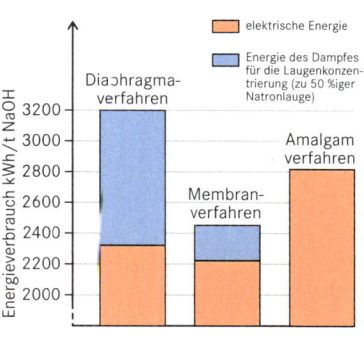

**6** Energieverbrauch der verschiedenen Verfahren der Chlor-Alkali-Elektrolyse

**Die Entstehung von Natronlauge.** Während der Chlor-Alkali-Elektrolyse steigt der pH-Wert der Lösung an. Ursache dieser Beobachtung ist die Autoprotolyse des Wassers:

$$2\,H_2O \rightleftharpoons H_3O^+ + OH^-$$

Die Oxoniumionen werden durch die Kathodenreaktion ständig verbraucht. Das Autoprotolyse-Gleichgewicht verschiebt sich daher auf die Seite der Produkte (Prinzip von Le Chatelier, → S. 30). Somit entstehen auf der Kathodenseite immer mehr Hydroxidionen, sodass die Lösung basisch wird. Zusammen mit den Natriumionen des Kochsalzes ergibt sich Natronlauge.

**Technische Umsetzung.** Bei der technischen Durchführung der Chlor-Alkali-Elektrolyse muss erreicht werden, dass die Kathodenprodukte Wasserstoffgas und Natronlauge vom Anodenprodukt Chlorgas räumlich getrennt werden. Zur Verhinderung der Durchmischung der Produkte gibt es verschiedene Verfahren:

– Beim *Diaphragma-Verfahren* (Abb. 4) trennt ein Diaphragma, das meist aus Asbest besteht, Kathoden- und Anodenraum voneinander. Das Diaphragma ist jedoch teilweise für Hydroxidionen durchlässig, sodass nur schwach konzentrierte Natronlaugen (ca. 12 %) entstehen.

– Beim technisch modernsten Verfahren, dem *Membran-Verfahren,* wird das Diaphragma durch eine Membran aus Kunststoff ersetzt (Abb. 5). Diese lässt nahezu keine Anionen hindurch, nur Kationen (z. B. $Na^+$) können aus dem Anodenraum zur Kathode wandern.

– Beim *Amalgam-Verfahren* dient flüssiges Quecksilber als Kathode. An Quecksilber ist das Überpotenzial für die Bildung von Wasserstoffgas so hoch, dass sich an der Kathode elementares Natrium abscheidet. Dieses löst sich als Natriumamalgam im Quecksilber. Das flüssige Amalgam wird aus der Elektrolysezelle abgezogen und in einem getrennten Behälter mit Wasser zu Natronlauge und Wasserstoff zersetzt. Auf diese Weise erhält man chloridfreie Natronlauge; das gebildete Quecksilber wird wieder in die Elektrolysezelle zurückgepumpt.

**Info**

Wasserstoff und Chlor ergeben ein hochexplosives Gemisch, das sogenannte Chlorknallgas. Außerdem reagiert Chlor mit Natronlauge u. a. zu Natriumhypochlorit NaOCl.

**Aufgaben**

**1** Geben Sie die Produkte der Elektrolyse einer wässrigen Magnesiumchloridlösung bei pH = 7 (ansonsten Standard-Bedingungen) an.

**2** Stellen Sie einige Vor- und Nachteile der drei technischen Verfahren der Chlor-Alkali-Elektrolyse tabellarisch gegenüber (→ auch Abb. 6). Recherchieren Sie hierzu auch im Internet.

**1** Mobile elektrische Geräte benötigen netzunabhängige Spannungsquellen wie Batterien.

## Info

Das Wort Batterie leitet sich aus der französischen Militärsprache ab, wo eine aus mehreren Geschützen bestehende Einheit Bataillon genannt wird. Denn die ersten Batterien bestanden aus in Reihe geschalteten galvanischen Zellen. Heute wird die Bezeichnung Batterie auch für netzunabhängige Spannungsquellen verwendet, die nur aus einer einzigen galvanischen Zelle bestehen.

# 5.2 Batterien – netzunabhängige Spannungsquellen

**Batterien.** Technische Geräte wie Uhren, Fernbedienungen, Mobiltelefone, Fotoapparate und Laptops kommen nicht ohne elektrischen Strom aus (Abb. 1). Mobile, netzunabhängige Spannungsquellen ermöglichen es, diese Geräte überall einzusetzen.

Grundlage derartiger Spannungsquellen bilden galvanische Zellen. Können diese nicht wiederaufgeladen werden, bezeichnet man sie als Primärzellen oder *Batterien*. Ihre Entwicklung begann im 19. Jahrhundert, nachdem durch Forscher wie Galvani, Volta und Daniell die Grundlagen der Elektrochemie entdeckt worden waren. Ausgehend vom klassischen Daniell-Element (→ S. 82) versuchte man Zellen zu konstruieren, die kleiner, kostengünstiger, möglichst auslaufsicher und leistungsfähiger waren.

Batterien sind galvanische Zellen, die als netzunabhängige Spannungsquellen dienen und nicht wiederaufgeladen werden können.

**Das Leclanché-Element.** Den lange Zeit vorherrschenden Batterietyp entwickelte Georges Leclanché. Auf seine Arbeiten gehen nahezu alle heute verwendeten Batterien zurück. Das nach ihm benannte *Leclanché-Element* ist eine galvanische Zelle aus Zink und Braunstein mit einem flüssigen Elektrolyt aus einer wässrigen Ammoniumchloridlösung. Aus praktischen Gründen wurde dieser Elektrolyt in der weiteren Entwicklung durch Quellmittel wie Mehlkleister eingedickt. In ihrer typischen Form besteht eine Zink-Braunstein-Zelle (Abb. 2) von außen nach innen aus einem Zinkbecher, der den negativen Pol bildet, der eingedickten Lösung von Ammoniumchlorid, einem Braunstein-Ruß-Gemisch und einem Kohlestab als positivem Pol.

**Reaktionsabläufe im Leclanché-Element.** Die für die Spannung in der Zink-Braunstein-Zelle verantwortlichen Redoxpaare sind $Zn/Zn^{2+}$ und $MnO_2/Mn_2O_3$. Die Anode befindet sich am Zinkbecher. Dort geben Zinkatome Elektronen ab und reagieren zu Zinkionen:

$$\text{Anode:} \quad Zn \rightleftharpoons Zn^{2+} + 2\,e^- \qquad E° = -0,76\ V$$

**2** Aufbau einer Zink-Braunstein-Zelle, auch als Zink-Kohle-Batterie bekannt

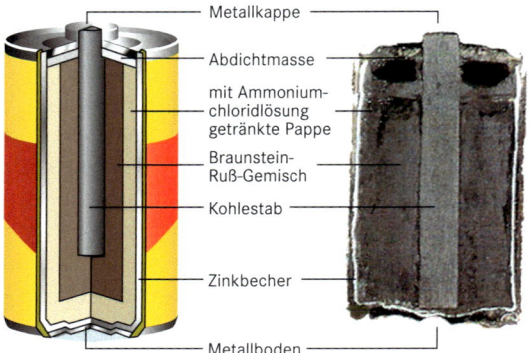

Metallkappe

Abdichtmasse

mit Ammoniumchloridlösung getränkte Pappe

Braunstein-Ruß-Gemisch

Kohlestab

Zinkbecher

Metallboden

An der Braunstein-Kathode werden Elektronen aufgenommen und Mangan wird reduziert. Es können hierbei verschiedene Manganverbindungen entstehen, z. B. $Mn_2O_3$:

Kathode:  $2\,MnO_2 + 2\,H_3O^+ + 2\,e^- \rightleftharpoons Mn_2O_3 + 3\,H_2O$   $E^\circ = +1{,}04$ V

Die bei der Kathodenreaktion verbrauchten Oxoniumionen stammen vom Elektrolyt Ammoniumchlorid: Die Ammoniumionen reagieren in einer Protolysereaktion mit Wasser zu Ammoniak und Oxoniumionen:

$NH_4^+ + H_2O \rightleftharpoons NH_3 + H_3O^+$

Das Leclanché-Element ist eine Zink-Braunstein-Zelle, die als Batterie Verwendung findet. Zink bildet die Anode und Braunstein die Kathode.

**Lebensdauer des Leclanché-Elements.** Da sich im Reaktionsverlauf der Zinkbecher stetig auflöst und zudem in der Kathodenreaktion Wasser gebildet wird, neigen Zink-Braunstein-Zellen nach längerem Betrieb zum Auslaufen. Die Leerlaufspannung des Leclanché-Elements von anfangs 1,5 V sinkt mit der Zeit (Abb. 3a). Die steigende Konzentration an Zink-ionen und die Veränderung des pH-Wertes durch Verbrauch der Oxonium-ionen in der Kathodenreaktion sind die Ursachen für diesen Spannungs-abfall.

**Weiterentwicklung der Zink-Braunstein-Zelle.** Das Grundprinzip des Leclanché-Elements wurde später vielfach abgewandelt. So enthält die Alkali-Mangan-Zelle, die auch als Alkaline-Batterie bekannt ist, pulveri-siertes Zink, Braunstein und als Elektrolyt Kalilauge. Das Zinkpulver sorgt aufgrund seiner größeren Oberfläche für eine höhere Stromstärke der Batterie, da eine größere Zahl von Teilchen gleichzeitig reagieren kann. Die Kalilauge bewirkt eine veränderte Kathodenreaktion, bei der Wasser verbraucht wird und Hydroxidionen gebildet werden. Daher sind Alkali-Mangan-Zellen auslaufsicherer als Zink-Braunstein-Zellen.

**Knopfzellen – klein, aber leistungsstark.** Besonders kleine Span-nungsqueller sind die Knopfzellen, die z. B. in Armbanduhren eingesetzt werden. Häufig enthalten sie Zink-Silberoxid-Zellen mit Kalilauge als Elektrolyt. Zink wird auch hier oxidiert, Silberoxid wird reduziert:

Anode:      $Zn \rightleftharpoons Zn^{2+} + 2\,e^-$
Kathode:  $Ag_2O + 2\,e^- + H_2O \rightleftharpoons 2\,Ag + 2\,OH^-$

Das durch die Kathodenreaktion gebildete Silber bewirkt eine Erhöhung der Leitfähigkeit in der Batterie, sodass im Laufe der Lebensdauer kein Spannungsabfall auftritt (Abb. 3b).
Ein besonders leistungsstarker Batterietyp besteht aus Lithium-Braun-stein-Zellen. Aufgrund des stark negativen Standard-Potenzials des Redox-paares $Li/Li^+$ liefern solche „Lithiumbatterien" eine hohe Spannung von bis zu 3,5 V. Sie kommen in Form von Knopfzellen oder als Rundbatterien in den Handel und werden z. B. für Herzschrittmacher, elektronische Autoschlüssel oder als BIOS-Batterie in Computern verwendet.

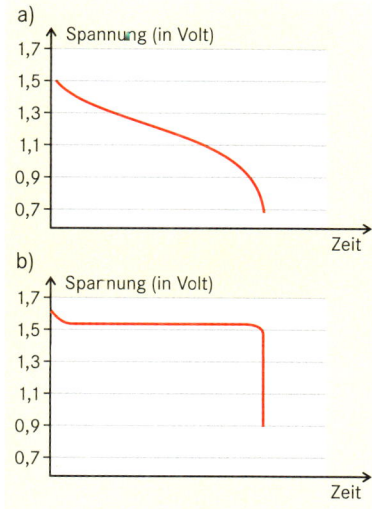

**3** Entladekurven zeigen das Abfallen der Spannung von Batterien nach längerer Betriebsdauer (a: Leclan-ché-Element, b: Zink-Silberoxid-Zelle).

**Aufgaben**

**1** Die Leerlaufspannung eines Leclanché-Elements beträgt 1,5 V. Berechnen Sie aus dieser Angabe und den im Text ge-gebenen Standard-Potenzialen den pH-Wert des verwendeten Elektrolyten. Gehen Sie bei Ihrer Rechnung davon aus, dass bis auf den pH-Wert Standard-Bedingungen vorliegen.

**2** Lithiumbatterien werden mit wasserfreien Elektrolyten versehen. Erklären Sie, weshalb kein wässriger Elektrolyt ver-wendet werden darf.

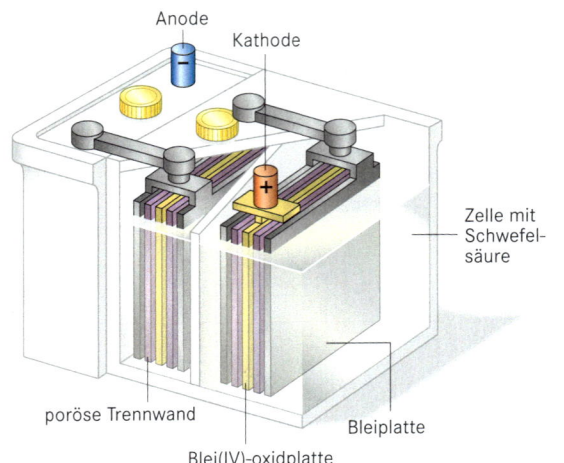

**1** Die Auto„batterie" enthält mehrere hintereinander geschaltete galvanische Zellen, die zusammen eine Spannung von ca. 12 V liefern.

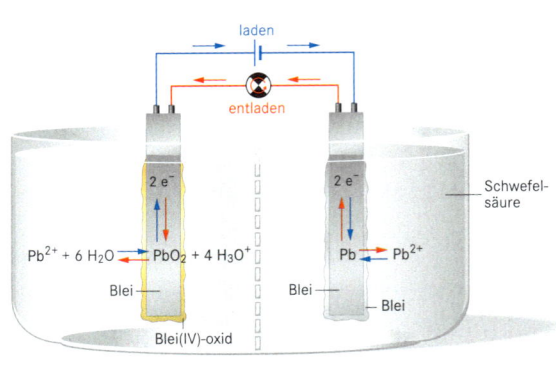

**2** Lade- und Entladevorgang des Bleiakkus im Überblick

## 5.3 Akkus – wiederaufladbare Spannungsquellen

**Die Auto„batterie".** Kraftfahrzeuge gewinnen die Energie zum Fahren aus der Verbrennung von Benzin im Motorraum. Damit der Motor jedoch gestartet werden kann, ist die sogenannte Auto„batterie" nötig. Auch sie besteht aus galvanischen Zellen, ist jedoch im Gegensatz zur eigentlichen Batterie durch Elektrolyse wiederaufladbar. Solche galvanische Zellen bezeichnet man als *Akkumulatoren* (kurz: Akku) oder Sekundärzellen.

Akkumulatoren sind galvanische Zellen, die als netzunabhängige Spannungsquellen verwendet werden und durch Elektrolyse wiederaufladbar sind.

In der Autobatterie sind sechs gleichartige galvanische Zellen hintereinander geschaltet (Abb. 1). Sie enthalten Platten aus Blei und Blei(IV)-oxid, die in ca. 20 %ige Schwefelsäure tauchen und durch säurebeständige poröse Wände voneinander getrennt sind. Daher wird dieser Akku-Typ auch als Bleiakku bezeichnet. Die Platten bilden die Elektroden der Zellen. Beide Plattentypen enthalten als Grundgerüst ein Bleigitter, das entweder mit fein verteiltem Blei oder mit Blei(IV)-oxid gefüllt ist.

**Der Bleiakku als Spannungsquelle.** Jede galvanische Zelle im Bleiakku liefert eine Spannung von ca. 2 V. Bei der Stromentnahme, dem Entladevorgang (Abb. 2) bildet die Bleiplatte die Anode und die Blei(IV)-oxidplatte die Kathode; an beiden Elektroden entstehen Blei(II)-Ionen.

| | | | |
|---|---|---|---|
| Anode: | $Pb$ | $\rightleftharpoons Pb^{2+} + 2\,e^-$ | $E = -0{,}36\ V$ |
| Kathode: | $PbO_2 + 2\,e^- + 4\,H_3O^+$ | $\rightleftharpoons Pb^{2+} + 6\,H_2O$ | $E = +1{,}69\ V$ |

**Info**

Das Wort Akkumulator stammt aus dem Lateinischen; lat. accumulare bedeutet anhäufen, was auf seine Eigenschaft als „Stromsammler" hinweist.

Die Redoxpotenziale beider Redoxpaare weichen deutlich von den Standard-Potenzialen ab, da sowohl die Blei(II)-Ionenkonzentration als auch der pH-Wert von den Standardbedingungen abweichen.

Die gebildeten $Pb^{2+}$-Ionen bilden mit den Sulfationen der Schwefelsäure das schwerlösliche Salz Blei(II)-sulfat. Dieses scheidet sich als weißer Überzug auf den Elektroden ab. Bei der Stromentnahme wird durch die Kathodenreaktion Schwefelsäure verbraucht. Aus der Schwefelsäurekonzentration kann daher auf den Ladungszustand des Akkumulators geschlossen werden.

**Das Laden des Bleiakkus.** Bei laufendem Verbrennungsmotor wird durch die Lichtmaschine eine Gegenspannung erzeugt, die die Elektrodenreaktionen umkehrt. Es findet folgende Elektrolyse statt (Abb. 2).

Kathode: $Pb^{2+} + 2\,e^- \rightleftharpoons Pb$
Anode: $Pb^{2+} - 6\,H_2O \rightleftharpoons PbO_2 + 2\,e^- + 4\,H_3O^+$

Die verwendete Zersetzungsspannung ist mit ca. 2,5 V etwas höher als die Spannung der galvanischen Zelle. Obwohl diese Elektrolyse in wässriger Lösung abläuft, kommt es aufgrund von Überspannungseffekten (→ S. 93) nicht zu einer Zersetzung von Wasser.

Vorgänge im Bleiakku: $Pb + PbO_2 + 4\,H_3O^+ \underset{Laden}{\overset{Entladen}{\rightleftharpoons}} 2\,Pb^{2+} + 6\,H_2O$

**Der Nickel-Cadmium-Akku.** Preisgünstige und wiederaufladbare Alternativen zu den herkömmlichen Batterien als netzunabhängige Spannungsquellen für elektronische Geräte waren Nickel-Cadmium-Akkus. Diese enthalten als Elektrodenmaterial zum einen fein verteiltes Cadmium, zum anderen Nickel(III)-oxidhydroxid NiO(OH). Elektrolyt ist 20%ige Kalilauge. Die reversible Reaktion beim Entladen bzw. Laden lässt sich durch die folgende Reaktionsgleichung beschreiben:

$Cd + 2\,NiO(OH) + 2\,H_2O \underset{Laden}{\overset{Entladen}{\rightleftharpoons}} Cd(OH)_2 + 2\,Ni(OH)_2$

Aufgrund der Gefahren, die mit dem Schwermetall Cadmium verbunden sind, werden heute verstärkt Nickel-Metallhydrid-Akkus verwendet. In großem Maßstab werden diese modernen Akkumulatoren in Elektro- und Hybridfahrzeugen (Abb. 3) verwendet.

**Lithium-Ionen-Akkus.** In modernen elektronischen Geräten wie Mobiltelefonen, Laptops oder Digitalkameras werden Lithium-Ionen-Akkus verwendet (Abb. 4). Der relativ komplexe Aufbau dieser Akkumulatoren kann vereinfacht wie folgt dargestellt werden: Beide Elektroden enthalten Lithiumionen, häufig besteht eine Elektrode aus Graphit, in das Lithium eingelagert ist, während die andere Elektrode z. B. aus der Ionenverbindung Lithiumcobaltoxid $LiCoO_2$ besteht. Zwischen den Elektroden befindet sich ein wasserfreier Elektrolyt. Beim Entlade- bzw. Ladevorgang kommt es zu einer Verschiebung von Lithiumionen über den Elektrolyt, wobei das jeweilige Elektrodenmaterial oxidiert bzw. reduziert wird.

**3** Moderne Hybridfahrzeuge können Nickel-Metallhydrid-Akkus enthalten. Diese werden bei jedem Bremsvorgang aufgeladen. Die gespeicherte Energie dient der Unterstützung des Verbrennungsmotors.

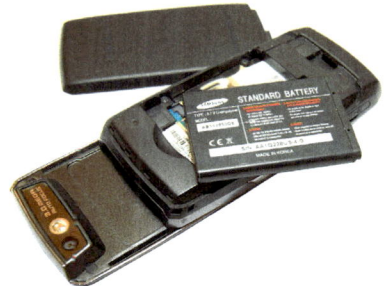

**4** Lithium-Ionen-Akkus werden in Mobiltelefonen, aber auch Digitalkameras als netzunabhängige, wiederaufladbare Spannungsquellen verwendet.

**Aufgaben**
1 Informieren Sie sich über das Phänomen des sogenannten Memory-Effekts, der v. a. beim Nickel-Cadmium-Akku auftritt.
2 Informieren Sie sich über Vor- und Nachteile des Lithium-Ionen-Akkus.

**1** Wasserstoffauto Necar

**2** In der alkalischen Brennstoffzelle wird an der Anode (rot) Wasserstoffgas und der Kathode (blau) Sauerstoffgas eingeleitet.

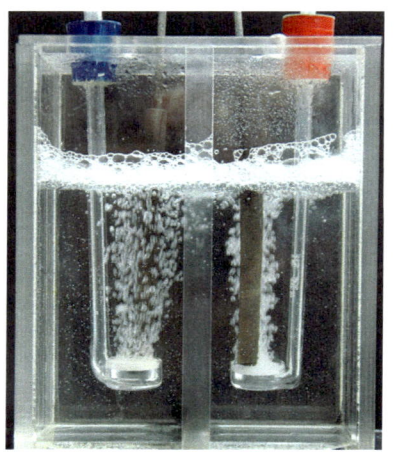

# 5.4 Die Brennstoffzelle – Energiequelle der Zukunft?

**Wasserstoff statt Benzin.** Den Straßenverkehr dominieren bislang Fahrzeuge mit Benzin- und Dieselmotoren. Aufgrund der Begrenztheit fossiler Energieträger wie Erdöl und Erdgas sowie der Problematik der Schadstoffemission (→ S. 98) ist man auf der Suche nach alternativen Energiequellen. Neben Akkus (→ S. 104) rücken verstärkt neue Treibstoffe aus nachwachsenden Rohstoffen sowie Wasserstoff in den Mittelpunkt der Forschung (Abb. 1). Für die Energiegewinnung wird Wasserstoff mit Sauerstoff zur Reaktion gebracht und entweder direkt verbrannt oder in sogenannten *Brennstoffzellen* in elektrische Energie umgewandelt. Brennstoffzellen sind galvanische Zellen, bei denen die Reaktionspartner („Brennstoffe") kontinuierlich von außen zugeführt werden. Die *Wasserstoff-Sauerstoff-Brennstoffzelle* ist die am intensivsten erforschte Stromquelle dieser Art. Anstelle des Wasserstoffs können aber auch andere Brennstoffe wie Methanol in solchen Zellen eingesetzt werden.

Brennstoffzellen sind galvanische Zellen, bei denen die Reaktionspartner kontinuierlich von außen zugeführt werden.

**Die Wasserstoff-Sauerstoff-Brennstoffzelle.** Die Reaktion, die der Gewinnung von elektrischer Energie aus Wasserstoff zugrunde liegt, ist die Knallgasreaktion, bei der aus Wasserstoff und Sauerstoff in stark exothermer Reaktion Wasser gebildet wird:

$$2\,H_2 + O_2 \longrightarrow 2\,H_2O$$

Wasserstoff und Sauerstoff reagieren nicht direkt miteinander. Die Teilreaktionen der Elektronenabgabe und -aufnahme laufen räumlich getrennt voneinander ab, sodass die in Wasserstoff und Sauerstoff gespeicherte chemische Energie nicht explosionsartig als Wärmeenergie, sondern kontrolliert in Form von elektrischer Energie freigesetzt wird.

In der Wasserstoff-Sauerstoff-Brennstoffzelle wird mithilfe der Knallgasreaktion chemische Energie in elektrische Energie umgewandelt. Durch die räumliche Trennung der Teilreaktionen erfolgt eine kontrollierte Energiefreisetzung.

**Varianten der Wasserstoff-Sauerstoff-Brennstoffzelle.** In Bezug auf ihren Aufbau gibt es verschiedene Typen von Wasserstoff-Sauerstoff-Brennstoffzellen. Bei der *alkalischen Brennstoffzelle* (Abb. 2) tauchen zwei metallische Elektroden, die mit einem Katalysator wie Platin oder Palladium beschichtet sind, in Kalilauge als Elektrolyt. Über die Elektroden werden die gasförmigen Brennstoffe geleitet. Die Elektrode, die mit Wasserstoff umspült wird, bildet die Anode, während die mit Sauerstoff umspülte Elektrode die Kathode ist. Es finden folgende Reaktionen statt:

Anode: $\quad H_2 + 2\,OH^- \;\rightleftharpoons\; 2\,H_2O + 2\,e^-$
Kathode: $\quad O_2 + 2\,H_2O + 4\,e^- \rightleftharpoons 4\,OH^-$

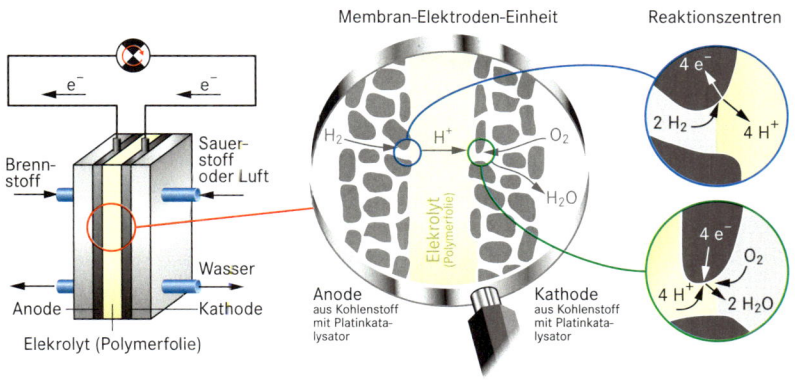

Membran-Elektroden-Einheit

Reaktionszentren

**3** In einer Polymerelektrolytmem-bran-Brennstoffzelle (PEMFC) dient eine Polymerfolie als Elektrolyt. In ihr erfolgt eine Protonenwanderung.

Eine modernere Variante der Wasserstoff-Sauerstoff-Brennstoffzelle ist die *Polymerelektrolytmembran-Brennstoffzelle* (kurz PEMFC, FC für engl. **f**uel **c**ell = Brennstoffzelle). Als Elektrolyt wird eine feste Polymermembran verwendet (Abb. 3), die z. B. aus bestimmten Polytetrafluorethenderivaten besteht. Die Membran trennt die beiden Reaktionsräume und ermöglicht wie die flüssigen Elektrolyte einen Ladungsausgleich. Die Elektroden sind auf beiden Seiten der Membran aufgebracht; sie bestehen aus Kohlenstoff, der mit Platin als Katalysator versetzt ist.

Auf der Anodenseite dissoziieren die $H_2$-Moleküle und werden unter Elektronenabgabe zu je zwei Protonen oxidiert. Diese Protonen wandern durch die Membran. Auf der Kathodenseite wird Sauerstoff durch Aufnahme von Elektronen reduziert und bildet unter Reaktion mit den Protonen, die durch den Elektrolyt transportiert werden, Wasser.

Wichtige Vertreter der Wasserstoff-Sauerstoff-Brennstoffzelle sind die alkalische und die Polymerelektrolytmembran-Brennstoffzelle.

**Bedeutung der Brennstoffzellen.** „Houston, we have a problem" – dieser bekannte Satz aus der Apollo-13-Mission der NASA aus dem Jahr 1970 beruht auf einem Problem mit den Brennstoffzellen der Raumfähre. Diese werden auch heute noch in den Space Shuttles zur Stromversorgung eingesetzt (Abb. 4).

Der Einsatz von Brennstoffzellen in der Raumfahrttechnik zeigt die Vorteile und auch die Probleme dieser Technologie. Brennstoffzellen zeichnen sich durch ihr geringes Gewicht im Vergleich zu herkömmlichen mobilen Stromquellen aus. Sie erzeugen keine gefährlichen Abgase und sind daher besonders umweltfreundlich. Das gebildete Wasser kann in der Raumfahrt beispielsweise als Trinkwasser verwendet werden. Brennstoffzellen sind zudem geräuschlos und besitzen einen hohen Wirkungsgrad. Aufgrund dieser Vorteile wird an dieser Technologie intensiv geforscht.

Die Herstellung der beiden als Brennstoff benötigten Gase stellt dabei noch ein Problem dar. Die Elektrolyse von Wasser mithilfe der Solartechnik (Umwandlung von Sonnenenergie in elektrische Energie) scheint die beste Methode zu sein, um Sauerstoff und Wasserstoff umweltfreundlich herzustellen. Besonders problematisch ist noch immer die sichere Speicherung des Wasserstoffs. Es bleibt daher spannend, ob Wasserstoff tatsächlich der Kraftstoff mit den besten Chancen für die Zukunft ist.

**4** In der Raumfahrt werden zur Stromversorgung Brennstoffzellen eingesetzt. Ihr Gewicht ist im Vergleich zu herkömmlichen Batterien um ein vielfaches geringer.

**Aufgaben**

**1** Recherchieren Sie, welches Problem es bei der Apollo-13-Mission mit der Brennstoffzelle gab.

**2** Informieren Sie sich über aktuelle Forschungen zur Brennstoffzelle.

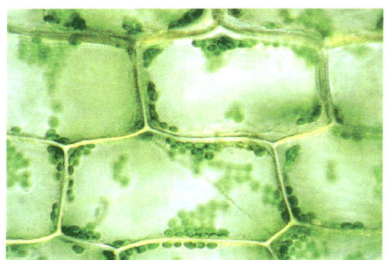

1 Pflanzenzellen mit Chloroplasten (lichtmikroskopische Aufnahme)

# ⋆5.5 Redoxgleichgewichte in Lebewesen

**Fotosynthese.** Bei der Fotosynthese der grünen Pflanzen wird Lichtenergie in chemische Energie umgewandelt. Dabei wird aus den energiearmen Stoffen Kohlenstoffdioxid und Wasser, welche die Pflanzen aus der Umgebung aufnehmen, der energiereiche Stoff Glucose hergestellt; zudem entsteht Sauerstoff. Bei diesem Vorgang wird Kohlenstoff reduziert und Sauerstoff oxidiert, die Fotosynthese ist also ein Redoxvorgang:

$$6\ CO_2 + 6\ H_2O \xrightarrow{\text{Licht}} C_6H_{12}O_6 + 6\ O_2$$

(Reduktion / Oxidation)

Das Reaktionsgeschehen läuft in den Chloroplasten der Pflanzenzellen (Abb. 1) ab, in deren innerem Membransystem die Fotosynthesepigmente und verschiedene Enzyme eingelagert sind. Die Stoffumwandlung erfolgt in mehreren Einzelreaktionen, die nacheinander ablaufen. Man unterscheidet Lichtreaktion und Dunkelreaktion.

**Die Lichtreaktion.** Durch Lichtenergie werden Elektronen in Chlorophyllmolekülen angeregt und schließlich an einen Elektronenakzeptor abgegeben. Die entstehende Elektronenlücke wird durch Spaltung von Wassermolekülen ausgeglichen; es entstehen Elektronen, Protonen und Sauerstoff. Diese lichtinduzierte Spaltung der Wassermoleküle bezeichnet man als *Fotolyse* (Abb. 2). Die vom Chlorophyllmolekül abgegebenen Elektronen werden über eine Kette von Redoxreaktionen auf $NADP^+$ (**N**icotinsäureamid**a**denin**d**inucleotid**p**hosphat) übertragen. Zusammen mit den Protonen aus der Fotolyse des Wassers entsteht $NADPH + H^+$.

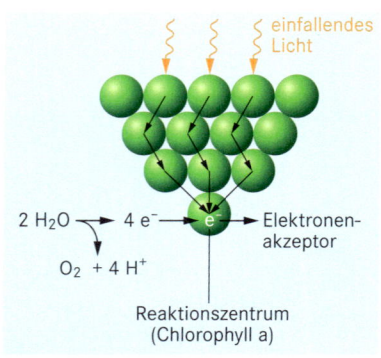

2 Die bei der Fotolyse frei werdenden Elektronen schließen die Elektronenlücke im Chlorophyllmolekül. Die im Wassermolekül enthaltenen Sauerstoffatome werden oxidiert.

**Die Dunkelreaktion.** In einem nachgeschalteten zyklischen Stoffwechselweg, dem sogenannten Calvin-Zyklus, werden Kohlenstoffdioxidmoleküle gebunden und es entsteht Glycerinsäure-3-phosphat. An diese Carbonsäure gibt $NADPH + H^+$ die zuvor aufgenommenen Protonen und Elektronen ab und es bildet sich Glycerinaldehyd-3-phosphat (Abb. 3). Die Carbonsäure wird so zum Alkanal reduziert. In weiteren Schritten entsteht daraus Glucose.

**Das Redoxpaar $NADP^+$/$NADPH + H^+$.** Die Übertragung von Elektronen und Protonen in der Fotosynthese erfolgt durch das Redoxpaar $NADP^+$/$NADPH + H^+$.

3 Bei der Reduktion von Glycerinsäure-3-phosphat zu Glycerinaldehyd-3-phosphat wird $NADPH + H^+$ oxidiert.

Durch den fortwährenden Verbrauch von $NADPH + H^+$ in der Dunkelreaktion und seine ständige Neubildung in der Lichtreaktion entsteht ein Fließgleichgewicht (→ S. 39).

**Alkoholische Gärung.** Bakterien und Hefepilze (Abb. 4) können in Abwesenheit von Sauerstoff aus Glucose durch alkoholische Gärung Energie freisetzen. Reaktionsprodukte sind Ethanol und Kohlenstoffdioxid:

$$C_6H_{12}O_6 \longrightarrow 2\,CH_3CH_2OH + 2\,CO_2$$

Die Bildung von Ethanol aus Glucose erfolgt in mehreren Schritten. Zunächst wird der Traubenzucker zu Ethanal abgebaut. Ethanal ist ein gefährliches Zellgift und wird daher sofort zu Ethanol reduziert. Die für diese Reduktion notwendigen Elektronen werden am Enzym Alkoholdehydrogenase durch das Coenzym NADH + H$^+$ bereit gestellt:

$$CH_3CHO + NADH + H^+ \longrightarrow CH_3CH_2OH + NAD^+$$

Bei der Herstellung von alkoholischen Getränken wie Bier und Wein wird dieser Stoffwechselvorgang genutzt. Mithilfe der Gärung lässt sich so je nach Hefeart ein Ethanolanteil von maximal 18 Vol.-% erreichen. Bei höherem Ethanolanteil sterben die Hefezellen ab, da auch Ethanol ein Zellgift darstellt.

**Abbau von Ethanol.** Ethanol aus alkoholischen Getränken wird im menschlichen Körper in der Leber abgebaut. Über die Schleimhäute von Mund, Magen und Dünndarm gelangt es über den Blutkreislauf dorthin. Beim Ethanolabbau spielt das Redoxpaar Ethanol/Ethanal wieder eine Rolle. Der Alkohol wird mithilfe des Enzyms Alkoholdehydrogenase zunächst in Ethanal umgewandelt und anschließend zu Essigsäure weiteroxidiert:

Ethanol $\longrightarrow$ Ethanal $\longrightarrow$ Essigsäure

$$\overset{-I}{CH_3\underset{}{C}H_2OH} \qquad \overset{+I}{CH_3\underset{}{C}HO} \qquad \overset{+III}{CH_3\underset{}{C}OOH}$$

Alle drei Verbindungen haben schädliche Auswirkungen auf den Organismus. Besonders das Zellgift Ethanal führt zur nachhaltigen Schädigung aller Proteinstrukturen, was zum Absterben von Leberzellen führt. Ernsthafte Erkrankungen, wie Leberzirrhose (Verhärtung und Schrumpfen der Leber), erhöhtes Krebsrisiko oder auch die Zerstörung von Nervenzellen können die Folge sein.

**Atemalkoholnachweis durch eine Redoxreaktion.** Bei Polizeikontrollen wurde vor der Verwendung elektronischer Messgeräte zum Alkoholnachweis eine Redoxreaktion eingesetzt. Orangefarbenes Kaliumdichromat $K_2Cr_2O_7$ wird durch Ethanol zu einer grünen Chrom(III)-Verbindung reduziert. Ethanol wird dabei zu Ethanal oxidiert:

Oxidation: $CH_3CH_2OH + 2\,H_2O \longrightarrow CH_3CHO + 2\,e^- + 2\,H_3O^+$
Reduktion: $Cr_2O_7^{2-} + 6\,e^- + 14\,H_3O^+ \longrightarrow 2\,Cr^{3+} + 21\,H_2O$

Das orangefarbene Salz befindet sich zusammen mit Schwefelsäure in einem durchsichtigen Röhrchen (Abb. 5). Über eine Öffnung kann die Atemluft am Reaktionsgemisch vorbeiströmen. Bei einer Grünfärbung ist Ethanol im Atem enthalten.

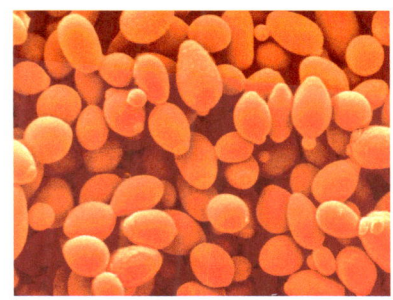

**4** Hefepilze sind einzellige Mikroorganismen.

**Info**

NAD$^+$ unterscheidet sich von NADP$^+$ strukturell nur durch einen Phosphatrest. Beim Aufbau von Glucose während der Fotosynthese dient NADP$^+$ als Überträger von Elektronen und Protonen, beim Abbau von Glucose übernimmt diese Rolle das Coenzym NAD$^+$.

**5** Ethanol in der Atemluft bewirkt eine Reduktion des orangefarbenen Kaliumdichromats zu einem grünem Chrom(III)-Salz.

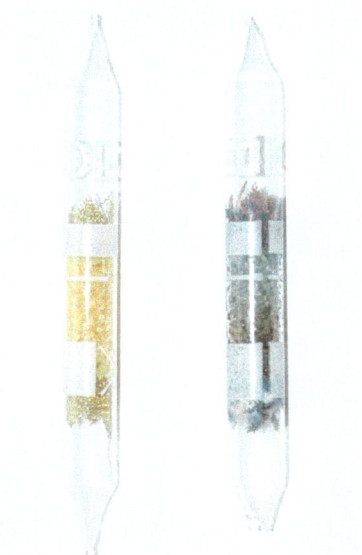

**1** Rosten von Eisen, dem Hauptbestandteil von Stahl, ist der bekannteste Korrosionsvorgang.

**2** Auch das Anlaufen von Silber beruht auf der Oxidation des Metalls.

**3** Kupfer (hier: die Freiheitsstatue) überzieht sich an der Luft mit einer festhaftenden grünen Patina.

## 5.6 Korrosion von Metallen

**Info**
Das Wort Korrosion stammt aus dem Lateinischen; lat. corrodere bedeutet zerfressen, zernagen.

**4** Die Korrosion von Eisen verursacht jährlich große wirtschaftliche Schäden. Vor allem bei Fahrzeugen, Brücken und Rohrleitungen ist Rost ein Problem.

**Info**
Stahl ist eine Eisen-Kohlenstoff-Legierung, die geringe Mengen an anderen Stoffen wie Chrom enthalten kann. Im Vergleich zu reinem Eisen ist Stahl leichter zu verarbeiten.

**Aufgabe**
1 Informieren Sie sich über die Bedeutung der Begriffe Sauerstoffkorrosion und Säurekorrosion und ordnen Sie die im Text genannten Redoxvorgänge diesen Begriffen zu.

**Zerstörung von Metallen durch Oxidation.** Metalle gehören zu den wichtigsten Werkstoffen. Doch sind sie Luft und Wasser ausgesetzt, verändern sie sich. Diesen Vorgang der Zerstörung metallischer Werkstoffe nennt man Korrosion. Ursache ist immer die Oxidation des Metalls. Ein Reaktionspartner, oft Sauerstoff, entzieht dem Metall Elektronen, sodass sich Metallionen bilden und das Metallgitter verlassen.
Der bekannteste Korrosionsvorgang ist sicherlich das *Rosten* von Eisen (Abb. 1), aber auch Silber kann korrodieren (Abb. 2). Die besondere grünblaue Farbe von Kupferdächern und -statuen (Abb. 3) beruht auf der Oxidation des Kupfers. Die als Patina bezeichnete Oxidationsschicht auf dem Kupfer ist meist eine erwünschte Veränderung. Das Rosten von Eisen hingegen ist fast immer unerwünscht und führt zu enormen wirtschaftlichen Schäden (Abb. 4).

Korrosion ist die Veränderung metallischer Werkstoffe durch Oxidation. Der bedeutendste Korrosionsvorgang ist das Rosten von Eisen, das enorme wirtschaftliche Schäden verursacht.

**Rosten von Eisen.** Die Zerstörung von Eisen durch Oxidation spielt unter den Korrosionsvorgängen die wirtschaftlich bedeutendste Rolle. 1–2 % der vorhandenen Eisenmenge werden jährlich durch Rost zerstört, sodass fast ein Drittel der Stahlproduktion nur für den Ersatz korrodierter Teile aufgewendet werden muss.
Rosten ist ein komplizierter Redoxvorgang, bei dem Eisenatome zunächst zu Eisen(II)-Ionen und schließlich weiter zu Eisen(III)-Ionen oxidiert werden. Reaktionspartner ist meist Sauerstoff, der zusammen mit Wasser zu Hydroxidionen reduziert wird. Zunächst entsteht das schwerlösliche Eisen(II)-hydroxid $Fe(OH)_2$:

| Oxidation: | $Fe$ | $\longrightarrow Fe^{2+} + 2\,e^- \mid \cdot 2$ |
|---|---|---|
| Reduktion: | $O_2 + 2\,H_2O + 4\,e^-$ | $\longrightarrow 4\,OH^-$ |
| Redoxreaktion: | $2\,Fe + O_2 + 2\,H_2O$ | $\longrightarrow \underbrace{2\,Fe^{2+} + 4\,OH^-}_{2\,Fe\,(OH)_2}$ |

Eisen(II)-hydroxid wird sehr leicht zu gelbbraunem Eisen(III)-hydroxid weiteroxidiert:

| Oxidation: | $Fe^{2+}$ | $\longrightarrow Fe^{3+} + e^- \mid \cdot 4$ |
|---|---|---|
| Reduktion: | $O_2 + 2\,H_2O + 4\,e^-$ | $\longrightarrow 4\,OH^-$ |
| Redoxreaktion: | $4\,Fe^{2+} + O_2 + 2\,H_2O$ | $\longrightarrow 4\,Fe^{3+} + 4\,OH^-$ |

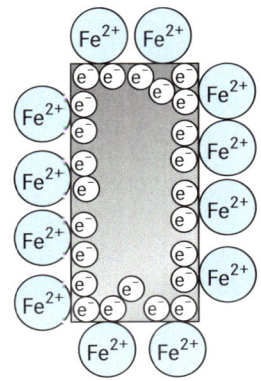

**5** Eine elektrochemische Doppel-schicht aus Metallionen und Elektronen verzögert den Korro-sionsvorgang.

Eisen(III)-hydroxid $Fe(OH)_3$ reagiert schließlich unter Wasserabspaltung zu braunem Eisen(III)-oxidhydroxid $FeO(OH)$:

$$Fe(OH)_3 \longrightarrow FeO(OH) + H_2O$$

Der entstehende Rost ist daher kein Reinstoff, sondern ein Gemisch verschiedener Eisenoxide und -hydroxide mit Wassereinlagerungen. Aufgrund der beim Rosten stattfindenden Volumenvergrößerung bildet Rost keine festhaftenden Schichten, sondern platzt leicht vom Metall ab.

Beim Rosten reagiert Eisen meist mit Sauerstoff und Wasser unter Bildung verschiedener Eisenoxide und -hydroxide.

Der Rostvorgang läuft sehr langsam ab. Die Schicht, die ein ungeschütztes Eisenwerkstück pro Jahr verliert, liegt im Mikro- bis Millimeterbereich. Die Ursache für die geringe Geschwindigkeit des Rostens ist die Ausbildung einer *elektrochemischen Doppelschicht* (Abb. 5): Die von den Eisenatomen abgegebenen Elektronen verbleiben zunächst im Metall, bevor sie von den Sauerstoffatomen aufgenommen werden. Die Elektronen im Metall ziehen die positiv geladenen Eisenionen an. Diese Schicht aus Eisenionen behindert die Elektronenabgabe an den Sauerstoff und somit den weiteren Rostvorgang.

**6** Bei Kontakt zwischen Eisen und Kupfer in saurer Lösung kommt es am edleren Metall zur Wasser-stoffentwicklung.

**Das Kontaktelement.** Verbindet man ein Eisenstück elektrisch leitend mit einem Kupferblech und taucht beide Metalle in eine verdünnte saure Lösung, so kommt es am Edelmetall Kupfer zur Bildung von Wasserstoffgas, während das Eisenstück stark rostet (Abb. 6): Die bei der Rostbildung abgegebenen Elektronen wandern entsprechend des Redoxpotenzials der beiden Metalle vom Eisen zum tiefer in der Spannungsreihe stehenden Kupfer. Am Kupferblech nehmen die Oxoniumionen der sauren Lösung die Elektronen auf und reagieren zu Wasserstoff:

$$Fe + 2\,H_3O^+ \longrightarrow Fe^{2+} + H_2 + 2\,H_2O$$

Das edlere Metall Kupfer nimmt nicht an der Reaktion teil, es leitet durch den Kontakt mit dem unedleren Metall lediglich Elektronen weiter. Man bezeichnet eine derartige Anordnung daher als *Kontaktelement*. Die elektrochemische Doppelschicht wird hierbei umgangen, sodass der Rostvorgang beschleunigt wird. Auch Korrosionsvorgänge an Luft werden durch solche Kontaktelemente beschleunigt (Abb. 7).

In einem Kontaktelement sind zwei verschiedene Metalle elektrisch leitend miteinander verbunden. Die Korrosion des unedleren Metalls wird hierdurch beschleunigt.

**7** Rostvorgang in einem Kontakt-element an Luft und Wasser

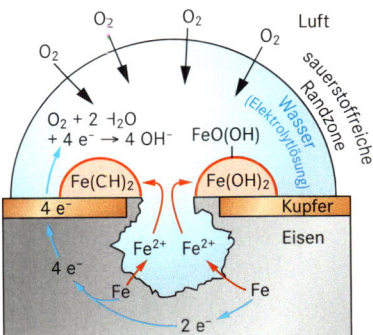

**1** Einfetten besonders stark beanspruchter Teile wie Kugellager oder Fahrradketten schützt vor Korrosion.

**2** Emailleüberzüge auf Metallgegenständen zählen zum passiven Korrosionsschutz.

**3** Verchromte Autofelgen sind nicht nur schön anzuschauen, sondern auch besonders korrosionsbeständig.

# 5.7 Korrosionsschutz bei Metallen

**Korrosionsschutz ist wichtig.** Durch Korrosion von Metallen entstehen enorme wirtschaftliche Schäden. Dabei kommt es neben der Zerstörung der Metalle zu gravierenden Folgeschäden: Undichte Gasleitungen können zu gefährlichen Unfällen führen, Öl aus lecken Tanks verschmutzt die Umwelt und der Ausfall von Maschinen zieht einen Produktionsausfall nach sich. Daher sind Maßnahmen zum Schutz vor Korrosion notwendig. Prinzipiell unterscheidet man hierbei zwei Verfahren.

**Passiver Korrosionsschutz.** Die einfachste Methode, Metalle vor Korrosion zu schützen, sind Schutzschichten aus besonders beständigen Materialien. Diese verhindern einen direkten Kontakt mit möglichen Reaktionspartnern wie Wasser und Sauerstoff. Bei dieser Methode des Korrosionsschutzes geht die aufgetragene Schicht keine Reaktion ein; sie verhält sich passiv. Man spricht daher von *passivem Korrosionsschutz*.

Zu den Methoden des passiven Korrosionsschutzes gehören neben dem Einfetten (Abb. 1) und Einwachsen *Schutzanstriche* mit Ölfarben und Lacken. Besonders festhaftend sind Überzüge aus Emaille (Abb. 2). Dies ist ein leicht schmelzbares silikatartiges Glas, das als Pulver aufgebracht und bei hohen Temperaturen aufgeschmolzen wird.

In vielen Bereichen werden Überzüge aus Metallen, z. B. Aluminium, Nickel und Chrom, auf das zu schützende Metall aufgebracht. Diese bilden dünne, festhaftende Oxidschichten aus, die das darunter liegende Metall vor Korrosion bewahren (vgl. S. 117). So werden zum Beispiel Badarmaturen oder auch Autofelgen (Abb. 3) mit mehreren Schichten aus Nickel und Chrom überzogen.

Sind die *Metallüberzüge aus einem edleren Metall* als das zu schützende Werkstück, wirkt der Schutz nur, solange der Überzug intakt ist. Das edlere Metall hat entsprechend seiner Stellung in der Spannungsreihe eine geringere Neigung zur Elektronenabgabe und reagiert daher nicht so leicht. Bei Verletzungen der Schutzschicht entsteht jedoch ein Kontaktelement, das zu einer noch schnelleren Korrosion des Werkstückes führt als dies ohne Schutzschicht der Fall wäre.

So ist bei Konservendosen aus Weißblech nur die vor Verletzung geschützte Innenseite mit einem Zinnüberzug versehen. Dieser relativ teure Rohstoff wird aufgrund seiner Ungiftigkeit und Beständigkeit gegenüber den Säuren der Lebensmittel verwendet.

Sind bei einem Eisenwerkstück bereits Korrosionsschäden aufgetreten, so können diese mithilfe sogenannter Rostumwandler behandelt werden. Diese bestehen im Wesentlichen aus Phosphorsäure, die mit dem Rost unlösliches Eisen(III)-phosphat bildet, das fest auf der Metalloberfläche haftet und es vor weiterer Korrosion schützt. Man bezeichnet dieses Verfahren als *Phosphatieren*.

**Aufgabe**
**1** Erklären Sie, weshalb auch Cola als Rostumwandler verwendet werden kann.

Beim passiven Korrosionsschutz werden korrosionsbeständige Schutzschichten auf das Werkstück aufgetragen, die keine Reaktion eingehen. Schutzanstriche, Emaillierung, Edelmetallüberzüge oder Phosphatierung zählen zu diesen Maßnahmen.

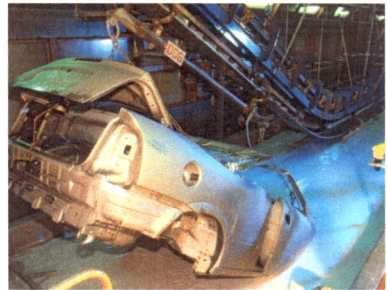

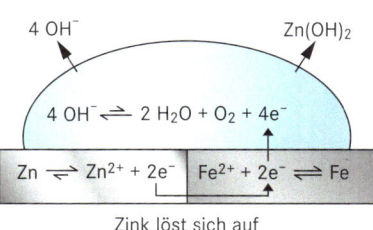

4 OH$^-$           Zn(OH)$_2$

4 OH$^-$ $\rightleftharpoons$ 2 H$_2$O + O$_2$ + 4e$^-$

Zn $\rightleftharpoons$ Zn$^{2+}$ + 2e$^-$ | Fe$^{2+}$ + 2e$^-$ $\rightleftharpoons$ Fe

Zink löst sich auf

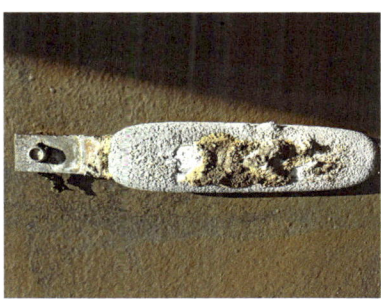

**4** Beim Eintauchen in eine Zinkschmelze überziehen sich Eisenteile mit einer Schicht aus festem Zink.

**5** Aktiver Korrosionsschutz beruht auf der Ausbildung von Kontaktelementen.

**6** Opferanoden aus Zink werden am Schiffsrumpf angebracht, oft in der Nähe der Schiffsschraube.

**Aktiver Korrosionsschutz.** Auch unedlere Metalle können zum Schutz vor Korrosion eingesetzt werden. Weit verbreitet ist Zink, das zum Beispiel als Schutzschicht auf Eisenwerkstücken wie Autokarosserien, Geländern oder Dachrinnen verwendet wird (Abb. 4).

Ein solcher Zinküberzug schützt zunächst passiv vor Korrosion. Im Gegensatz zu Edelmetallüberzügen schützt eine Zinkschicht aber auch noch nach einer Verletzung das Werkstück. Denn im entstehenden Kontaktelement reagiert Zink als unedleres Metall unter Oxidation, während Eisen als edleres Metall nicht reagiert, sondern lediglich Elektronen ableitet (Abb. 5). Da das schützende Metall in diesem Fall eine Reaktion eingeht, spricht man von *aktivem Korrosionsschutz*.

Auf diesem Prinzip des Korrosionsschutzes beruhen auch die sogenannten *Opferanoden*. Im Gegensatz zu den Überzügen werden hierbei Stücke aus unedleren Metallen wie Zink oder Magnesium leitend mit dem zu schützenden Werkstück verbunden. Das unedlere Metall wird wie oben beschrieben oxidiert und bildet die Anode. Da es zersetzt wird, muss diese Opferanode von Zeit zu Zeit erneuert werden. Zum Einsatz kommt diese Art des Korrosionsschutzes bei Pipelines, Erdtanks, Schiffsrümpfen (Abb. 6) sowie Warmwasserspeichern.

Beim aktiven Korrosionsschutz werden unedlere Metalle elektrisch leitend mit dem zu schützenden Werkstück verbunden. Im entstehenden Kontaktelement reagiert das unedlere Metall, sodass das Werkstück vor einer Reaktion geschützt wird. Eine besondere Form des aktiven Korrosionsschutzes ist der Einsatz einer Opferanode.

**Galvanisieren.** Metallische Schutzschichten können durch einfaches Eintauchen in flüssiges Metall oder durch ein elektrolytisches Verfahren, das sogenannte *Galvanisieren*, aufgebracht werden.

Hierbei wird das Werkstück als Kathode geschaltet. Die Anode besteht aus dem Metall, das den Schutzüberzug bilden soll. Die beiden Elektroden tauchen in eine Elektrolytlösung, die die Ionen des abzuscheidenden Metalls enthält. An eine Gleichstromquelle angeschlossen, scheidet sich auf dem Werkstück das Metall in feiner, festhaftender Schicht ab (Abb. 7).

**Aufgabe**

**2** Als Korrosionsschutz kann auch Hydrazin N$_2$H$_4$ wirken, das mit dem im sauren Elektrolyten befindlichen Sauerstoff reagiert und somit verhindert, dass dieser mit dem Metall reagiert. Hydrazin wird dabei zu Stickstoff oxidiert. Formulieren Sie die Oxidationsgleichung.

**7** Diese Werkstücke wurden in einem Tauchbad als Kathode geschaltet und galvanisch verzinkt.

## Brennstoffzelle

- Reaktionspartner werden kontinuierlich von außen zugeführt

### Wasserstoff-Sauerstoff-Brennstoffzelle

- nutzt die Energie der Knallgasreaktion

## elektrochemische Energiequellen

- galvanische Zellen, die als netzunabhängige Spannungsquellen dienen

## Batterie

- nicht wieder aufladbar

### Zink-Braunstein-Zelle

- Anode: Zink
- Kathode: Braunstein

**Leclanché-Element**
- Elektrolyt: Ammoniumchlorid

**Alkali-Mangan-Zelle**
- Elektrolyt: Kalilauge
- auslaufsicher

### Zink-Silberoxid-Knopfzelle

- Anode: Zink
- Kathode: Silberoxid

### Lithiumbatterie

- Anode: Lithium
- Kathode: Braunstein

## Akkumulator

- durch Elektrolyse wieder aufladbar

### Bleiakku

- Anode: Blei
- Kathode: Blei(IV)-oxid
- Elektrolyt: Schwefelsäure
- „Autobatterie"

### weitere Akkus

- Nickel-Cadmium-Akku
- Lithium-Ionen-Akku

## Rosten

- Korrosion von Eisen
- Eisen reagiert meist mit Sauerstoff und Wasser unter Bildung verschiedener Eisenoxide und -hydroxide

## Kontaktelement

- zwei verschiedene Metalle sind elektrisch leitend miteinander verbunden
- beschleunigte Korrosion des unedleren Metalls

## Korrosion

- Veränderung metallischer Werkstoffe durch Oxidation
- verursacht hohe wirtschaftliche Schäden

## Korrosionsschutz

### passiver Korrosionsschutz

- korrosionsbeständige Schutzschichten, die keine Reaktion eingehen
- Schutzanstriche, Emaillierung, Edelmetallüberzüge oder Phosphatierung

### aktiver Korrosionsschutz

- Schutz durch Ausbildung eines Kontaktelements
- unedlere Metalle sind elektrisch leitend mit dem zu schützenden Werkstück verbunden
- besondere Form: Einsatz einer Opferanode

1 Früher waren Knopfzellen oft Zink-Quecksilber-oxid-Zellen. Aus Quecksilberoxid HgO wird beim Entladen der Batterie reines Quecksilber. Als Elektrolyt dient Kalilauge.
Formulieren Sie die Elektrodenvorgänge und ordnen Sie Kathode und Anode zu.

2 Zink-Kohle-Zellen enthalten eine Quecksilber-schicht auf der Innenseite des Zinkbechers, um diesen vor den Oxoniumionen des Elektrolyten zu schützen.
Erklären Sie, was geschieht, wenn Oxoniumionen direkt in Kontakt mit dem Zinkmetall kommen.

3 In einem Bleiakku herrscht aufgrund des Elektrolyten aus Schwefelsäure ein pH-Wert von nur 0,5 und eine Blei(II)-Ionenkonzentration von $c(Pb^{2+}) = 8 \cdot 10^{-9}$ mol/l. Die Standardpotenziale der beteiligten Redoxpaare betragen:
$E°(Pb/Pb^{2+}) = -0,13$ V, $E°(PbO_2/Pb^{2+}) = 1,46$ V.
Berechnen Sie die Spannung, die dieser Bleiakku liefert.

4 Rohkupfer enthält neben Kupfer auch noch Verunreinigungen in Form von Zink und Silber. Zur „Reinigung" wird ein Rohkupferstab als Anode in eine Elektrolysezelle eingebaut. Als Kathode wird ein Reinstkupferstab verwendet, als Elektrolyt dient eine Kupfersulfatlösung.
Im Laufe der Elektrolyse reagiert an der Anode zunächst Zink zu Ionen, die in Lösung gehen. Dann reagiert Kupfer, die Kupferionen gehen in Lösung und die Anode löst sich langsam auf. Dabei fällt das Silber unter der Anode als Anodenschlamm herab. An der Kathode reagieren bei der Elektrolyse nur die Kupferionen zu Kupfer, die Zinkionen bleiben in Lösung. Die Reinstkupferkathode vergrößert sich so immer mehr.
a) Erstellen Sie eine vollständig beschriftete Skizze dieser Elektrolysezelle.
b) Erklären Sie das Prinzip dieser Reinigung, indem Sie darlegen, weshalb die Zinkionen an der Kathode nicht reduziert werden und weshalb Silber nicht reagiert.

5 Wird ein Metalleimer aus Eisen mit einem Henkel aus Kupfer versehen, rostet der Eimer sehr schnell. Erklären Sie dieses Phänomen unter Verwendung einer Skizze.

6 In einer alkalischen Brennstoffzelle kann anstelle von Wasserstoff auch Methanol $CH_3OH$ eingesetzt werden. Es reagiert mit Sauerstoff zu Kohlenstoffdioxid und Wasser.
Formulieren Sie Kathoden- und Anodenreaktion sowie die Gesamtreaktion.

7 Die beiden Skizzen A und B zeigen ein verkupfertes und ein verzinktes Eisenwerkstück. Die Beschichtung aus Kupfer bzw. Zink hat in beiden Fällen einen Riss.
Entscheiden Sie begründet, welche der beiden Skizzen A und B das verkupferte Eisenwerkstück darstellt.

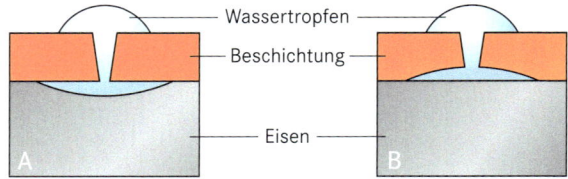

8 Ein Industriebetrieb hat einen Wassertank aus Stahl. Zum Schutz vor Korrosion haben Techniker der Firma einen Magnesiumstab in das Wasser getaucht und diesen leitend mit der Stahlwand verbunden. Nach einigen Jahren ist der Magnesiumstab so korrodiert, dass er durch einen neuen ersetzt werden muss.
Erklären Sie, weshalb das hier angewendete Prinzip des Korrosionsschutzes als „Opferanode" bezeichnet wird.

9 Das komplette Energiesystem der Azoreninsel La Graciosa (Abb. 1) soll zu 100 % aus erneuerbaren Energien gespeist werden und die bislang für die Versorgung zuständigen Dieselgeneratoren ablösen. Auf der Insel sollen Windkraft- und Solaranlagen sowie Akku-Stationen (Natrium-Schwefel-Akkumulatoren) errichtet werden.
Entwickeln Sie ein Konzept, wie die Insel durch die gegenseitige Umwandlung von chemischer in elektrische Energie energieautark werden könnte.

1 Die Azoreninsel La Graciosa

**10** Ob als Schokoladenfolie oder als moderner Werkstoff im Fahrzeugbau – Aluminium ist aus dem Alltag nicht mehr wegzudenken.

a) Recherchieren Sie, welche besonderen Eigenschaften Aluminium zu einem idealen Werkstoff im Fahrzeugbau machen.

b) Lesen Sie den Text zur Aluminiumherstellung in Abbildung 2. Finden Sie mithilfe ihres Atlas Abbaugebiete für den Rohstoff der Aluminiumgewinnung und recherchieren Sie die Herkunft des Namens Bauxit.

c) Erläutern Sie das vorliegende Schmelzdiagramm (Abb. 3).

d) Erklären Sie mithilfe der folgenden Redoxpotenziale, weshalb Aluminium nicht durch Elektrolyse einer wässrigen Lösung von $Al_2O_3$ hergestellt werden kann.
$E°(Al/Al^{3+}) = -1,68$ V;
$E°(H_2/H_3O^+)$ bei (pH 7) $= -0,41$ V,
inkl. Überpotenzial $E = -1,4$ V

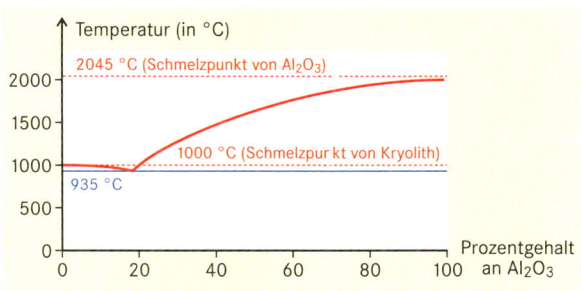

**3** Schmelzdiagramm zur Aluminiumelektrolyse

e) Entwickeln Sie anhand der Angaben im Text von Abbildung 2 eine beschriftete, vereinfachte Skizze des Aufbaus eines Elektrolyseofens.

f) Formulieren Sie die Reaktionsgleichungen der Kathoden- und Anodenreaktion.

Aluminium reagiert an seiner Oberfläche schnell mit Sauerstoff, wobei sich eine sehr dünne, dichte Aluminiumoxidschicht bildet, die das darunter liegende Aluminium vor weiterer Korrosion schützt. Die natürliche Oxidschicht kann verstärkt werden, indem Aluminium elektrolytisch oxidiert wird (Abb. 4). Dies bezeichnet man als Eloxalverfahren, bei dem Aluminiumionen mit Wassermolekülen zu Aluminiumoxid und Oxoniumionen reagieren.

g) Erklären Sie den Begriff „Korrosion".

h) Formulieren Sie mithilfe von Abbildung 4 die Vorgänge, die beim Eloxalverfahren an den Elektroden ablaufen. Gehen Sie davon aus, dass Blei an der Reaktion nicht teilnimmt.

**2** Lexikonartikel zur Herstellung von Aluminium

### Aluminiumherstellung

Aluminium wird durch Elektrolyse von geschmolzenem Aluminiumoxid $Al_2O_3$ hergestellt, das aus Bauxit gewonnen wird. Der Schmelzpunkt von reinem Aluminiumoxid liegt über 2000 °C. Um den Energieaufwand für den Schmelzvorgang zu minimieren, fügt man Kryolith, eine Verbindung aus Natrium, Fluor und Aluminium, hinzu. Das Gemisch aus diesen beiden Stoffen hat einen geringeren Schmelzpunkt als reines Aluminiumoxid, sodass bei Temperaturen von ca. 960 °C gearbeitet werden kann. Die sogenannte Schmelzflusselektrolyse wird in Stahlwannen durchgeführt, deren Boden mit einer Kohle-Teer-Mischung ausgekleidet ist; diese bildet die Kathode. Von oben ragen kurze Kohleblöcke, die als Anode wirken, in die Schmelze. Die Elektrolyse erfolgt bei einer Spannung von 4 bis 5 Volt und einer Stromstärke von ca. 200 000 Ampere.

An der Kathode bildet sich flüssiges Aluminium. An der Anode entsteht Sauerstoff, der mit dem Kohlenstoff überwiegend zu Kohlenstoffdioxid reagiert. Das flüssige Aluminium lagert sich aufgrund seiner Dichte am Boden der Wanne ab und wird von dort abgesaugt.

**4** Versuch zur elektrolytischen Oxidation von Aluminium

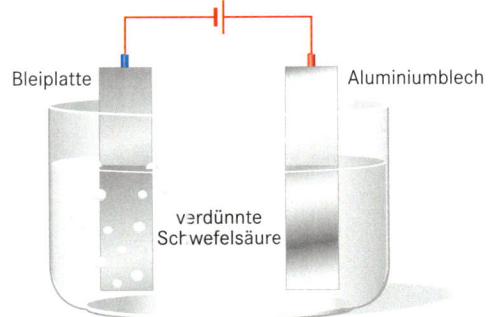

# Zink – vielseitig verwendbar

Zink ist vielseitig verwendbar, z. B. in Batterien, als Schutzüberzug auf metallischen Werkstücken wie Dachrinnen, Eimern, Geländern oder als Legierungsbestandteil neben Kupfer in Messing.

**1** Zink kommt in der Natur nicht elementar vor. Es kann neben anderen Verfahren v. a. durch Elektrolyse einer wässrigen Zink(II)-sulfatlösung gewonnen werden. Dabei entsteht an der Anode ein Gas, das Verbrennungen unterhält.
 a) Erstellen Sie eine beschriftete Skizze des Versuchsaufbaus.
 b) Formulieren Sie die Gleichungen der Elektrodenreaktionen. Folgende Redoxpotenziale sind gegeben:
 $E(H_2/H_3O^+) = -1{,}4\ V$ (pH = 7, inkl. Überpotenzial); $E°(Zn/Zn^{2+}) = -0{,}76\ V$; $E(OH^-/O_2) = +2\ V$ (inkl. Überpotenzial)
 c) Im Laufe der Elektrolyse sinkt der pH-Wert der Lösung. Erklären Sie diese Beobachtungen mithilfe Ihrer Kenntnisse über das chemische Gleichgewicht.

**2** Zur Herstellung einer Batterie soll eine Zinkhalbzelle mit einer Kupferhalbzelle bei Standardbedingungen verbunden werden.
 a) Geben Sie begründet an, welche Halbzelle die Anode und welche die Kathode bildet.
 b) Berechnen Sie die Leerlaufspannung dieser galvanischen Zelle.
 c) Die Konzentration in einer der beiden Halbzellen soll nun so verändert werden, dass eine höhere Spannung erreicht wird. Begründen Sie, bei welcher Halbzelle eine solche Konzentrationserhöhung den gewünschten Erfolg haben wird.

**3** Das unedle Metall Zink reagiert mit Salzsäure unter Wasserstoffentwicklung. In einem Versuch soll die mittlere Reaktionsgeschwindigkeit bestimmt werden, wobei ein Stück Zinkblech in verdünnte Salzsäure gegeben wird. Es entstehen innerhalb von 22 Sekunden 40 ml Wasserstoffgas.
 a) Erstellen Sie die Gleichung für die chemische Reaktion zwischen Zink und Salzsäure.
 b) Berechnen Sie die mittlere Reaktionsgeschwindigkeit in mol/s bei Normalbedingungen.

 c) Anstelle des Zinkblechs wird Zinkpulver für den Versuch verwendet. Geben Sie begründet an, welche Auswirkungen dies auf die Reaktionsgeschwindigkeit hat.

**4** Zink ist ein wichtiges Spurenelement und nach Eisen das zweithäufigste Übergangsmetall im menschlichen Organismus. Es spielt eine wichtige Rolle für die Stabilisierung der Tertiärstruktur von Enzymen.
 a) Nennen Sie die Kräfte zur Stabilisierung der Tertiärstruktur von Proteinen.
 b) Die Aktivität eines zinkhaltigen Enzyms in Abhängigkeit von der Temperatur zeigt Abb. 1. Erläutern Sie den dargestellten Kurvenverlauf.

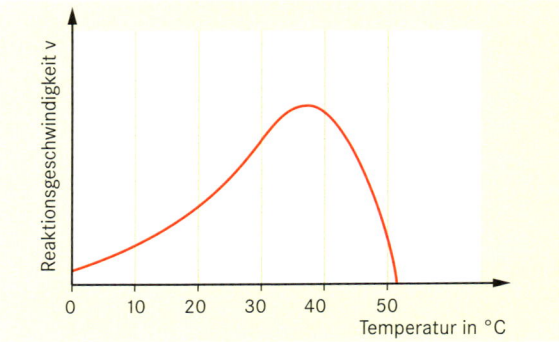

**1** Temperaturabhängigkeit der Aktivität eines zinkhaltigen Enzyms

**5** Eine große Bedeutung hat Zink für den Korrosionsschutz metallischer Werkstoffe.
 a) Rund um die Schiffsschraube werden zum Korrosionsschutz Zinkblöcke angebracht. Erklären Sie die Bedeutung dieser Maßnahme.
 b) Ein Heizölverteilungsrohr besteht aus einem Aluminiumrohr und einem T-Stück aus Messing. Im Bereich des Aluminiumrohrs ist durch Korrosion ein Loch entstanden (Abb. 2). Erklären Sie, weshalb Aluminium und nicht Messing stärker korrodiert ist.

**2** Korrodierte Heizölleitung

# Wichtige Regeln für das Experimentieren

### Sicherheitsvorkehrungen
- Informationen über Not-Ausschalter (Strom, Gas), Feuerlöscher, Löschdecken, Augenduschen einholen.
- Fluchtwege und Notausgang kennen.

### Vor dem Experimentieren
- *Schutzbrille* aufsetzen.
- Versuchsanleitung sorgfältig lesen.
- Sicherheitsvorschriften für Versuch und Reagenzien beachten.
- Längere Haare zurückbinden.
- Es herrscht Ess- und Trinkverbot.
- Jacken bzw. Mäntel sowie Schultaschen aus dem Experimentierbereich entfernen.
- Alle Geräte müssen sicher stehen (Stativmaterial benutzen).
- Jedes Experiment überlegt vorbereiten und sachgerecht durchführen, nie Chemikalien zusammenschütten, um zu schauen, „was dabei herauskommt".

### Während des Experimentierens
- Versuche nur nach Anleitung durchführen, keine experimentellen Alleingänge unternehmen.
- Gesicht nie direkt über ein Reaktionsgefäß halten.
- Reagenzglasöffnung niemals auf andere Personen richten (Abb. 1).
- Versuche nur mit den angegebenen Chemikalienmengen durchführen.
- Säure- und Laugenspritzer auf Haut und Kleidung sofort mit viel Wasser abwaschen.
- Keine offenen Flammen bei leicht entzündbaren Stoffen.

2 Geruchsprobe durch Zufächeln mit der Hand

- Bunsenbrenner immer im Auge behalten (Flamme, Gas).
- Gaszufuhr nach einem Versuch sofort unterbrechen. Bei Bedarf später erneut zünden.
- Versuchspannen sofort melden.

### Umgang mit Chemikalien
- Reagenzgläser nur zu einem Drittel befüllen.
- Keine Geschmacksproben durchführen.
- Bei Geruchsproben die Gase oder Dämpfe vorsichtig zufächeln (Abb. 2).
- Sparsamer Chemikaliengebrauch.
- Bei Chemikalienentnahme sorgfältig arbeiten, Gefäße sofort wieder verschließen.
- Chemikalien nicht in Lebensmittelflaschen oder -boxen aufbewahren.

### Nach dem Experimentieren
- Experimentiertisch aufräumen und säubern.
- Geräte reinigen, abschließend mit destilliertem Wasser abspülen und auf das Trockengestell stellen.
- Chemikalienreste nie in die Vorratsflasche zurückgeben.
- Gas- und Wasserhähne überprüfen.
- Chemieabfall sachgerecht entsorgen (Lehrerhinweise).
- Hände waschen.
- Keine Chemikalien mit nach Hause nehmen.
- Gefährliche Versuche zu Hause auf keinen Fall nachmachen.

1 Reagenzglasöffnung niemals auf Personen richten

# Versuche zu Kapitel 1: Chemisches Gleichgewicht

## 1

### Bildung von Ammoniumchlorid

*Vorsicht! Schutzbrille! Abzug!*

In ein Uhrglas wird etwas konzentriertes Ammoniakwasser 5, 7, 9), in ein zweites Uhrglas etwas konzentrierte Salzsäure (5, 7) gegeben. Beide Uhrgläser werden nebeneinander unter eine Glasglocke gestellt.

*Schülerauftrag:* Erläutern Sie die Beobachtung.

*Entsorgung:* Lösungen in den Sammelbehälter I geben.

## 2

### Zersetzung von Ammoniumchlorid

*Vorsicht! Schutzbrille! Abzug!*

In ein Reagenzglas gibt man etwa fünf Spatelspitzen Ammoniumchlorid (7), darüber ein feuchtes, blaues Lackmuspapier und dann einen lockeren Bausch (Glas-)Wolle. Über die Mündung des Reagenzglases wird zuletzt ein feuchtes, rotes Lackmuspapier angebracht. Das Ammoniumchlorid wird nun vorsichtig erhitzt.

Deuten Sie die Beobachtungen.

*Entsorgung:* Feststoffe in den Sammelbehälter für feste Abfälle geben.

## 3

### Bestimmung der Carbonsäurekonzentration während der Esterkondensation bis zur Gleichgewichtseinstellung

*Vorsicht! Schutzbrille!*

In einen Siedekolben gibt man 100 ml einer Carbonsäure (z. B. Essigsäure, 7) und 100 ml eines Alkohols (z. B. Ethanol, 2) und fügt 1 ml konzentrierte Schwefelsäure (5) zu. Der Reaktionsansatz wird unter Rückfluss kontinuierlich gerührt. Alle 15 Minuten entnimmt man in einem Zeitraum von 120 bis 150 Minuten jeweils eine Probe von 1 ml und titriert mit Natronlauge (7) der Konzentration 0,001 mol/l. Die erhaltenen Werte werden notiert. Erstellen Sie aus den ermittelten Werten ein Stoffmenge-Zeit-Diagramm und erklären Sie die Beobachtungen zum Verlauf der Reaktion.

*Entsorgung:* Lösungen in den Sammelbehälter III geben.

## 4

### Bildung und Hydrolyse eines Esters

*Vorsicht! Schutzbrille!*

In einen Erlenmeyerkolben gibt man 0,1 mol einer Carbonsäure (z. B. Essigsäure, 7) und 0,1 mol eines Alkohols (z. B. Ethanol, 2), in einen zweiten Kolben 0,1 mol des entsprechenden Carbonsäureesters (z. B. Essigsäureethylester, 2, 7) und 0,1 mol Wasser.

Zu beiden Ansätzen gibt man jeweils wenige Tropfen konzentrierte Schwefelsäure (5). Nach kräftigem Durchmischen lässt man die Reaktionsansätze bei Raumtemperatur stehen. Nach einem Tag entnimmt man eine Probe und titriert diese mit Natronlauge (7, c(NaOH) = 0,01 mol/l).

Interpretieren Sie die beobachteten Ergebnisse.

*Entsorgung:* Lösungen in den Sammelbehälter III geben.

## 5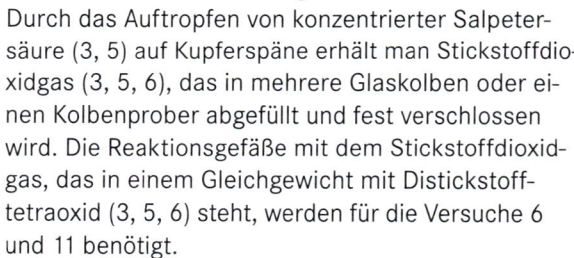

### Herstellung von Stickstoffdioxid

*Vorsicht! Schutzbrille! Abzug!*

Durch das Auftropfen von konzentrierter Salpetersäure (3, 5) auf Kupferspäne erhält man Stickstoffdioxidgas (3, 5, 6), das in mehrere Glaskolben oder einen Kolbenprober abgefüllt und fest verschlossen wird. Die Reaktionsgefäße mit dem Stickstoffdioxidgas, das in einem Gleichgewicht mit Distickstofftetraoxid (3, 5, 6) steht, werden für die Versuche 6 und 11 benötigt.

*Alternative:* Erhitzen von Blei(II)-nitrat (3, 5, 7, 8, 9) in einem Reagenzglas und Abfüllen der entstehenden Gase in die Glaskolben bzw. den Kolbenprober

*Entsorgung:* Lösungen in den Sammelbehälter I geben, Feststoffe in den Sammelbehälter II geben, Gase im Abzug entweichen lassen.

## 6

### Verschiebung des chemischen Gleichgewichts durch Temperaturänderung

*Vorsicht! Schutzbrille! Abzug!*

In drei Rundkolben wird ein Gemisch aus Stickstoffdioxid (3, 5, 6) und Distickstofftetraoxid (3, 5, 6) abgefüllt (s. Versuch 5). Die drei Kolben werden jeweils unterschiedlichen Temperaturen ausgesetzt: 0 °C (Eisbad), 20 °C (Raumtemperatur) und Wasserbad mit ca. 80 °C.

*Schülerauftrag:* Erläutern Sie die Beobachtungen.

*Entsorgung:* Gase im Abzug entweichen lassen.

## 7

**Herstellung einer Eisenthiocyanatlösung**

*Vorsicht! Schutzbrille!*

Eine Eisen(III)-chloridlösung (5, 7; 2 mmol $Fe^{3+} \cong 0{,}54$ g $FeCl_3 \cdot 6\,H_2O$ in 500 ml dest. Wasser) und eine Ammoniumthiocyanatlösung (7; 6 mmol $SCN^- \cong 0{,}46$ g $NH_4SCN$ in 500 ml dest. Wasser) werden vereinigt. Die frisch hergestellte Eisenthiocyanatlösung wird für die folgenden Versuche 8 und 9 verwendet.

Alternativ können auch Lösungen von Ammonium-eisen(III)-sulfat (2 mmol $Fe^{3+} \cong 0{,}96$ g $Fe(NH_4)(SO_4)_2 \cdot 12\,H_2O$ in 500 ml dest. Wasser) und Kaliumthiocyanat (7; 6 mmol $SCN^- \cong 0{,}58$ g KSCN in 500 ml dest. Wasser) verwendet werden.

*Entsorgung:* Lösungen in den Sammelbehälter II geben.

## 8

**Verschiebung der Gleichgewichtslage durch Zugabe von weiteren Edukten**

*Vorsicht! Schutzbrille!*

Drei Reagenzgläser werden mit der in Versuch 7 frisch hergestellten Eisenthiocyanatlösung (7) gefüllt. Zu einer Lösung gibt man festes Eisen(III)-chlorid (5, 7), zu einer weiteren festes Ammoniumthiocyanat (7), die dritte Lösung bleibt unverändert. Anschließend werden die drei Lösungen verglichen.

Was beobachten Sie? Erklären Sie die Beobachtungen.

*Entsorgung:* Lösungen in den Sammelbehälter II geben.

## 9

**Verschiebung der Gleichgewichtslage durch Entzug von Edukten**

*Vorsicht! Schutzbrille!*

Zwei Reagenzgläser werden mit einer Eisenthiocyanatlösung (7; aus Versuch 7) bestückt. Anschließend gibt man zu einem Reagenzglas tropfenweise eine Silbernitratlösung (7), zum anderen Reagenzglas tropfenweise Natronlauge (5) hinzu.

Was beobachten Sie? Erklären Sie die Beobachtungen.

*Entsorgung:* Lösungen in den Sammelbehälter II geben.

## 10

**Verschiebung der Gleichgewichtslage durch Stoffmengenänderung**

*Vorsicht! Schutzbrille!*

In ein Reagenzglas gibt man eine Spatelspitze Kaliumchromat (7, 8, 9) und füllt etwa bis zu einem Drittel mit destilliertem Wasser auf. Nun versetzt man die Lösung tropfenweise mit verdünnter Schwefelsäure (5), bis sich die Farbe der ursprünglichen Lösung erkennbar ändert. Anschließend gibt man verdünnte Natronlauge (7) zu dieser neu erhaltenen Lösung, bis sich erneut eine Änderung einstellt.

*Schülerauftrag:* Beschreiben und erklären Sie die auftretenden Veränderungen.

*Entsorgung:* Lösungen nach spezifischer Behandlung in den Sammelbehälter I geben.

## 11

**Verschiebung der Gleichgewichtslage durch Druckänderung**

*Vorsicht! Schutzbrille! Abzug!*

Ein Kolbenprober wird mit einem Gemisch aus Stickstoffdioxid (3, 5, 6) und Distickstofftetraoxid (3, 5, 6) gefüllt (siehe Versuch 5). Durch Eindrücken bzw. Herausziehen des Stempels wird das Volumen des Kolbenprobers verändert.

*Schülerauftrag:* Was beobachten Sie? Erklären Sie die Beobachtungen.

*Entsorgung:* Gase im Abzug entweichen lassen.

## 12

**Entropie als eine Triebkraft chemischer Reaktionen**

*Vorsicht! Schutzbrille!*

Eine Menge von ca. 2 g Bariumhydroxid (5, 7) und 1 g Ammoniumthiocyanat (7) werden in einem Erlenmeyerkolben vermischt und auf einem feuchten Korkstück oder Schwamm abgestellt. Mit einem Temperaturfühler misst man in Zeitabständen von 10 Sekunden die Temperatur und notiert die Werte.

Was beobachten Sie? Erklären Sie die Beobachtungen und fertigen Sie ein Temperatur-Zeit-Diagramm an.

*Entsorgung:* Lösung in den Sammelbehälter II geben.

## Versuche zu Kapitel 2: Protolysegleichgewichte

###  pH-Werte verschiedener Salzlösungen

*Vorsicht! Schutzbrille!*

Es werden jeweils 0,5 g der folgenden Salze in 10 ml Wasser gelöst und der pH-Wert mit einem Universalindikatorpapier bestimmt:
Kochsalz, Natriumacetat, Natriumphosphat (5), Ammoniumchlorid (7), Natriumhydrogensulfat (5).
Erklären Sie die Beobachtungen.
*Entsorgung:* Lösungen in den Sammelbehälter I geben.

### **2** Die elektrische Leitfähigkeit von starken und schwachen Säuren

*Vorsicht! Schutzbrille!*

Es werden Lösungen von Salzsäure (7) und Essigsäure (7) mit einer jeweiligen Konzentration von 0,1 mol/l hergestellt. Anschließend wird jeweils die Leitfähigkeit der gleich konzentrierten Lösungen bestimmt.
Welche Folgerungen können aufgrund der Beobachtungen gezogen werden?
*Entsorgung:* Lösungen in den Sammelbehälter I geben.

### **3** Wasserstoffentwicklung von starken und schwachen Säuren mit Magnesium

*Vorsicht! Schutzbrille!*

In zwei kleine Erlenmeyerkolben werden jeweils 50 ml Essigsäure (7) der Konzentration 0,1 mol/l bzw. Salzsäure (7) der Konzentration 0,1 mol/l gegeben. Beide Erlenmeyerkolben werden jeweils mit einem Kolbenprober verbunden. Anschließend gibt man in jeden Erlenmeyerkolben ein 2 cm langes Magnesiumband (2).
Vergleichen Sie die Beobachtungen bei den verschiedenen Säuren.
*Entsorgung:* Lösungen in den Sammelbehälter I geben.

### **4** pH-Werte bei Zugabe von Salzen zu den entsprechenden Säuren

*Vorsicht! Schutzbrille!*

Zu ca. 3 ml Salzsäure (7) bzw. Essigsäure (7) der Konzentration 0,1 mol/l gibt man jeweils einige Tropfen Universalindikator. Anschließend fügt man zur Salzsäure eine Spatelspitze festes Natriumchlorid, zur Essigsäure eine Spatelspitze festes Natriumacetat hinzu.
Deuten Sie die Beobachtungen.
*Entsorgung:* Lösungen in den Sammelbehälter I geben.

### **5** pH-Werte verschiedener, gleich konzentrierter Säuren

*Vorsicht! Schutzbrille!*

Zu ca. 3 ml der folgenden Säuren mit der Konzentration 0,1 mol/l gibt man jeweils einige Tropfen Universalindikator: Salzsäure (7), Salpetersäure (5), Schwefelsäure (5) und Essigsäure (7).
Deuten Sie die Beobachtungen.
*Entsorgung:* Lösungen in den Sammelbehälter I geben.

### **6** pH-Werte verschiedener Alltagschemikalien und Lebensmitteln

*Vorsicht! Schutzbrille!*

Die folgenden Stoffe werden jeweils in ein Reagenzglas gegeben, anschließend wird der pH-Wert mittels pH-Meter bestimmt:
a) Alltagschemikalien, z. B. flüssiger Rohrreiniger (5), Kalkreiniger, Allzweckreiniger, Fensterreiniger, Seifenlösung
b) Lebensmittel, z. B. Mineralwasser, verschiedene Fruchtsäfte, Sauerkrautsaft, Zitronensaft, Wein, Milch, saure Milch, Speiseessig.
Erklären Sie die Beobachtungen.
*Entsorgung:* Lösungen in den Sammelbehälter für Abwasser geben.

# Versuche zu Kapitel 3: Bedeutung von Protolysegleichgewichten

##  1

### Titration einer starken Säure mit einer starken Base

*Vorsicht! Schutzbrille!*

Eine Salzsäurelösung (7) unbekannter Konzentration wird durch den Lehrer vorbereitet. Mit einer Messpipette werden exakt 50 ml dieser Lösung in ein Becherglas pipettiert. Zusätzlich werden einige Tropfen des Indikators Bromthymolblau (2) zugegeben.
Eine Bürette wird mit Natronlauge (5) der Konzentration 0,1 mol/l gefüllt. Es ist darauf zu achten, dass sich keine Luftblasen in der Bürette befinden (insbesondere unten am Hahn). Nun wird der Hahn vorsichtig geöffnet, sodass die Maßlösung langsam in die Probe tropft. Für gute Durchmischung wird durch einen Rührfisch gesorgt. Der Äquivalenzpunkt ist erreicht, wenn die Probe auch nach ausreichendem Durchmischen eine bleibende Blaufärbung zeigt. Lesen Sie den Verbrauch der Maßlösung ab und berechnen Sie daraus die Konzentration der Salzsäurelösung.

*Entsorgung:* Titrierte Lösung in den Sammelbehälter für Abwasser geben, übrige Lösungen in den Sammelbehälter I geben.

## 2

### Anfertigen einer Titrationskurve

*Vorsicht! Schutzbrille!*

Mit einer Messpipette werden 20 ml einer Salzsäurelösung (7) der Konzentration 0,1 mol/l in ein Becherglas pipettiert. In eine Bürette wird Natronlauge (5) der Konzentration 0,1 mol/l eingefüllt. Während der gesamten Reaktion wird die Probe durch einen Rührfisch gut durchmischt. Zu bestimmten Zeitpunkten (s. Tabelle unten) wird der pH-Wert der Lösung durch ein pH-Meter bestimmt und in die Tabelle eingetragen:

| V (NaOH) in ml | 0 | 3 | 6 | 9 | 12 | 15 | 17 | 18 | 19 |
|---|---|---|---|---|---|---|---|---|---|
| pH-Wert | ? | ? | ? | ? | ? | ? | ? | ? | ? |

| V (NaOH) in ml | 20 | 21 | 22 | 24 | 27 | 30 | 33 | 36 | 40 |
|---|---|---|---|---|---|---|---|---|---|
| pH-Wert | ? | ? | ? | ? | ? | ? | ? | ? | ? |

Fertigen Sie aus den gewonnenen Messwerten eine Titrationskurve an und teilen Sie diese in sinnvolle Abschnitte ein.

*Entsorgung:* Lösungen in den Sammelbehälter I geben.

## 3

### Experimentelle Bestimmung des pK$_S$-Wertes einer schwachen Säure

*Vorsicht! Schutzbrille!*

20 ml Essigsäure (7) der Konzentration 0,1 mol/l werden mithilfe einer Messpipette in ein Becherglas pipettiert. Als Indikator werden einige Tropfen Phenolphthalein (2) zugegeben. In eine Bürette wird Natronlauge (5) der Konzentration 0,1 mol/l eingefüllt. Zuerst wird eine vollständige Titration bis zum Äquivalenzpunkt durchgeführt (s. Versuch 1). Anschließend wird eine neue Titration vorbereitet. Es wird genau das halbe Volumen an Maßlösung der ersten Titration zugetropft und mithilfe eines Rührfisches gut durchmischt.
Bestimmen Sie den pH-Wert der Lösung und vergleichen Sie ihn mit dem pK$_S$-Wert der Essigsäure.

*Entsorgung:* Titrierte Lösung des ersten Ansatzes in den Sammelbehälter für Abwasser geben, alle anderen Lösungen in den Sammelbehälter I geben.

## 4

### Grafische Bestimmung des pK$_S$-Werts einer schwachen Säure

*Vorsicht! Schutzbrille!*

20 ml Essigsäure (7) der Konzentration 0,1 mol/l werden mithilfe einer Messpipette in ein Becherglas pipettiert. Eine Bürette wird mit Natronlauge (5) der Konzentration 0,1 mol/l befüllt. Die Natronlauge wird der Probe langsam zugetropft und mit einem Rührfisch vermischt. Der pH-Wert der Lösung wird nach jeweils 1 ml zugetropfter Maßlösung durch ein pH-Meter bestimmt und in eine Tabelle eingetragen.
Fertigen Sie eine Titrationskurve an. Zeichnen Sie den Äquivalenz- und den Halbäquivalenzpunkt ein. Bestimmen Sie den pK$_S$-Wert und vergleichen Sie ihn mit dem Literaturwert.

*Entsorgung:* Lösungen in den Sammelbehälter I geben.

## 5

**Computergestützte Bestimmung des pK$_S$-Werts einer schwachen Säure.**

*Vorsicht! Schutzbrille!*

20 ml Essigsäure (7) der Konzentration 0,1 mol/l werden mithilfe einer Messpipette in ein Becherglas pipettiert. Eine Bürette wird mit Natronlauge (5) der Konzentration 0,1 mol/l befüllt. Ein Tropfenzähler, der mit einem Computer verbunden ist, wird unter dem Hahn der Bürette montiert und vor Beginn der Messungen kalibriert. Die Essigsäure wird der Probe langsam zugetropft und mit einem Rührfisch vermischt.

Der pH-Wert der Lösungen wird permanent durch einen Messfühler bestimmt und an den Computer weitergeleitet.

Während der Reaktion werden das Volumen an zugesetzter Maßlösung und der pH-Wert durch den Computer bestimmt und in eine Grafik umgewandelt. Nach Beenden des Versuchs kann die Grafik ausgedruckt oder am Computer weiter bearbeitet werden. Bestimmen Sie den Äquivalenz- und den Halbäquivalenzpunkt der Titrationskurve. Vergleichen Sie den bestimmten pK$_S$-Wert mit dem Literaturwert.

*Entsorgung:* Lösungen in den Sammelbehälter I geben.

# Versuche zu Kapitel 4: Redoxgleichgewichte

## 1

**Bildung von Zinkiodid**

*Vorsicht! Schutzbrille! Abzug!*

6 g Zinkpulver (2, 9) und 1 g Iodplättchen (7, 9) werden zusammen in einem Mörser zerrieben und die Mischung wird in ein Becherglas gegeben. Dazu gibt man 20 ml destilliertes Wasser. Es entsteht Zinkiodid (7). Der Inhalt des Becherglases wird filtriert und dann eingedampft.

Beobachten Sie Farb- und Temperaturänderungen.

*Entsorgung:* Feststoffe in den Sammelbehälter für Feststoffabfälle geben.

## 2

**Elektrolyse einer wässrigen Zinkiodidlösung**

*Vorsicht! Schutzbrille!*

Mit einer konzentrierten Zinkiodidlösung (7) können folgende Versuchsvarianten der Elektrolyse durchgeführt werden.

a) Variante mit U-Rohr:

In ein U-Rohr mit Diaphragma wird gleichmäßig die Zinkiodidlösung gefüllt. In jeden Schenkel des Gefäßes wird dann eine Graphitelektrode getaucht, die mit einer Gleichspannungsquelle verbunden ist. Es wird bei einer Spannung von ca. 10 V elektrolysiert.

b) Variante mit Batterie:

In eine Petrischale mit Zinkiodidlösung werden die Pole einer 4,5 V-Flachbatterie getaucht.

c) Umkehrung der Elektrolyse zum galvanischen Element:

Die Versuchsanordnung aus a) wird nach ca. 10 Minuten Elektrolyse so variiert, dass die Gleichstromquelle entfernt wird und statt ihrer ein Spannungsmessgerät eingebaut wird.

Was beobachten Sie?

*Entsorgung:* Lösungen in den Sammelbehälter I geben.

## 3

**Redoxreihe einiger Metalle**

*Vorsicht! Schutzbrille!*

Es werden wässrige Metallsalzlösungen von z. B. Magnesiumchlorid, Zinksulfat (5, 7, 9), Kupfersulfat (7, 9) und Silbernitrat (7) in Bechergläsern zubereitet und die entsprechenden Metalle (Magnesium, Zink, Kupfer und Silber) bereitgelegt. Die Metalle werden nach folgendem Schema in die Salzlösungen getaucht:

|    | $Mg^{2+}$ | $Zn^{2+}$ | $Cu^{2+}$ | $Ag^+$ |
|----|-----------|-----------|-----------|--------|
| Mg | ?         | ?         | ?         | ?      |
| Zn | ?         | ?         | ?         | ?      |
| Cu | ?         | ?         | ?         | ?      |
| Ag | ?         | ?         | ?         | ?      |

Notieren Sie Ihre Beobachtungen und erklären Sie diese anhand der Redoxreihe.

*Entsorgung:* Metalle reinigen, einsammeln und wiederverwerten, Lösungen in den Sammelbehälter I geben.

## 4

**Redoxreihe der Halogene**

*Vorsicht! Schutzbrille!*

Es werden wässrige Lösungen von Natriumbromid, Natriumiodid (9) und Natriumchlorid hergestellt und diese in zwei dreigeteilte Petrischalen gegeben:

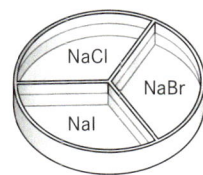

Die verschiedenen Salzlösungen werden nun in der einen Petrischale mit Chlorwasser (7) und in der anderen mit Bromwasser (6) kombiniert.

*Schülerauftrag:* Notieren Sie Ihre Beobachtungen und erklären Sie diese anhand der Redoxreihe.

*Entsorgung:* Lösungen in den Sammelbehälter I geben.

## 5

**Kupferbaum**

*Vorsicht! Schutzbrille!*

Eine 0,1 molare Kupfer(II)-chlorid-Lösung (7, 9) wird durch Lösen von 85 mg Kupfer(II)-chlorid-Dihydrat (5, 7, 9) in 5 ml Wasser hergestellt. Einen Tropfen dieser Lösung gibt man auf einen Objektträger und bedeckt diesen mit einem Deckglas. Den Objektträger legt man auf den Objekttisch eines Lichtmikroskops und betrachtet das Objekt mit kleinster Vergrößerung. Man richtet den Objektträger so aus, dass eine Glaskante des Deckglases im Blickfeld liegt und fokussiert. An dieser Kante wird ein kleines Stück Aluminiumfolie seitlich heran geschoben, sodass das Metall in Kontakt mit der Lösung treten kann.

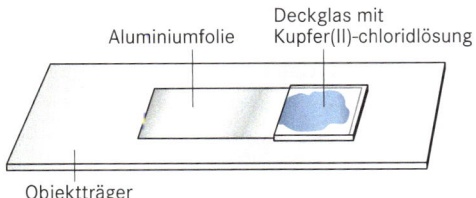

Beobachten Sie die Veränderungen unter dem Mikroskop. Formulieren Sie zu den ablaufenden Vorgängen die Redoxgleichung über Teilgleichungen.

*Entsorgung:* Lösungen in den Sammelbehälter I geben.

## 6

**Daniell-Element**

*Vorsicht! Schutzbrille!*

Stellen Sie wässrige Kupfersulfat- (7, 9) und Zinksulfatlösungen (5, 7, 9) der Konzentration 1 mol/l her.

a) Variante mit U-Rohr:

In einem U-Rohr mit Diaphragma wird ein Schenkel des Gefäßes mit Zinksulfatlösung, der andere mit Kupfersulfatlösung befüllt. Als Elektrode wird in die Zinksalzlösung ein Zinkblech, in die Kupfersalzlösung ein Kupferblech getaucht. Diese werden über Krokodilklemmen und Kabel an einem Elektromotor angebracht.

b) Variante mit Salzbrücke:

Die Salzlösungen werden in zwei getrennte Bechergläser gefüllt. Als Elektrode wird in die Zinksalzlösung ein Zinkblech, in die Kupfersalzlösung ein Kupferblech getaucht. Diese werden über Krokodilklemmen und Kabel an einem Elektromotor angebracht. Zum Schließen des Stromkreises wird als Salzbrücke ein in gesättigte Kaliumnitratlösung getauchtes Stofftuch verwendet, indem dessen beide Enden in die Lösungen tauchen.

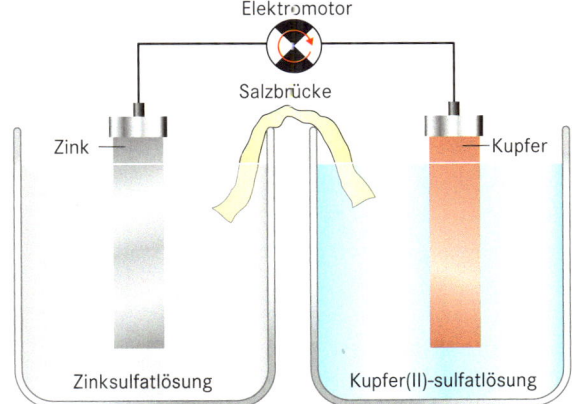

*Entsorgung:* Lösungen in den Sammelbehälter I geben.

## 7

**Bestimmung des Standard-Redoxpotenzials der Zink-Halbzelle und der Kupfer-Halbzelle**

*Vorsicht! Schutzbrille!*

In ein Becherglas mit Salzsäure (5, 7; c(HCl) = 1 mol/l) wird eine platinierte Platinelektrode eingetaucht. Über ein gewinkeltes Glasrohr wird Wasserstoffgas (2, 4) eingeleitet; dieses umspült die Platinelektrode. In einem zweiten Becherglas wird entweder eine Zinksulfatlösung (5, 7, 9; Xn, c(ZnSO$_4$) = 1 mol/l) über eine Zinkelektrode oder eine Kupfersulfatlösung (7, 9; c(CuSO$_4$) = 1 mol/l) über eine Kupferelektrode elektrisch leitend mit der Platinelektrode verbunden. Es wird ein Spannungsmessgerät zwischengeschaltet und die Bechergläser werden mit einer Salzbrücke (s. Versuch 6) verbunden.

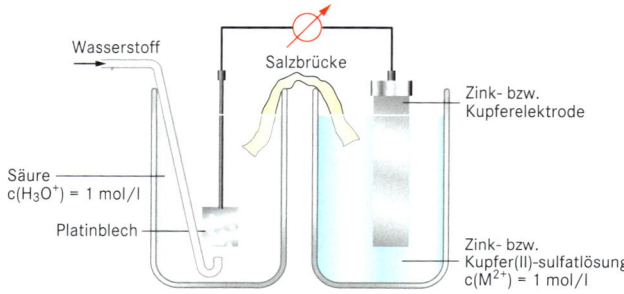

Wasserstoff
Salzbrücke
Zink- bzw. Kupferelektrode
Säure c(H$_3$O$^+$) = 1 mol/l
Platinblech
Zink- bzw. Kupfer(II)-sulfatlösung c(M$^{2+}$) = 1 mol/l

*Schülerauftrag:* Notieren Sie die auftretenden Spannungen und vergleichen Sie die Daten mit der Spannungsreihe.

*Entsorgung:* Lösungen in den Sammelbehälter I geben.

## 8

**Konzentrationszelle**

*Vorsicht! Schutzbrille!*

Zur Herstellung einer Kupfersulfatlösung (7, 9) mit c(CuSO$_4$) = 0,01 mol/l werden in 100 ml Wasser ca. 0,25 g CuSO$_4 \cdot$ 5 H$_2$O gelöst. Eine Kupfersulfatlösung (7, 9) mit c(CuSO$_4$) = 0,1 mol/l wird durch Lösen von ca. 2,5 g CuSO$_4 \cdot$ 5 H$_2$O in 100 ml Wasser hergestellt. Die beiden Lösungen werden über eine Salzbrücke (s. Versuch 6) leitend verbunden. In beide Lösungen wird je ein Kupferblech getaucht und diese werden über Kabelmaterial leitend verbunden. In den Stromkreis wird ein Spannungsmessgerät eingebaut. Notieren Sie die auftretende Spannung und vergleichen Sie diese mit der berechneten Spannung für diese Konzentrationszelle.

*Entsorgung:* Lösungen in den Sammelbehälter I geben.

## 9

**Umkehrung der Vorgänge in einem Daniell-Element**

*Vorsicht! Schutzbrille!*

Ein Daniell-Element wird gemäß der Versuchsbeschreibung von Versuch 6 aufgebaut. In den Stromkreis werden anstelle des Elektromotors eine variable Gleichspannungsquelle sowie ein Stromstärkemessgerät eingebaut. Die Gegenspannung wird von 0 V ausgehend in 0,1 V-Schritten kontinuierlich erhöht.

Tragen Sie die gemessenen Stromstärken gegen die angelegten Gegenspannungen auf und diskutieren Sie die erhaltene Grafik.

*Entsorgung:* Lösungen in den Sammelbehälter I geben.

## 10

**Bestimmung der Zersetzungsspannung und Phänomen der Überspannung bei der Elektrolyse einer Zinkchloridlösung**

*Vorsicht! Schutzbrille!*

Eine konzentrierte Zinkchloridlösung (7) wird in ein U-Rohr mit seitlichen Ansätzen gefüllt. In jeden Schenkel des Gefäßes wird dann eine Graphitelektrode getaucht, die mit einer variablen Gleichspannungsquelle verbunden ist. Damit das entstehende Chlorgas (3, 6, 9) nicht in den Raum entweicht, wird der seitliche Ansatz auf der Seite des Pluspols mit einem Luftballon verschlossen. In den Stromkreis wird zusätzlich ein Stromstärkemessgerät eingebaut. Die Spannung wird von 0 V ausgehend in 0,1 V-Schritten kontinuierlich erhöht.

Tragen Sie die gemessenen Stromstärken gegen die angelegten Spannungen auf. Bestimmen Sie grafisch die Zersetzungsspannung und erklären Sie an diesem Beispiel das Phänomen der Überspannung

*Entsorgung:* Lösungen in den Sammelbehälter I geben.

# Versuche zu Kapitel 5: Redoxgleichgewichte in Alltag und Technik

## 1

### Batterie im Teelicht
*Vorsicht! Schutzbrille!*

In einen Teelichtbehälter aus Aluminium wird ein Papiertaschentuch gelegt. Es dient als Diaphragma. Aus Braunstein (3, 7) und Ammoniumchlorid (7), sowie etwas Wasser und evtl. Stärke zum Eindicken wird eine Paste gerührt. Diese wird in das Teelicht gefüllt. Am Teelicht wird mithilfe einer Krokodilklemme ein Kabel befestigt, das an einen Elektromotor angeschlossen wird. Ein zweites Kabel wird am Motor angeschlossen und über eine Krokodilklemme an einer Bleistiftmine angeschlossen. Diese Mine dient als Graphitelektrode und wird in die Braunstein-Paste gehalten. Je nach Konsistenz der Braunstein-Paste kann eine Spannung von 1–1,4 V erreicht werden. Fertigen Sie eine Skizze des Versuchsaufbaus an und beschriften Sie Anode und Kathode. Formulieren Sie die Gleichungen (mit Teilgleichungen) der ablaufenden Reaktionen.
*Entsorgung:* Reste in den Sammelbehälter für Feststoffabfälle geben.

## 2

### Leclanché-Element
*Vorsicht! Schutzbrille!*

Ein Zinkblech wird zu einem Zylinder gebogen, der an der Innenwand eines 100-ml-Becherglases anliegt. Aus 7 g Graphitpulver, 40 g Braunstein (3, 7) und 40 ml 20 %iger Ammoniumchloridlösung (7) wird eine Paste gerührt, die in einen Stoffbeutel gefüllt wird. In die Paste wird eine Kohleelektrode eingeführt. Der Stoffbeutel wird verschlossen, wobei die Elektrode aus dem Beutel herausragen muss. Dieser Beutel wird in das mit dem Zinkblech ausgekleidete Becherglas gestellt. Man füllt das Becherglas mit 20 %iger Ammoniumchloridlösung (7) und fixiert die Kohleelektrode mittels Stativmaterial. Der Zinkzylinder und die Kohleelektrode werden über Krokodilklemmen und Kabel mit Spannungsmessgerät bzw. einem Elektromotor verbunden.
*Schülerauftrag:* Notieren Sie die gemessene Spannung.
*Entsorgung:* Lösungen in den Sammelbehälter I geben, Rest in den Sammelbehälter für Feststoffabfälle geben.

## 3

### Modell einer Lithiumbatterie
*Vorsicht! Schutzbrille!*

Ein Filterpapier wird mit einer Kupfersulfatlösung ($c(CuSO_4)$ = 1 mol/l; 7, 9) getränkt und auf ein Stück Kupferblech gelegt. Auf das Filterpapier wird ein Stückchen Lithium (2, 5) gesetzt. Das Lithium wird mit einer Kohleelektrode (s. Abbildung) in Kontakt gebracht. Die Kohleelektrode und das Kupferblech werden mithilfe von Krokodilklemmen und Kabeln an einen Elektromotor angeschlossen.

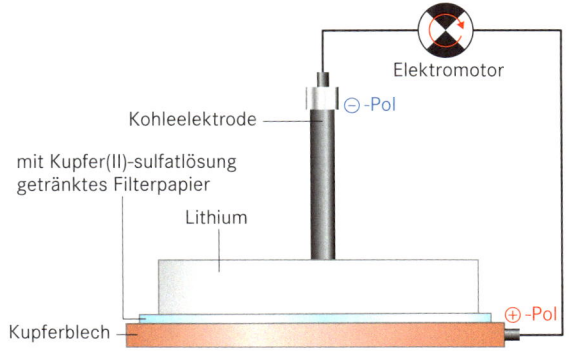

Elektromotor
Kohleelektrode ⊖ -Pol
mit Kupfer(II)-sulfatlösung getränktes Filterpapier
Lithium
Kupferblech ⊕ -Pol

Formulieren Sie die Gleichung der ablaufenden Redoxreaktion über Teilgleichungen.
*Entsorgung:* Lithium in Ethanol umsetzen, Lösung dann in Sammelbehälter I geben, Filterpapier in den Sammelbehälter für Feststoffabfälle geben.

## 4

### Bleiakku
*Vorsicht! Schutzbrille!*

Ein großes Becherglas wird zu drei Viertel mit 30 %iger Schwefelsäure (5) gefüllt. Zwei blanke Bleiplatten (7, 8, 9) werden für einige Zeit in die Säure getaucht, sodass sie sich nicht berühren. Mithilfe von Krokodilklemmen und Kabeln werden die Platten an eine Gleichstromquelle angeschlossen und mit einer Spannung von 4,5 bis 5 V elektrolysiert. Nach max. 5 Minuten unterbricht man die Stromzufuhr und verbindet die beiden Elektroden mit einem Elektromotor.
*Schülerauftrag:* Beschreiben Sie die Beobachtungen und formulieren Sie die Gleichungen der Reaktionen, die bei Elektrolyse und anschließender Stromentnahme ablaufen.
*Entsorgung:* Schwefelsäurelösung vorsichtig verdünnen und in den Sammelbehälter II geben.

## 5

### Alkalische Wasserstoff-Sauerstoff-Brennstoffzelle

*Vorsicht! Schutzbrille!*

Zwei Nickeldrahtnetze, die als Elektroden fungieren, werden mit Palladium beschichtet, indem sie für einige Stunden in eine angesäuerte Palladium(II)-chlorid-lösung (5, 7) gegeben werden. Vor Versuchsbeginn werden die Elektroden kurz abgespült. Die Brennstoffzelle wird in einer speziellen Kammer (s. Abbildung) aufgebaut, die zwei durch eine Schaumstoffwand getrennte Reaktionsräume enthält. Die Kammer wird mit Kalilauge (5, 7) der Konzentration c(KOH) = 5 mol/l befüllt. Anschließend wird in jeden Reaktionsraum eine palladinierte Nickel-Elektrode getaucht, bis sie vollständig mit Kalilauge bedeckt ist. Die Elektroden werden über Kabel mit einem Spannungsmessgerät verbunden. Über Zuleitungsrohre wird nun auf einer Seite Wasserstoffgas (2, 4) und auf der anderen Seite Sauerstoffgas (3, 4) über die Elektroden geleitet.

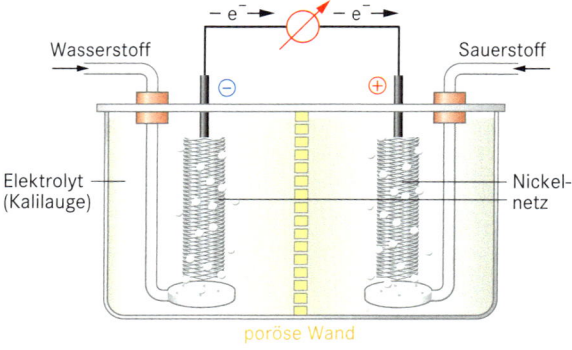

*Schülerauftrag:* Notieren Sie die gemessene Spannung.
*Entsorgung:* Lösung in Sammelbehälter I geben.

## 6

### Galvanisieren: Verzinken eines Eisennagels

*Vorsicht! Schutzbrille!*

Der Minuspol einer 4,5 V-Batterie wird über Krokodilklemme und Kabel mit einem Eisennagel verbunden. Der Pluspol wird mit einer Graphitelektrode verbunden. Beide Elektroden werden in verdünnte Zinksulfatlösung (5, 7, 9) getaucht, bis am Eisennagel ein hellgrauer Überzug sichtbar wird.
Fertigen Sie eine Skizze des Versuchsaufbaus an.
Formulieren Sie die Gleichungen (mit Teilgleichungen) der ablaufenden Reaktionen.

Vergleichen Sie das Rostverhalten des verzinkten Eisennagels mit einem unbehandelten Eisennagel.
*Entsorgung:* Lösung in Sammelbehälter I geben.

## 7

### Beschleunigung des Rostvorgangs durch Ausbildung eines Kontaktelements

In eine zweigeteilte Petrischale wird Wasser mit etwas Kochsalz gegeben und in jede Hälfte ein Eisennagel gelegt. Einen Eisennagel bringt man mit einem Stück Kupferblech in Kontakt (s. Abbildung).

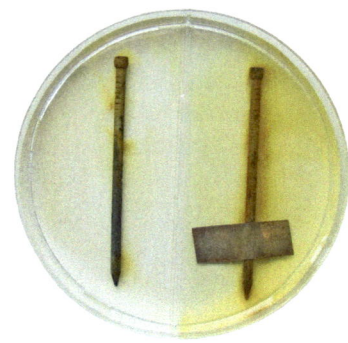

Notieren Sie Ihre Beobachtungen und vergleichen Sie die beiden Versuche. Erklären Sie, warum der Eisennagel, der in Kontakt mit dem Kupferblech ist, schneller rostet.

*Entsorgung:* Lösung ins Abwasser geben.

## 8

### Korrosion von Aluminium

*Vorsicht! Schutzbrille!*

In einer Petrischale werden auf ein Stück Alufolie wenige Tropfen verdünnte Natronlauge (7) aufgetragen und ein kupferhaltiges Geldstück aufgelegt (s. Abb. a). Nach einiger Zeit wird die Münze entfernt (s. Abb. b).

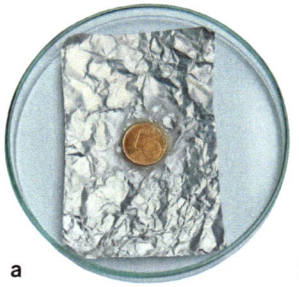
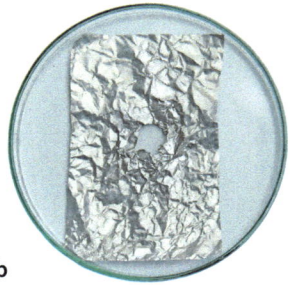

a        b

Notieren Sie Ihre Beobachtungen und erklären Sie sie mithilfe von Reaktionsgleichungen.
*Entsorgung:* Feststoffe in den Sammelbehälter für Feststoffabfälle geben.

# Entsorgung von Chemikalien in der Schule

Chemikalienreste können die Umwelt unterschiedlich stark belasten. Deshalb dürfen z. B. keine wassergefährdenden Stoffe, wie Öl- oder Benzinreste, ins Abwasser gelangen.

Feste und flüssige Chemikalienreste werden in entsprechend beschriftete Sammelbehälter bzw. Entsorgungsgefäße gegeben. In der Regel sind die Sammelbehälter aus Kunststoff oder Glas.

Die so gesammelten Chemikalien werden wieder aufbereitet oder an Entsorgungsunternehmen abgegeben.

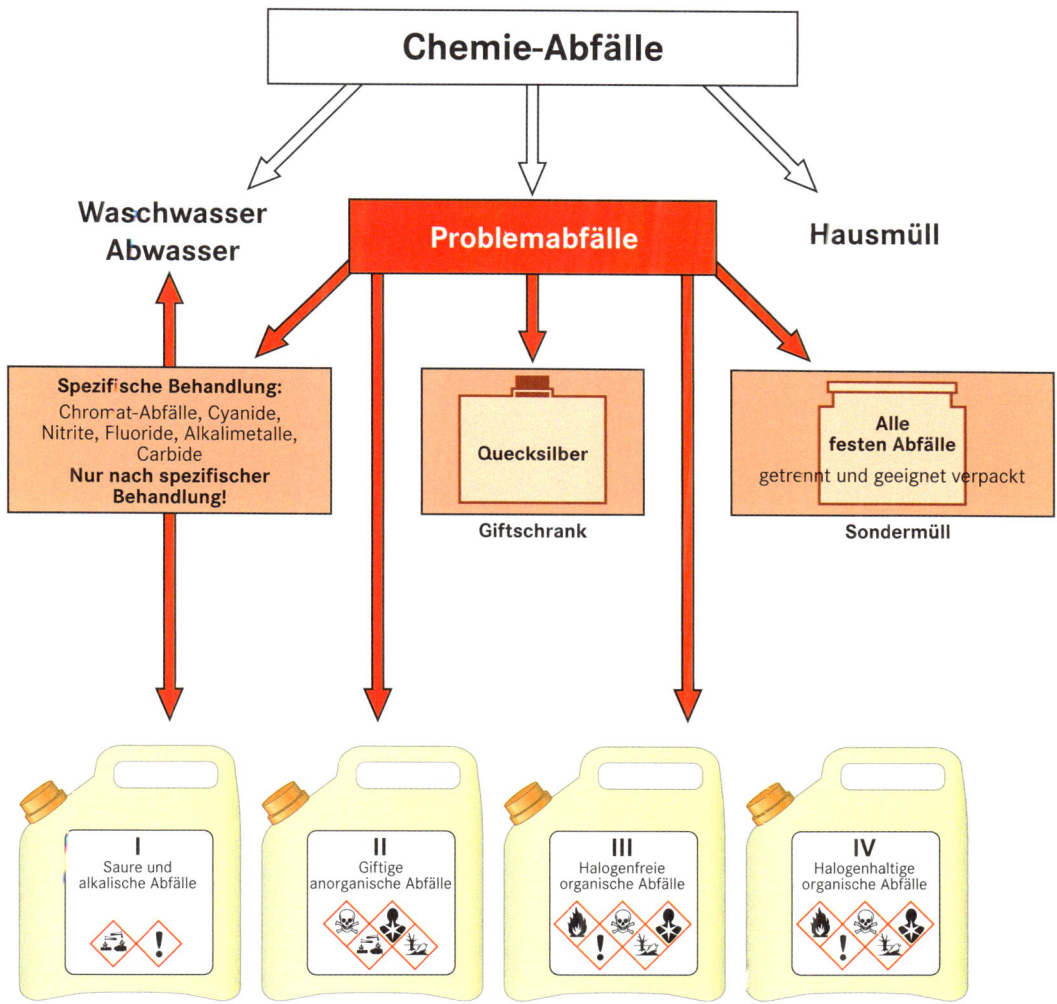

## GHS-Verordnung: Einstufung von Gefahrstoffen

| GHS-Pikto-gramm |  |  |  |  |  |  |  |  |  |
|---|---|---|---|---|---|---|---|---|---|
| | explosions-gefährlich | leicht endzündlich | brand-fördernd (oxidierend) | Gase unter Druck | ätzend | giftig | gesund-heits-schädlich | gesund-heits-gefährdend | umwelt-gefährdend |
| Nummer | GHS 01 | GHS 02 | GHS 03 | GHS 04 | GHS 05 | GHS 06 | GHS 07 | GHS 08 | GHS 09 |

## H-Sätze (Hazard Statements)

**Physikalisch-chemische Gefahren**

H 200 Instabil, explosiv.

H 201 Explosiv, Gefahr der Massenexplosion.

H 202 Explosiv, große Gefahr durch Splitter, Spreng- und Wurfstücke.

H 203 Explosiv, Gefahr durch Feuer, Luftdruck oder Splitter, Spreng- und Wurfstücke.

H 204 Gefahr durch Feuer oder Splitter, Spreng- und Wurfstücke.

H 205 Gefahr der Massenexplosion bei Feuer.

H 220 Extrem entzündbares Gas.

H 221 Entzündbares Gas.

H 222 Extrem entzündbares Aerosol.

H 223 Entzündbares Aerosol.

H 224 Flüssigkeit und Dampf extrem entzündbar.

H 225 Flüssigkeit und Dampf leicht entzündbar.

H 226 Flüssigkeit und Dampf entzündbar.

H 228 Entzündbarer Feststoff.

H 240 Erwärmung kann Explosion verursachen.

H 241 Erwärmung kann Brand oder Explosion verursachen.

H 242 Erwärmung kann Brand verursachen.

H 250 Entzündet sich in Berührung mit Luft von selbst.

H 251 Kann sich selbst erhitzen; kann in Brand geraten.

H 252 Kann sich in großen Mengen selbst erhitzen; kann in Brand geraten.

H 260 In Berührung mit Wasser entstehen selbstentzünd-bare Gase, die sich spontan entzünden können.

H 261 In Berührung mit Wasser entstehen entzündbare Gase.

H 270 Kann Brand verursachen oder verstärken; Oxidations-mittel.

H 271 Kann Brand oder Explosion verursachen; starkes Oxidationsmittel.

H 272 Kann Brand verstärken; Oxidationsmittel.

H 280 Enthält Gas unter Druck; kann bei Erhitzen explodieren.

H 281 Enthält tiefkaltes Gas; kann Kälteverbrennungen oder -verletzungen verursachen.

H 290 Kann gegenüber Metallen korrosiv sein.

**Gesundheitsgefahren**

H 300 Lebensgefahr bei Verschlucken.

H 301 Giftig bei Verschlucken.

H 302 Gesundheitsschädlich bei Verschlucken.

H 304 Kann bei Verschlucken und Eindringen in die Atem-wege tödlich sein.

H 310 Lebensgefahr bei Hautkontakt.

H 311 Giftig bei Hautkontakt.

H 312 Gesundheitsschädlich bei Hautkontakt.

H 314 Verursacht schwere Verätzungen der Haut und schwere Augenschäden.

H 315 Verursacht Hautreizungen.

H 317 Kann allergische Hautreaktionen verursachen.

H 318 Verursacht schwere Augenschäden.

H 319 Verursacht schwere Augenreizung.

H 330 Lebensgefahr bei Einatmen.

H 331 Giftig bei Einatmen.

H 332 Gesundheitsschädlich bei Einatmen.

H 334 Kann bei Einatmen Allergie, asthmaartige Symptome oder Atembeschwerden verursachen.

H 335 Kann Atemwege reizen.

H 336 Kann Schläfrigkeit oder Benommenheit verursachen.

H 340 Kann genetische Defekte verursachen (*Expositions-weg angeben, sofern schlüssig belegt ist, dass diese Gefahr bei keinem anderen Expositionsweg besteht*).

H 341 Kann vermutlich genetische Defekte verursachen (*Expositionsweg angeben, sofern schlüssig belegt ist, dass diese Gefahr bei keinem anderen Expositions-weg besteht*).

H 350 Kann Krebs verursachen (*Expositionsweg angeben, sofern schlüssig belegt ist, dass diese Gefahr bei keinem anderen Expositionsweg besteht*). o: oral (Einnehmen); d: dermal (Hautkontakt); i: Inhalation (Einatmen)

H 351 Kann vermutlich Krebs verursachen (*Expositionsweg angeben, sofern schlüssig belegt ist, dass diese Gefahr bei keinem anderen Expositionsweg besteht*).

H 360 Kann die Fruchtbarkeit beeinträchtigen (F) oder das Kind im Mutterleib schädigen (D) (*konkrete Wirkung angeben, sofern bekannt*) (*Expositionsweg angeben, sofern schlüssig belegt ist, dass diese Gefahr bei keinem anderen Expositionsweg besteht*).

H 361 Kann vermutlich die Fruchtbarkeit beeinträchtigen (F) oder das Kind im Mutterleib schädigen (D) (*konkrete Wirkung angeben, sofern bekannt*) (*Expositionsweg angeben, sofern schlüssig belegt ist, dass diese Gefahr bei keinem anderen Expositionsweg besteht*).

H 362 Kann Säuglinge über die Muttermilch schädigen.

H 370 Schädigt die Organe (*oder die betroffenen Organe nennen, sofern bekannt*) (*Expositionsweg angeben, sofern schlüssig belegt ist, dass diese Gefahr bei keinem anderen Expositionsweg besteht*).

H 371 Kann die Organe schädigen (*oder die betroffenen Organe nennen, sofern bekannt*) (*Expositionsweg angeben, sofern schlüssig belegt ist, dass diese Gefahr bei keinem anderen Expositionsweg besteht*).

H 372 Schädigt die Organe (*alle betroffenen Organe nennen*) bei längerer oder wiederholter Exposition (*Expositionsweg angeben, wenn schlüssig belegt ist, dass diese Gefahr bei keinem anderen Expositionsweg besteht*).

H 373 Kann die Organe schädigen (*alle betroffenen Organe nennen, sofern bekannt*) bei längerer oder wiederholter Exposition (*Expositionsweg angeben, wenn schlüssig belegt ist, dass diese Gefahr bei keinem anderen Expositionsweg besteht*).

### Umweltgefahren

H 400 Sehr giftig für Wasserorganismen.

H 410 Sehr giftig für Wasserorganismen, Langzeitwirkung.

H 411 Giftig für Wasserorganismen, Langzeitwirkung.

H 412 Schädlich für Wasserorganismen, Langzeitwirkung.

H 413 Kann für Wasserorganismen schädlich sein, Langzeitwirkung.

## Ergänzende Gefahrenmerkmale der EU

### Physikalische Gefahren

EU H 001 Im trockenem Zustand explosionsgefährlich.

EU H 006 Mit und ohne Luft explosionsfähig.

EU H 014 Reagiert heftig mit Wasser.

EU H 018 Kann bei Verwendung explosionsfähige/entzündbare Dampf-/Luft-Gemische bilden.

EU H 019 Kann explosionsfähige Peroxide bilden.

EU H 044 Explosionsgefahr bei Erhitzen unter Einschluss.

### Gesundheitsgefahren

EU H 029 Entwickelt bei Berührung mit Wasser giftige Gase.

EU H 031 Entwickelt bei Berührung mit Säure giftige Gase.

EU H 032 Entwickelt bei Berührung mit Säure sehr giftige Gase.

EU H 066 Wiederholter Kontakt kann zu spröder oder rissiger Haut führen.

EU H 070 Giftig bei Kontakt mit den Augen.

EU H 071 Ätzend für die Atemwege.

### Umweltgefahren

EU H 059 Schädigt die Ozonschicht.

## Ergänzende Kennzeichnungselemente der EU

### Ergänzende Informationen über bestimmte Stoffe und Gemische

EU H 201 Enthält Blei. Nicht für den Anstrich von Gegenständen verwenden, die von Kindern gekaut oder gelutscht werden könnten.

EU H 202 Cyanacrylat. Klebt innerhalb von Sekunden Haut und Augenlider zusammen. Darf nicht in die Hände von Kindern gelangen.

EU H 203 Enthält Chrom (VI). Kann allergische Reaktionen hervorrufen.

EU H 204 Enthält Isocyanate. Hinweise des Herstellers beachten.

EU H 205 Enthält epoxidhaltige Verbindungen. Hinweise des Herstellers beachten.

EU H 206 Achtung! Nicht zusammen mit anderen Produkten verwenden, da gefährliche Gase (Chlor) freigesetzt werden können.

EU H 207 Achtung! Enthält Cadmium. Bei der Verwendung entstehen gefährliche Dämpfe. Hinweise des Herstellers beachten. Sicherheitsanweisungen einhalten.

EU H 208 Enthält ... (*Name des sensibilisierenden Stoffes*) Kann allergische Reaktionen hervorrufen.

EU H 209 Kann bei Verwendung leicht entzündbar werden. ODER Kann bei Verwendung entzündbar werden.

EU H 210 Sicherheitsdatenblatt auf Anfrage erhältlich.

EU H 401 Zur Vermeidung von Risiken für Mensch und Umwelt die Gebrauchsanleitung einhalten.

# P-Sätze (Precautionary Statements)

Allgemeine Hinweise

P 101 Ist ärztlicher Rat erforderlich, Verpackung oder Etikett bereithalten.

P 102 Darf nicht in die Hände von Kindern gelangen.

P 103 Vor Gebrauch Etikett lesen.

Vorbeugung

P 201 Vor Gebrauch besondere Anweisungen einholen.

P 202 Vor Gebrauch sämtliche Sicherheitsratschläge lesen und verstehen.

P 210 Von Hitze/Funken/offener Flamme/heißen Oberflächen fernhalten. Nicht rauchen.

P 211 Nicht in offene Flamme oder andere Zündquelle sprühen.

P 220 Von Kleidung/.../brennbaren Materialien fernhalten/entfernt aufbewahren. (Unverträgliche Materialien von Hersteller/Lieferant anzugeben.)

P 221 Vermischung mit brennbaren Stoffen/ ... unter allen Umständen vermeiden.

P 222 Kontakt mit Luft vermeiden.

P 223 Kontakt mit Wasser wegen heftiger Reaktion und möglichem Aufflammen unbedingt vermeiden.

P 230 Feucht halten mit ...

P 231 Unter inertem Gas handhaben.

P 232 Vor Feuchtigkeit schützen.

P 233 Behälter dicht verschlossen halten.

P 234 Nur im Originalbehälter aufbewahren.

P 235 Kühl halten.

P 240 Behälter und zu befüllende Anlage erden.

P 241 Explosionsgeschützte elektrische Anlagen/ Lüftungsanlagen/ Beleuchtungsanlagen/.../verwenden.

P 242 Nur funkenfreies Werkzeug verwenden.

P 243 Maßnahmen gegen elektrostatische Aufladungen treffen.

P 244 Druckminderventile frei von Fett und Öl halten.

P 250 Nicht schleifen/stoßen/.../reiben.

P 251 Behälter steht unter Druck: Nicht durchstechen oder verbrennen, auch nicht nach der Verwendung.

P 260 Staub/Rauch/Gas/Nebel/Dampf/Aerosol nicht einatmen.

P 261 Einatmen von Staub/Rauch/Gas/Nebel/Dampf/ Aerosol vermeiden.

P 262 Nicht in die Augen, auf die Haut oder auf die Kleidung gelangen lassen.

P 263 Berührung während der Schwangerschaft und der Stillzeit vermeiden.

P 264 Nach Gebrauch ... gründlich waschen.

P 270 Bei Verwendung dieses Produkts nicht essen, trinken oder rauchen.

P 271 Nur im Freien oder in gut belüfteten Räumen verwenden.

P 272 Kontaminierte Arbeitskleidung soll am Arbeitsplatz verbleiben.

P 273 Freisetzung in die Umwelt vermeiden.

P 280 Schutzhandschuhe/Schutzkleidung/Augenschutz/Gesichtsschutz tragen.

P 281 Vorgeschriebene persönliche Schutzausrüstung verwenden.

P 282 Schutzhandschuhe/Gesichtsschild/Augenschutz mit Kälteisolierung tragen.

P 283 Schwer entflammbare/flammhemmende Kleidung tragen.

P 284 Atemschutz tragen.

P 285 Bei unzureichender Belüftung Atemschutz tragen.

P 231 + P 232 Unter inertem Gas handhaben. Vor Feuchtigkeit schützen.

P 235 + P 410 Kühl halten. Vor Sonnenbestrahlung schützen.

Gegenmaßnahmen

P 301 BEI VERSCHLUCKEN:

P 302 BEI BERÜHRUNG MIT DER HAUT:

P 303 BEI BERÜHRUNG MIT DER HAUT (oder dem Haar):

P 304 BEI EINATMEN:

P 305 BEI KONTAKT MIT DEN AUGEN:

P 306 BEI BERÜHRUNG MIT DER KLEIDUNG:

P 307 BEI Exposition:

P 308 BEI Exposition oder Verdacht:

P 309 BEI Exposition oder Unwohlsein:

P 310 Sofort GIFTINFORMATIONSZENTRUM oder Arzt anrufen.

P 311 GIFTINFORMATIONSZENTRUM oder Arzt anrufen.

P 312 Bei Unwohlsein GIFTINFORMATIONSZENTRUM oder Arzt anrufen.

P 313 Ärztlichen Rat einholen/ärztliche Hilfe hinzuziehen.

P 314 Bei Unwohlsein ärztlichen Rat einholen/ärztliche Hilfe hinzuziehen.

P 315 Sofort ärztlichen Rat einholen/ärztliche Hilfe hinzuziehen.

P 320 Gezielte Behandlung dringend erforderlich (siehe ... auf diesem Kennzeichnungsetikett).

P 321 Gezielte Behandlung (siehe ... auf diesem Kennzeichnungsetikett).

P 322 Gezielte Maßnahmen (siehe ... auf diesem Kennzeichnungsetikett).

P 330 Mund ausspülen.

P 331 KEIN Erbrechen herbeiführen.

P 332 Bei Hautreizung:

P 333 Bei Hautreizung oder -ausschlag:

P 334 In kaltes Wasser tauchen/nassen Verband anlegen.

P 335 Lose Partikel vor der Haut abbürsten.

P 336 Vereiste Bereiche mit lauwarmem Wasser auftauen. Betroffenen Bereich nicht reiben.

P 337 Bei anhaltender Augenreizung:

P 338 Eventuell vorhandene Kontaktlinsen nach Möglichkeit entfernen. Weiter ausspülen.

P 340 Die betroffene Person an die frische Luft bringen und in einer Position ruhig stellen, in der sie leicht atmet.

P 341 Bei Atembeschwerden die betroffene Person an die frische Luft bringen und in einer Position ruhig stellen, in der sie leicht atmet.

P 342 Bei Symptomen der Atemwege:

P 350 Behutsam mit viel Wasser und Seife waschen.

P 351 Einige Minuten lang behutsam mit Wasser ausspülen.

P 352 Mit viel Wasser und Seife waschen.

P 353 Haut mit Wasser abwaschen/duschen.

P 360 Vor Ablegen der Kleidung kontaminierte Kleidung und Haut sofort mit viel Wasser abwaschen.

P 361 Alle kontaminierten Kleidungsstücke sofort ausziehen.

P 362 Kontaminierte Kleidung ausziehen und vor erneutem Tragen waschen.

P 363 Kontaminierte Kleidung vor erneutem Tragen waschen.

P 370 Bei Brand:

P 371 Bei Großbrand und großen Mengen:

P 372 Explosionsgefahr bei Brand.

P 373 KEINE Brandbekämpfung, wenn das Feuer explosive Stoffe erreicht.

P 374 Brandbekämpfung mit üblichen Vorsichtsmaßnahmen aus angemessener Entfernung.

P 375 Wegen Explosionsgefahr Brand aus der Entfernung bekämpfen.

P 376 Undichtigkeit beseitigen, falls gefahrlos möglich.

P 377 Brand bei Gasleckage: Nicht löschen, bis Leckage gefahrlos beseitigt werden kann.

P 378 ...zum Löschen verwenden.

P 380 Umgebung räumen.

P 381 Alle Zündquellen entfernen, falls gefahrlos möglich.

P 390 Verschüttete Mengen aufnehmen, um Materialschäden zu vermeiden.

P 391 Verschüttete Mengen aufnehmen.

P 301 + P 310 BEI VERSCHLUCKEN: Sofort GIFTINFORMATIONSZENTRUM oder Arzt anrufen.

P 301 + P 312 BEI VERSCHLUCKEN: Bei Unwohlsein GIFTINFORMATIONSZENTRUM oder Arzt anrufen.

P 301 + P 330 + P 331 BEI VERSCHLUCKEN: Mund ausspülen. KEIN Erbrechen herbeiführen.

P 302 + P 334 BEI KONTAKT MIT DER HAUT: In kaltes Wasser tauchen/nassen Verband anlegen.

P 302 + P 350 BEI KONTAKT MIT DER HAUT: Behutsam mit viel Wasser und Seife waschen.

P 302 + P 352 BEI KONTAKT MIT DER HAUT: Mit viel Wasser und Seife waschen.

P 303 + P 361 + P 353 BEI KONTAKT MIT DER HAUT (oder dem Haar): Alle kontaminierten Kleidungsstücke sofort ausziehen. Haut mit Wasser abwaschen/duschen.

P 304 + P 340 BEI EINATMEN: Die betroffene Person an die frische Luft bringen und in einer Position ruhig stellen, in der sie leicht atmet.

P 304 + P 341 BEI EINATMEN: Bei Atembeschwerden die betroffene Person an die frische Luft bringen und in einer Position ruhig stellen, in der sie leicht atmet.

P 305 + P 351 + P 338 BEI KONTAKT MIT DEN AUGEN: Einige Minuten lang behutsam mit Wasser ausspülen. Eventuell vorhandene Kontaktlinsen nach Möglichkeit entfernen. Weiter ausspülen.

P 306 + P 360 BEI KONTAKT MIT DER KLEIDUNG: Vor Ablegen der Kleidung kontaminierte Kleidung und Haut sofort mit viel Wasser waschen.

P 307 + P 311 BEI Exposition: GIFTINFORMATIONSZENTRUM oder Arzt anrufen.

P 308 + P 313 BEI Exposition oder Verdacht: Ärztlichen Rat einholen/ärztliche Hilfe hinzuziehen.

| P 309 + P 311 | BEI Exposition oder Unwohlsein: GIFTINFORMATIONSZENTRUM oder Arzt anrufen. |
| P 332 + P 313 | Bei Hautreizung: Ärztlichen Rat einholen/ ärztliche Hilfe hinzuziehen. |
| P 333 + P 313 | Bei Hautreizung oder -ausschlag: Ärztlichen Rat einholen/ärztliche Hilfe hinzuziehen. |
| P 335 + P 334 | Lose Partikel von der Haut abbürsten. In kaltes Wasser tauchen/nassen Verband anlegen. |
| P 337 + P 313 | Bei anhaltender Augenreizung: Ärztlichen Rat einholen/ärztliche Hilfe hinzuziehen. |
| P 342 + P 311 | Bei Symptomen der Atemwege: GIFTINFORMATIONSZENTRUM oder Arzt anrufen. |
| P 370 + P 376 | Bei Brand: Undichtigkeit beseitigen, falls gefahrlos möglich. |
| P 370 + P 378 | Bei Brand: ... zum Löschen verwenden. |
| P 370 + P 380 | Bei Brand: Umgebung räumen. |
| P 370 + P 380 + P 375 | Bei Brand: Umgebung räumen. Wegen Explosionsgefahr Brand aus der Entfernung bekämpfen. |
| P 371 + P 380 + P 375 | Bei Großbrand und großen Mengen: Umgebung räumen. Wegen Explosionsgefahr Brand aus der Entfernung bekämpfen. |

Lagerung

| P 401 | ... aufbewahren. |
| P 402 | An einem trockenen Ort aufbewahren. |
| P 403 | An einem gut belüfteten Ort aufbewahren. |
| P 404 | In einem geschlossenen Behälter aufbewahren. |
| P 405 | Unter Verschluss aufbewahren. |
| P 406 | In korrosionsfestem/... Behälter mit korrosionsfester Auskleidung aufbewahren. |
| P 407 | Luftspalt zwischen Stapeln/Paletten lassen. |
| P 410 | Vor Sonnenbestrahlung schützen. |
| P 411 | Bei Temperaturen nicht über ...°C aufbewahren. |
| P 412 | Nicht Temperaturen über 50 °C aussetzen. |
| P 413 | Schüttgut in Mengen von mehr als ... kg bei Temperaturen nicht über ... °C aufbewahren. |
| P 420 | Von anderen Materialien entfernt aufbewahren. |
| P 422 | Inhalt in/unter ... aufbewahren. |
| P 402 + P 404 | An einem trockenen Ort aufbewahren. In einem geschlossenen Behälter aufbewahren. |

| P 403 + P 233 | An einem gut belüfteten Ort aufbewahren. Behälter dicht verschlossen halten. |
| P 403 + P 235 | An einem gut belüfteten Ort aufbewahren. Kühl halten. |
| P 410 + P 403 | Vor Sonnenbestrahlung schützen. An einem gut belüfteten Ort aufbewahren. |
| P 410 + P 412 | Vor Sonnenbestrahlung schützen. Nicht Temperaturen über 50 °C aussetzen. |
| P 411 + P 235 | Bei Temperaturen nicht über ... °C aufbewahren. Kühl halten. |

Abfall

| P 501 | Inhalt/Behälter ... zuführen. |

# Entsorgungsratschläge (E-Sätze)

Entsorgungsratschläge (E-Sätze)

| E 1 | Verdünnen, in den Ausguss geben (WGK 0 bzw. I) |
| E 2 | Neutralisieren, in den Ausguss geben |
| E 3 | In den Hausmüll geben, gegebenenfalls im PE-Beutel (Stäube) |
| E 4 | Als Sulfid fällen |
| E 5 | Mit Calciumionen fällen, dann E 1 oder E 3 |
| E 6 | Nicht in den Hausmüll geben |
| E 7 | Im Abzug entsorgen; wenn möglich verbrennen |
| E 8 | Der Sondermüllbeseitigung zuführen (Adresse zu erfragen bei der Kreis- oder Stadtverwaltung), Abfallschlüssel beachten |
| E 9 | Unter größter Vorsicht in kleinsten Portionen reagieren lassen (z. B. offen im Freien verbrennen) |
| E 10 | In gekennzeichneten Behältern sammeln, dann E 8 1. „Organische Abfälle – halogenhaltig" 2. „Organische Abfälle – halogenfrei" |
| E 11 | Als Hydroxid fällen (pH = 8), den Niederschlag zu E 8 |
| E 12 | Nicht in die Kanalisation gelangen lassen |
| E 13 | Aus der Lösung mit unedlem Metall (z. B. Eisen) als Metall abscheiden (E 14, E 3) |
| E 14 | Recycling-geeignet (Redestillation oder einem Recyclingunternehmen zuführen) |
| E 15 | Mit Wasser **vorsichtig** umsetzen, frei werdende Gase absorbieren oder ins Freie ableiten |
| E 16 | Entsprechend den speziellen Ratschlägen für die Beseitigungsgruppen beseitigen |

# Größen und Einheiten

| Symbol | Name | Einheit | Berechnung/Wert |
|---|---|---|---|
| n | Stoffmenge | mol | $n(X) = \dfrac{N(X)}{N_A} = \dfrac{m(X)}{M(X)} = \dfrac{V(X)}{V_m(X)}$ |
| N | Teilchenzahl | – | $N(X) = n(X) \cdot N_A$ |
| m | Masse | g | $m(X) = M(X) \cdot n(X) = m_a(X) \cdot N(X)$ |
| V | Volumen | l oder cm³ | $V(X) = \dfrac{m(X)}{\varrho(X)}$ (1 l = 1 dm³ und 1 ml = 1 cm³) |
| $m_a$ | atomare Masse | u | $m_a(X) = \dfrac{m(X)}{N(X)}$ |
| M | molare Masse | $\dfrac{g}{mol}$ | $M(X) = \dfrac{m(X)}{n(X)}$ (aus PSE abzulesen) |
| $V_m$ | molares Volumen | $\dfrac{l}{mol}$ | $V_m(X) = \dfrac{V(X)}{n(X)} = \dfrac{M(X)}{\varrho(X)} = \dfrac{V_{mn} \cdot p_n \cdot T}{T_n \cdot \circ} = \dfrac{R \cdot T}{p}$ |
| $\varrho$ | Dichte | $\dfrac{g}{l}$ | $\varrho(X) = \dfrac{m(X)}{V(X)} = \dfrac{M(X)}{V_m(X)}$ (in Tabellen verzeichnet) |
| T | Temperatur | K | $T = \theta + 273{,}15$ ($\theta$ = Temperatur in °C) |
| p | Druck | Pa oder bar | $1\ Pa = 1\ \dfrac{N}{m^2}$ (N = Newton) und $1\ bar = 10^5\ Pa$ |
| $V_{mn}$ | molares Normvolumen | $\dfrac{l}{mol}$ | $V_{mn} = \dfrac{V(X)}{n(X)} = \dfrac{R \cdot T_n}{p_n} = \dfrac{8{,}315\ l \cdot kPa \cdot K}{101{,}325\ kPa \cdot mol \cdot K} = 22{,}4\ \dfrac{l}{mol}$ |
| $T_n$ | Temperatur (Normzustand) | K | $T_n = 273{,}15\ K = 0\,°C$ |
| $p_n$ | Druck (Normzustand) | kPa | $p_n = 101{,}325\ kPa = 1013{,}25\ hPa = 1013{,}25\ mbar$ |
| $N_A$ | Avogadro-Konstante | $\dfrac{1}{mol}$ | $N_A = \dfrac{N(X)}{n(X)} = 6{,}022 \cdot 10^{23}\ mol^{-1}$ |
| R | allgemeine Gaskonstante | $\dfrac{l \cdot kPa}{mol \cdot K}$ | $R = \dfrac{V_{mn} \cdot p_n}{T_n} = 8{,}315\ \dfrac{l \cdot kPa}{mol \cdot K}$ |

| Vorsatz | | Faktor |
|---|---|---|
| a | Atto | $10^{-18}$ |
| f | Femto | $10^{-15}$ |
| p | Piko | $10^{-12}$ |
| n | Nano | $10^{-9}$ |
| µ | Mikro | $10^{-6}$ |
| m | Milli | $10^{-3}$ |
| c | Zenti | $10^{-2}$ |
| d | Dezi | $10^{-1}$ |
| h | Hekto | $10^{2}$ |
| k | Kilo | $10^{3}$ |
| M | Mega | $10^{6}$ |
| g | Giga | $10^{9}$ |

### Griechisches Alphabet

| A | $\alpha$ | alpha | N | $\nu$ | ny |
|---|---|---|---|---|---|
| B | $\beta$ | beta | $\Xi$ | $\xi$ | xi |
| $\Gamma$ | $\gamma$ | gamma | O | o | omikron |
| $\Delta$ | $\delta$ | delta | $\Pi$ | $\pi$ | pi |
| E | $\varepsilon$ | epsilon | P | $\varrho$ | rho |
| Z | $\zeta$ | zeta | $\Sigma$ | $\sigma$ | sigma |
| H | $\eta$ | eta | T | $\tau$ | tau |
| $\Theta$ | $\theta$ | theta | Y | $\upsilon$ | ypsilon |
| I | $\iota$ | jota | $\Phi$ | $\varphi$ | phi |
| K | $\varkappa$ | kappa | X | $\chi$ | chi |
| $\Lambda$ | $\lambda$ | lambda | $\Psi$ | $\psi$ | psi |
| M | $\mu$ | my | $\Omega$ | $\omega$ | omega |

### Griechische Zahlwörter

| 1 | mono | 11 | undeca |
|---|---|---|---|
| 2 | di | 12 | dodeca |
| 3 | tri | 13 | trideca |
| 4 | tetra | 14 | tetradeca |
| 5 | penta | 15 | pentadeca |
| 6 | hexa | 16 | hexadeca |
| 7 | hepta | 17 | heptadeca |
| 8 | octa | 18 | octadeca |
| 9 | nona | 19 | ennadeca |
| 10 | deca | 20 | eicosa |

## Kapitel 1: Ammoniak, eine bedeutende Substanz

**1** a) Teilschritte:

① $4 N_2 + O_2 + 2 C \rightleftharpoons 2 CO + 4 N_2$

② $H_2O + C \rightleftharpoons CO + H_2 \quad | \cdot 5$

③ $CO + H_2O \rightleftharpoons CO_2 + H_2 \quad | \cdot 7$

b) Gesamtgleichung:

$4 N_2 + O_2 + 12 H_2O + 7 C \rightleftharpoons 4 N_2 + 12 H_2 + 7 CO_2$

**2** a) *Reaktionsgleichung der Ammoniaksynthese:*

$N_2 + 3 H_2 \rightleftharpoons 2 NH_3$

*Massenwirkungsgesetz:*

$$K_c = \frac{c_{GG}^2(NH_3)}{c_{GG}(N_2) \cdot c_{GG}^3(H_2)}$$

b) Bei der Ammoniaksynthese handelt es sich um einen exothermen Vorgang. Aus den Werten von Tabelle 1 (S. 44) wird ersichtlich, dass sich die Ausbeute am Produkt Ammoniak mit steigender Temperatur deutlich verringert. Dies ist nur möglich, weil sich die Lage des Gleichgewichts bei einer Temperaturerhöhung in Richtung der endotherm verlaufenden Reaktion, d. h. hier auf die Seite der Edukte, verschiebt.

c) Ausbeute an Ammoniak bei 300 °C: 2,8 %
Molvolumen bei 300 °C: 47,01 l

$\Rightarrow$ 1 l $NH_3$ enthält $\frac{1}{47,01}$ mol $NH_3$

*Gleichgewichtskonzentration Ammoniak:*

$c_{GG}(NH_3) = \frac{2,8\,\%}{100\,\%} \cdot \frac{1}{47,01}$ mol/l

$= 5,96 \cdot 10^{-4}$ mol/l

*Gleichgewichtskonzentrationen der Edukte:*

2,8 % $NH_3$ $\Rightarrow$ 97,2 % Edukte

$n(N_2) : n(H_2) = 1 : 3 \Rightarrow$ 24,3 % $N_2$, 72,9 % $H_2$

$c_{GG}(N_2) = \frac{24,3\,\%}{100\,\%} \cdot \frac{1}{47,01}$ mol/l

$= 5,17 \cdot 10^{-3}$ mol/l

$c_{GG}(H_2) = \frac{72,9\,\%}{100\,\%} \cdot \frac{1}{47,01}$ mol/l

$= 15,51 \cdot 10^{-3}$ mol/l

*Gleichgewichtskonstante $K_c$:*

$$K_c = \frac{c_{GG}^2(NH_3)}{c_{GG}(N_2) \cdot c_{GG}^3(H_2)}$$

$$= \frac{(5,96 \cdot 10^{-4})^2}{(5,17 \cdot 10^{-3}) \cdot (15,51 \cdot 10^{-3})^3} = 18,4$$

d) Bei einer Temperatur von 200 °C ist die Ausbeute und damit die Konzentration an Ammoniak deutlich höher. Dadurch wird der Zähler im Massenwirkungsgesetz größer, der Nenner kleiner, die Gleichgewichtskonstante wird deshalb einen größeren Wert aufweisen. Umgekehrt wird die Ausbeute und damit die Konzentration an Ammoniak mit steigender Temperatur geringer. Dadurch wird der Nenner im Massenwirkungsgesetz größer und der Zähler kleiner, die Gleichgewichtskonstante wird deshalb einen kleineren Wert aufweisen.

e) Einerseits wäre eine möglichst niedrige Temperatur nötig, um die Lage des Gleichgewichts in Richtung der exothermen Reaktion zu verschieben, andererseits wäre ein möglichst hoher Druck wünschenswert, um die Lage des Gleichgewichts in die Richtung zu verschieben, in der weniger Gasteilchen vorhanden sind.

f) *Zu niedrige Temperatur:*
Aktivierungsenergie zu gering $\Rightarrow$ nicht genügend Teilchen mit der notwendigen Mindestenergie vorhanden $\Rightarrow$ Reaktionsgeschwindigkeit viel zu gering
*Zu hoher Druck:*
Explosionsgefahr, da sich aus Wasserstoff und Kohlenstoff Methan bilden und es dadurch zu einer weiteren Druckerhöhung kommen kann; Kohlenstoff ist im Reaktionsgefäß aus Stahl (= Legierung aus Eisen und Kohlenstoff) enthalten

g) Für die Wirtschaftlichkeit des Verfahrens werden Bedingungen gewählt, die einen Kompromiss darstellen:
Einerseits arbeitet man bei einer Temperatur von ca. 450 °C, da die Reaktionsgeschwindigkeit erst bei derartig hohen Temperaturen und gleichzeitigem Einsatz von Eisenoxid-Mischkatalysatoren genügend groß ist. Andererseits verwendet man einen Druck von ca. 30 MPa. Bei einem derartig hohen Druck können noch großtechnische Produktionsanlagen angefertigt werden, zudem bleibt der Energieaufwand für die Verdichtung des Synthesegases auf einem akzeptablen Niveau.

**3** a) Teilschritte:

① $4\,NH_3 + 5\,O_2 \longrightarrow 4\,NO + 6\,H_2O$

② $2\,NO + O_2 \rightleftharpoons 2\,NO_2 \qquad |\cdot 2$

③ $2\,NO_2 + H_2O \longrightarrow HNO_2 + HNO_3 \qquad |\cdot 3$

④ $3\,HNO_2 \longrightarrow HNO_3 + 2\,NO + H_2O$

⑤ $2\,NO + O_2 \rightleftharpoons 2\,NO_2$

b) Gesamtgleichung:

$4\,NH_3 + 8\,O_2 \longrightarrow 4\,HNO_3 + 4\,H_2O$

# Kapitel 2: Säuren im menschlichen Körper

**1** a) $c(H_3O^+) = 10^{-pH}\,mol/l = 10^{-1}\,mol/l$

$c(HCl) = c(H_3O^+) = 10^{-1}\,mol/l = 0{,}1\,mol/l$

b) Die Carbonationen reagieren als schwache Basen und bewirken so einen Puffereffekt gegen die zu hohe Konzentration an Salzsäure:

$HCl + CO_3^{2-} \longrightarrow HCO_3^- + Cl^-$

**2** a) *Konformationsisomerie:*

Die im Milchsäuremolekül vorkommenden Einzelbindungen sind alle frei drehbar. Dadurch kann es zu unterschiedlichen Ausrichtungen der Bindungspartner und damit zu Isomeren kommen.

*Spiegelbildisomerie:*

Das mittlere Kohlenstoffatom besitzt vier unterschiedliche Bindungspartner und ist somit

ein Chiralitätszentrum. Durch unterschiedliche räumliche Ausrichtung der Bindungspartner entstehen zwei verschiedene Enantiomere.

*IUPAC-Name:* 2-Hydroxypropansäure

b) *Normalwert:*

$c_0(C_3H_6O_3) = 1\,mmol/l = 0{,}001\,mol/l$

$pH = \frac{1}{2}[pK_S - lg\,c_0(C_3H_6O_3)]$

$= \frac{1}{2}(3{,}9 - lg\,0{,}001) = 3{,}45$

*extreme Belastung:*

$c_0(C_3H_6O_3) = 20\,mmol/l = 0{,}02\,mol/l$

$pH = \frac{1}{2}[pK_S - lg\,c_0(C_3H_6O_3)]$

$= \frac{1}{2}(3{,}9 - lg\,0{,}02) = 2{,}80$

*Diskussion:*

Eine derartige Veränderung des pH-Werts im Blut hätte verheerende Konsequenzen. Es wäre beispielsweise der Sauerstofftransport zu den Zellen nicht mehr gewährleistet. Das Blut

besitzt deshalb mehrere sehr exakt arbeitende Puffersysteme, die dies verhindern.

**3** a) Ein Ampholyt ist ein Molekül, das sowohl als Säure (Protonendonator) als auch als Base (Protonenakzeptor) reagieren kann. Im Beispiel des Asparaginsäuremoleküls können die beiden Carboxygruppen Protonen abgeben, die Aminogruppe kann ein Proton aufnehmen.

b)

c) Die Aminogruppe wirkt auf die Carboxygruppe am $\alpha$-C-Atom polarisierend, weshalb eine Abspaltung des Protons leichter stattfindet als an der weiter entfernten Carbonsäuregruppe. Ihr ist deshalb der $pK_{S_1}$-Wert zuzuordnen.

*Carbonsäuregruppe 1 (starke Säure):*

$c_{GG}(H_3O^+) = c_0(Asp) = 0{,}1\,mol/l$

*Carbonsäuregruppe 2 (schwache Säure):*

$c_{GG}(H_3O^+) = \sqrt{K_S \cdot c_0(Asp)} =$

$= \sqrt{2{,}24 \cdot 10^{-4} \cdot 0{,}1} =$

$= 4{,}7 \cdot 10^{-3}\,mol/l$

*Gesamtberechnung:*

$c(H_3O^+) \approx 0{,}1\,mol/l \Rightarrow pH = 1$

## Kapitel 3: Die Korrosion von Eisen

**1** a) *Gleichung Rostvorgang:*

Ox: $\quad$ Fe $\quad\longrightarrow\quad$ $Fe^{3+} + 3\,e^-$ $\qquad | \cdot 4$
Red: $\quad O_2 + 4\,e^- + 2\,H_3O^+ \longrightarrow 2\,OH^- + 2\,H_2O \quad | \cdot 3$

---

Redox: $4\,Fe + 3\,O_2 + 6\,H_3O^+ \longrightarrow 4\,Fe^{3+} + 6\,OH^- + 6\,H_2O$

b) *Reaktionsgleichung der Titrationsreaktion:*
$$3\,HCl + Fe(OH)_3 \longrightarrow 3\,H_2O + FeCl_3$$

*Berechnung der Masse an Fe(OH)₃:*
geg.: $\quad V(HCl) = 0{,}04\ l$
$\qquad\quad c(HCl) = 0{,}3\ mol/l$
$\qquad\quad V(Fe(OH)_3) = 50\ ml$
ges.: $\quad m(Fe(OH)_3)$

$n(HCl) = c(HCl) \cdot V(HCl) = 0{,}3\ mol/l \cdot 0{,}04\ l =$
$\qquad = 0{,}012\ mol$
$3\,n(Fe(OH)_3) = n(HCl)$
$\Rightarrow n(Fe(OH)_3) = \frac{1}{3}n(HCl) = 0{,}004\ mol$
$m(Fe(OH)_3) = M(Fe(OH)_3) \cdot n(Fe(OH)_3) =$
$\qquad\qquad = 107\ g/mol \cdot 0{,}004\ mol =$
$\qquad\qquad = 0{,}428\ g$ (auf 50 ml Lösung)
$m(Fe(OH)_3) = 0{,}856\ g$ (auf 100 ml Lösung)

Bei der beschriebenen Versuchsdurchführung
beträgt die Masse an Eisen(III)-hydroxid
0,856 g. Rechnet man dies auf eine Länge
des Rohrstücks von 1 m hoch, erhält man
eine Masse von 85,6 g Eisen(III)-hydroxid.

c)
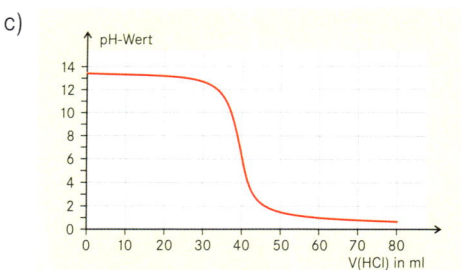

*Berechnung pH-Wert Startpunkt:*
Der pH-Wert am Startpunkt entspricht dem
pH-Wert der Probelösung.
$$c(Fe(OH)_3) = \frac{n(Fe(OH)_3)}{V(Fe(OH)_3)} =$$
$$= \frac{0{,}004\ mol}{0{,}05\ l} = 0{,}08\ mol/l$$

$c(OH^-) = 0{,}24\ mol/l$
$\Rightarrow pOH = -\lg 0{,}08 = 0{,}6$
$\Rightarrow pH = 14 - pOH = 13{,}4$

*Äquivalenzpunkt:*
pH = 7, da Titration einer starken Base mit
einer starken Säure

**2** a) Moleküle erscheinen für uns farbig, wenn
Elektronen des Moleküls durch sichtbares
Licht angeregt werden können. Dies geschieht
dann, wenn größere Bereiche delokalisierter
Elek-tronen in einem Chromophor vorliegen.
Im Beispiel Orcein liegen Doppel- und Ein-
fachbindungen stets abwechselnd vor, was
man als konjugiertes System bezeichnet.

b) Die Farbänderung in unterschiedlichem Milieu
beruht auf unterschiedlichen Protonierungs-
zuständen. Bei Zugabe von Säure wird beispielsweise das Stickstoffatom des Orcein-
Molekülrestes protoniert und erhält so eine
positive Ladung. Das System delokalisierter
Elektronen wird dadurch gestört und eine
Farbveränderung tritt ein.

**3** Ein Puffersystem ist eine Kombination einer
schwachen Säure und ihrer korrespondierenden
Base. Diese Konstellation ist in der Lage, sowohl
die Zugabe von Oxoniumionen als auch die Zugabe
von Hydroxidionen durch Reaktion zu Wasser
abzupuffern und eine größere pH-Wertveränderung
zu verhindern. Da ein Indikator ebenfalls ein korrespondierendes Säure-Base-Paar einer schwachen Säure darstellt, zeigt er stets ähnliche
Eigenschaften und sollte deshalb nur in sehr geringer Menge zugesetzt werden, um das Ergebnis
nicht zu verfälschen.

## Kapitel 4: Der Fahrzeugkatalysator

**1** Im Dreiwege-Katalysator ablaufende Reaktionswege:

$$2\,NO + 2\,CO \rightleftharpoons N_2 + 2\,CO_2$$
$$2\,CO + O_2 \rightleftharpoons 2\,CO_2$$
$$2\,C_8H_{18} + 25\,O_2 \rightleftharpoons 16\,CO_2 + 18\,H_2O$$

**2** Bei $\lambda = 1$ ist der Konvertierungsgrad von CO, $NO_x$ und $C_xH_y$ auf einem so hohen Niveau, wie es gemeinsam für alle drei Stoffe nicht mehr erreicht wird. Alle drei Abgase werden zu ca. 85 % in weniger gefährliche Stoffe umgewandelt.
Bei $\lambda < 1$ wird der Konvertierungsgrad für $NO_x$ zwar größer, aber der für die beiden anderen Schadstoffe wird deutlich geringer.
Bei $\lambda > 1$ wird der Konvertierungsgrad für CO und $C_xH_y$ größer, der Konvertierungsgrad für $NO_x$ wird jedoch deutlich kleiner.

**3** Die Umwandlung von CO und $C_xH_y$ verläuft unter Beteiligung von Sauerstoff. Je mehr Sauerstoff zugeführt wird, d. h. je größer $\lambda$ ist, desto mehr dieser Schadstoffe werden in weniger gefährliche Stoffe umgewandelt.
Die Umsetzung von NO verläuft hingegen unter Beteiligung von Kohlenstoffmonooxid CO. Wird viel Sauerstoff zugeführt, wird auch viel CO umgewandelt, sodass nur noch wenig für die Reaktion mit NO vorhanden ist. Daher sinkt der Konvertierungsgrad von NO mit steigendem $\lambda$ und ist bei $\lambda < 1$ am höchsten.

**4** Das korrespondierende Redoxpaar lautet:
$$2\,O^{2-} \rightleftharpoons O_2 + 4\,e^-$$
Die Sauerstoffkonzentration ist laut Text auf der Referenzgasseite immer größer als auf der Messgasseite. Daher liegt auf der Referenzgasseite das chemische Gleichgewicht nach dem Prinzip von Le Chatelier stärker auf der Seite der Oxidionen als auf der Messgasseite. D. h. auf der Referenzgasseite werden Elektronen aufgenommen; es kommt also verstärkt zur Reduktion. Die Referenzgasseite bildet somit die Kathode.

**5** Bei abnehmender Sauerstoffmenge auf der Messgasseite vergrößert sich der Konzentrationsunterschied zwischen Referenzgas- und Messgasseite. Da die Spannung proportional zu diesem ansteigt, ergibt sich dieser Zusammenhang zwischen abnehmender Sauerstoffmenge und steigender Spannung.

## Kapitel 5: Zink – vielseitig verwendbar

**1** a) Skizze Versuchsaufbau:

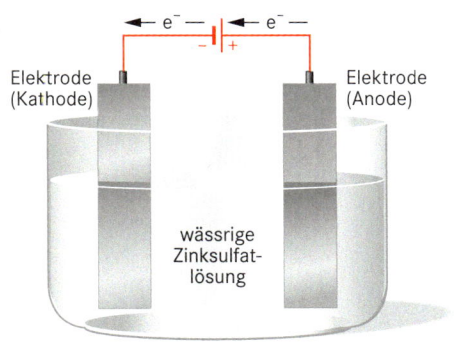

b) Kathode: $Zn^{2+} + 2\,e^- \longrightarrow Zn$
Anode: $4\,OH^- \longrightarrow O_2 + 2\,H_2O + 4\,e^-$

c) An der Anode reagieren Hydroxidionen aus der Autoprotolyse des Wassers zu Sauerstoffmolekülen. Durch die geringer werdende Konzentration an Hydroxidionen verschiebt sich das Autoprotolysegleichgewicht nach dem Prinzip von Le Chatelier auf die Seite der Ionen:
$$2\,H_2O \rightleftharpoons H_3O^+ + OH^-$$
Es entstehen wieder mehr Hydroxidionen, die zu Sauerstoff reagieren und gleichzeitig Oxoniumionen, die sich in der Lösung anreichern. Die Lösung wird saurer, der pH-Wert sinkt.

**2** a) Anode ist die Zink-Halbzelle, Kathode die Kupfer-Halbzelle, denn das Redoxpaar $Zn/Zn^{2+}$ hat das negativere Redoxpotenzial und reagiert daher unter Elektronenabgabe. Der Ort einer solchen Oxidation wird als Anode bezeichnet.

b) $U = \Delta E = E\,(\text{Kathode}) - E\,(\text{Anode}) =$
$= 0,34\ V - (-0,76\ V) = 1,1\ V$

c) Die Konzentration der Kupfersulfatlösung muss erhöht werden, um die Spannung zu vergrößern, denn eine Erhöhung der Kupferionenkonzentration verschiebt das Gleichgewicht des $Cu/Cu^{2+}$-Redoxpaares

$$Cu \rightleftharpoons Cu^{2+} + 2\,e^-$$

in Richtung des Kupfers, d. h. das Bestreben zur Elektronenaufnahme wird noch stärker erhöht. Das Redoxpotenzial von $Cu/Cu^{2+}$ wird positiver, daher steigt die Spannung.

**3** a) Die Gleichung lautet:

$$Zn + 2\,H_3O^+ + 2\,Cl^- \rightleftharpoons Zn^{2+} + 2\,Cl^- + H_2 + 2\,H_2O$$

b) $\Delta n\,(H_2) = \dfrac{\Delta V}{V_m} = \dfrac{0{,}04\,l}{22{,}4\,l/mol} = 1{,}78 \cdot 10^{-3}\,mol$

$v = \dfrac{\Delta n}{\Delta t} = \dfrac{1{,}78 \cdot 10^{-3}\,mol}{22\,s} = 8{,}11 \cdot 10^{-5}\,mol/s$

c) Zinkpulver weist im Gegensatz zu Zinkblech einen höheren Zerteilungsgrad auf. Somit können mehr Zinkatome gleichzeitig reagieren. Die Reaktionsgeschwindigkeit, die angibt, wie viele Teilchen in einem bestimmten Zeitabschnitt reagieren, nimmt daher zu.

**4** a) Die Tertiärstruktur der Proteine wird stabilisiert durch Disulfidbindungen, Ionenbindungen, Wasserstoffbrücken, Dipol-Dipol-Wechselwirkungen und van-der-Waals-Kräfte.

b) Die Aktivität des Enzyms nimmt bei einer Temperaturerhöhung um 10 °C um ca. das Doppelte zu (RGT-Regel). Die Aktivität nimmt bis zu einem Optimumswert zu. Ab einer bestimmten Temperatur setzt die Hitzedenaturierung des Proteinbestandteils des Enzyms ein und die Enzymaktivität sinkt wieder und geht gegen Null.

**5** a) Die Zinkblöcke dienen als Opferanode. Zink ist unedler als das Eisen im Stahl des Schiffsrumpfs und wird daher anstelle des Eisens oxidiert, also für das Eisen geopfert. Es bildet eine Opferanode, da es oxidiert wird und somit die Anode im Kontaktelement mit Eisen bildet.

b) Messing ist eine Legierung aus v. a. Kupfer und Zink. Beide Metalle, auch das Zink, sind edler als Aluminium ($\rightarrow$ Spannungsreihe). Aluminium als unedelstes Metall reagiert in dieser Kombination zuerst unter Elektronenabgabe und erfährt daher die stärkste Korrosion.

# Stichwortverzeichnis

**A**kkumulator 104
Alkali-Mangan-Zelle 103
Amalgam-Verfahren 101
Ammoniak 33
Ammoniakgleichgewicht 34
Ammoniaksynthese 33, 35
Ampholyte 46
Anode 84
äquimolar 70
Äquivalenzpunkt 64, 65, 66, 68
Autobatterie 104

**B**asen
– korrespondierende 47
– schwache 52, 55, 57
– starke 52, 54, 56, 64, 65
Basenkonstante 53
Basenstärke 52
Batterie 102
Bleiakku 104, 105
Bosch, Carl 33
Boudouard-Gleichgewicht
  21, 25, 29
Brennstoffzelle 106, 107
– alkalische 106
Brönsted, Johannes 46

**C**hlor-Alkali-Elektrolyse
  100, 101
Chromat-Dichromat-
  Gleichgewicht 27

**D**aniell-Element 82, 83, 92
Diaphragma 82
Diaphragma-Verfahren 101
Doppelpfeil 16
Doppelschicht
– elektrochemische 111
Druck 28

**E**duktkonzentration 26
Elektrolyse 92
Elektronenakzeptor 78
Elektronendonator 78
Energie 38
Entropie 37, 38
Enzym 71

Esterhydrolyse 17
Esterkondensation 17

**F**ahrzeugkatalysator 90
Fließgleichgewicht 39
freie Energie 38
Froschschenkelexperiment 85

**G**alvani, Luigi 84, 85
Galvanisieren 113
Gasreaktion 18, 21, 28, 29
Gibbs'sche Energie 38
Gleichgewicht
– chemisches 17, 18, 19
– dynamisches 17
– heterogenes 21
Gleichgewichtskonstante
  20, 21, 25
Gleichgewichtslage 24, 26,
  28, 29, 30

**H**aber, Fritz 33
Haber-Bosch-Verfahren 33, 35
Halbäquivalenzpunkt 67, 68
Halbtitration 67
Halbzelle 83, 84
Hinreaktion 17, 18

**I**ndikator 51, 66

**K**atalysator 30
Kathode 84
Knopfzelle 103
Kontaktelement 111
Konzentrationszelle 90
Korrosion 110
Korrosionsschutz 112
– aktiver 113
– passiver 112

**L**actat 71
Lactatwert 71
Lambdasonde 90
Leclanché, Georges 102
Leclanché-Element 102, 103
Leerlaufspannung 86
Lithium-Ionen-Akku 105

**M**assenwirkungsgesetz 20, 21,
  22, 27
Maßlösung 64
Membran-Verfahren 101
Mesomeriepfeil 16
Metalle
– edle 81
– unedle 81
Metallüberzug 112
Modellversuch 19
Muskulatur 71

**N**atronlauge 101
Nernst, Walther 89
Nernstsche Gleichung 89, 91
Nickel-Cadmium-Akku 105

**O**pferanode 113
Oxoniumionenkonzentration
  50

**P**EMFC 107
pH-Wert 50, 54, 55
pH-Wert-Berechnungen 54
$pK_B$-Wert 53
$pK_S$-Wert 52, 53, 67, 68
pOH-Wert 50
Polymerelektrolytmembran-
  Brennstoffzelle 107
Prinzip des kleinsten Zwanges
  30, 32
Prinzip von Le Chatelier
  30, 31, 34
Probe 64
Protein 71
Protolyse 46
Protonenakzeptor 46
Protonendonator 46
Puffer 69, 70, 71
Pufferkapazität 70
Puffersystem 69, 71

**R**eaktion
– endergonische 38
– endotherme 37
– exergonische 38
– exotherme 36

– irreversible 36
– reversible 16
– spontane 36
– umkehrbare 16
Reaktionsgeschwindigkeit
18, 20, 38
Redoxpaar
– korrespondierendes 79,
80, 88
Redoxpotenzial 80, 89
Redoxpotenzialdifferenz 86
Redoxreaktion 78
– erzwungene 92
Redoxreihe 80
Regen
– saurer 71
Rosten 36, 110, 111
Rückreaktion 17, 18

**S**äure
– korrespondierende 47
– schwache 52, 55,
57, 65, 67, 69
– starke 52, 54, 56, 64, 65

Säure-Base-Paar
– korrespondierendes 47, 53
Säure-Base-Titration 64
Säurekonstante 52
Säurestärke 52
Schutzanstrich 112
Spannungsquelle 82
Spannungsreihe 88
Standard-Redoxpotenzial 87
Standard-Wasserstoff-Halbzelle
87
Standardpotenzial 87, 88
Stoffmenge 26

**T**emperatur 24
Titration 65, 66
Titrationskurve 64, 68
Tropfsteinbildung 30

**Ü**berspannung 93
Unordnung 37

**V**ersauerung der Ozeane 31
Volta, Alessandro 85

**W**asser
– Autoprotolyse 48, 49
– Ionenprodukt 48, 53
Wasserstoff-Halbzelle 87

**Z**ellatmung 39
Zellen
– galvanische 84, 92
Zersetzungsspannung 92, 93
Zink-Braunstein-Zelle 103

# PERIODENSYSTEM DER ELEMENTE

**Haupt- - gruppen**

**Nebengruppen**

| Periode | I(1) | II(2) | IIIb(3) | IVb(4) | Vb(5) | VIb(6) | VIIb(7) | VIIIb(8,9,10) | | | Ib(11) | IIb(12) | III(13) | IV(14) | V(15) | VI(16) | VII(17) | VIII(18) |
|---|---|---|---|---|---|---|---|---|---|---|---|---|---|---|---|---|---|---|
| **1** | 1,0079 $_1$H Wasserstoff | | | | | | | | | | | | | | | | | 4,0026 $_2$He Helium |
| **2** | 6,9410 $_3$Li Lithium | 9,0122 $_4$Be Beryllium | | | | | | | | | | | 10,811 $_5$B Bor | 12,011 $_6$C Kohlenstoff | 14,007 $_7$N Stickstoff | 15,999 $_8$O Sauerstoff | 18,998 $_9$F Fluor | 20,180 $_{10}$Ne Neon |
| **3** | 22,990 $_{11}$Na Natrium | 24,305 $_{12}$Mg Magnesium | | | | | | | | | | | 26,982 $_{13}$Al Aluminium | 28,086 $_{14}$Si Silicium | 30,974 $_{15}$P Phosphor | 32,065 $_{16}$S Schwefel | 35,453 $_{17}$Cl Chlor | 39,948 $_{18}$Ar Argon |
| **4** | 39,098 $_{19}$K Kalium | 40,078 $_{20}$Ca Calcium | 44,956 $_{21}$Sc Scandium | 47,867 $_{22}$Ti Titan | 50,942 $_{23}$V Vanadium | 51,996 $_{24}$Cr Chrom | 54,938 $_{25}$Mn Mangan | 55,845 $_{26}$Fe Eisen | 58,933 $_{27}$Co Cobalt | 58,693 $_{28}$Ni Nickel | 63,546 $_{29}$Cu Kupfer | 65,409 $_{30}$Zn Zink | 69,723 $_{31}$Ga Gallium | 74,640 $_{32}$Ge Germanium | 74,922 $_{33}$As Arsen | 78,960 $_{34}$Se Selen | 79,904 $_{35}$Br Brom | 83,798 $_{36}$Kr Krypton |
| **5** | 85,468 $_{37}$Rb Rubidium | 87,620 $_{38}$Sr Strontium | 88,906 $_{39}$Y Yttrium | 91,224 $_{40}$Zr Zirconium | 92,906 $_{41}$Nb Niob | 95,940 $_{42}$Mo Molybdän | (98)* $_{43}$Tc Technetium | 101,07 $_{44}$Ru Ruthenium | 102,91 $_{45}$Rh Rhodium | 106,42 $_{46}$Pd Palladium | 107,87 $_{47}$Ag Silber | 112,41 $_{48}$Cd Cadmium | 114,82 $_{49}$In Indium | 118,71 $_{50}$Sn Zinn | 121,76 $_{51}$Sb Antimon | 127,60 $_{52}$Te Tellur | 126,90 $_{53}$I Iod | 131,29 $_{54}$Xe Xenon |
| **6** | 132,91 $_{55}$Cs Caesium | 137,33 $_{56}$Ba Barium | * 57–71 | 178,49 $_{72}$Hf Hafnium | 180,95 $_{73}$Ta Tantal | 183,84 $_{74}$W Wolfram | 186,21 $_{75}$Re Rhenium | 190,23 $_{76}$Os Osmium | 192,22 $_{77}$Ir Iridium | 195,08 $_{78}$Pt Platin | 196,97 $_{79}$Au Gold | 200,59 $_{80}$Hg Quecksilber | 204,38 $_{81}$Tl Thallium | 207,20 $_{82}$Pb Blei | 208,98 $_{83}$Bi Bismut | (209)* $_{84}$Po Polonium | (210)* $_{85}$At Astat | (222)* $_{86}$Rn Radon |
| **7** | (223)* $_{87}$Fr Francium | (226)* $_{88}$Ra Radium | ** 89–103 | (263)* $_{104}$Rf Rutherfordium | (268)* $_{105}$Db Dubnium | (269)* $_{106}$Sg Seaborgium | (270)* $_{107}$Bh Bohrium | (277)* $_{108}$Hs Hassium | (276)* $_{109}$Mt Meitnerium | (281)* $_{110}$Ds Darmstadtium | (272)* $_{111}$Rg Roentgenium | (285)* $_{112}$Cn Copernicium | (284)* $_{113}$Nh Nihonium | (289)* $_{114}$Fl Flerovium | (289)* $_{115}$Mc Moscovium | (293)* $_{116}$Lv Livermorium | (293)* $_{117}$Ts Tenness | (294)* $_{118}$Og Oganesson |

**\* Lanthanoide**

| | | | | | | | | | | | | | | |
|---|---|---|---|---|---|---|---|---|---|---|---|---|---|---|
| 138,91 $_{57}$La Lanthan | 140,12 $_{58}$Ce Cer | 140,91 $_{59}$Pr Praseodym | 144,24 $_{60}$Nd Neodym | (147)* $_{61}$Pm Promethium | 150,36 $_{62}$Sm Samarium | 151,96 $_{63}$Eu Europium | 157,25 $_{64}$Gd Gadolinium | 158,93 $_{65}$Tb Terbium | 162,50 $_{66}$Dy Dysprosium | 164,93 $_{67}$Ho Holmium | 167,26 $_{68}$Er Erbium | 168,93 $_{69}$Tm Thulium | 173,04 $_{70}$Yb Ytterbium | 174,97 $_{71}$Lu Lutetium |

**\*\* Actinoide**

| | | | | | | | | | | | | | | |
|---|---|---|---|---|---|---|---|---|---|---|---|---|---|---|
| (227)* $_{89}$Ac Actinium | (232)* $_{90}$Th Thorium | (231)* $_{91}$Pa Protactinium | (238)* $_{92}$U Uran | (237)* $_{93}$Np Neptunium | (244)* $_{94}$Pu Plutonium | (243)* $_{95}$Am Americium | (247)* $_{96}$Cm Curium | (247)* $_{97}$Bk Berkelium | (252)* $_{98}$Cf Californium | (252)* $_{99}$Es Einsteinium | (257)* $_{100}$Fm Fermium | (258)* $_{101}$Md Mendelevium | (259)* $_{102}$No Nobelium | (262)* $_{103}$Lr Lawrencium |

**Erklärungen:**

Atommasse in u — 137,33
Ordnungszahl — 56 **Ba** — Symbol
Name — Barium

Metalle | Halbmetalle | Nichtmetalle

schwarz = Feststoff   * = radioaktives Element
blau = Flüssigkeit   ( ) = langlebigstes Isotop
rot = Gas

**Erläuterungen zur Auswertung:**

Zahl in der Spalte „Periode" = Nummer der Periode
Römische Zahlen Ib bis VIIIb = Nebengruppen
Römische Zahlen I bis VIII = Hauptgruppen
Arabische Zahlen 1 bis 18 = Haupt- und Nebengruppen (IUPAC-Empfehlung 1985)
Römische Zahlen Ib bis VIIIb = Nebengruppen (Übergangselemente)

# Bildquellenverzeichnis

Seite 3.1: Holger Klaes Bildarchiv; 3.2: Juniors Bildarchiv – Seite 4.3: Mauritius Images/Phototake; 4.4: Deutsches Museum, München; 4.5: Alimdi.net/Stefan Wackerhagen – Seite 15: Holger Klaes Bildarchiv – Seite 16.1+2: Werner Kraus, Amberg – Seite 20.1: Universitetet i Oslo History Photobase – Seite 26.1: Werner Kraus, Amberg – Seite 27.3: Werner Kraus, Amberg – Seite 30.1: Wikimedia Commons – Seite 31.3: Holger Klaes Bildarchiv; 31.4: Mauritius Images/Norbert Probst – Seite 33.1+2: Deutsches Museum, München – Seite 36.1+2: Werner Kraus, Amberg – Seite 37.3: Werner Kraus, Amberg – Seite 43.10: Ulrich Nusko, Bern – Seite 44.1: BASF Archiv – Seite 45: Juniors Bildarchiv – Seite 46.1: Science Photo Library – Seite 51.3: Birger Pistohl, Deggendorf; 51.4: Jürgen Christ, Köln – Seite 54.1: Juniors Bildarchiv – Seite 55.2: Flora Press – Seite 60.1: A1Pix/DUC – Seite 63: Mauritius Images/Phototake – Seite 64: Birger Pistohl, Deggendorf – Seite 71.2: Lanxess; 71.3: Mauritius Images/Phototake; 71.4: Imago/Kalle – Seite 76.1: Fotolia – Seite 77: Deutsches Museum, München – Seite 78.1: Isabell Hefner & Frank Orlik, Hammelburg/Christine Kreß, Fuchsstadt – Seite 79.3: Mandy Dinkel, Lichtenfels – Seite 81.4, 5+6: Isabell Hefner & Frank Orlik, Hammelburg/Christine Kreß, Fuchsstadt – Seite 82.1 links: SPL/Science Museum, rechts: Ullstein Bild/united archives; 82.2: Mandy Dinkel, Lichtenfels – Seite 85.1, 2+3: Deutsches Museum, München – Seite 86.1: Isabell Hefner & Frank Orlik, Hammelburg/Christine Kreß, Fuchsstadt – Seite 89.1: Deutsches Museum, München – Seite 90.3: picture-alliance/Harry Melchert – Seite 96.1a: Isabell Hefner & Frank Orlik, Hammelburg/Christine Kreß, Fuchsstadt; 96.1b: Birger Pistohl, Deggendorf – Seite 97.2: istockphoto – Seite 95: Alimdi.net/Stefan Wackerhagen – Seite 100.1: Isabell Hefner & Frank Orlik, Hammelburg/Christine Kreß, Fuchsstadt – Seite 101.5: BASF Archiv – Seite 102.1: istockphoto; 102.2: Wikimedia Commons – Seite 105.3: Toyota; 105.4: Oliver Pauli, Eching – Seite 106.1: Daimler AG; 106.2: Birger Pistohl, Deggendorf – Seite 107.4: NASA – Seite 108.1: Okpia/ISM/J.C. Révy – Seite 109.4: Okapia; 109.5: Birger Pistohl, Deggendorf – Seite 110.1: Alimdi.net/Stefan Wackerhagen; 110.2+4: Oliver Pauli, Eching; 110.3: istockphoto – Seite 111.6: Birger Pistohl, Deggendorf – Seite 112.1: Isabell Hefner & Frank Orlik, Hammelburg/Christine Kreß, Fuchsstadt; 112.2: istockphoto; 112.3: Fotolia – Seite 113.4: picture-alliance; 113.6: Wikimedia Commons/GNU-Lizenz; 113.7: Schulz Metallveredelung – Seite 116.1: Alamy/Carmo Correia – Seite 118.2: Bundesanstalt für Materialforschung und -prüfung – Seite 128.7: Isabell Hefner & Frank Orlik, Hammelburg/Christine Kreß, Fuchsstadt; 128.8: Birger Pistohl, Deggendorf.

Umschlagabbildung: Medicalpicture